AF367890

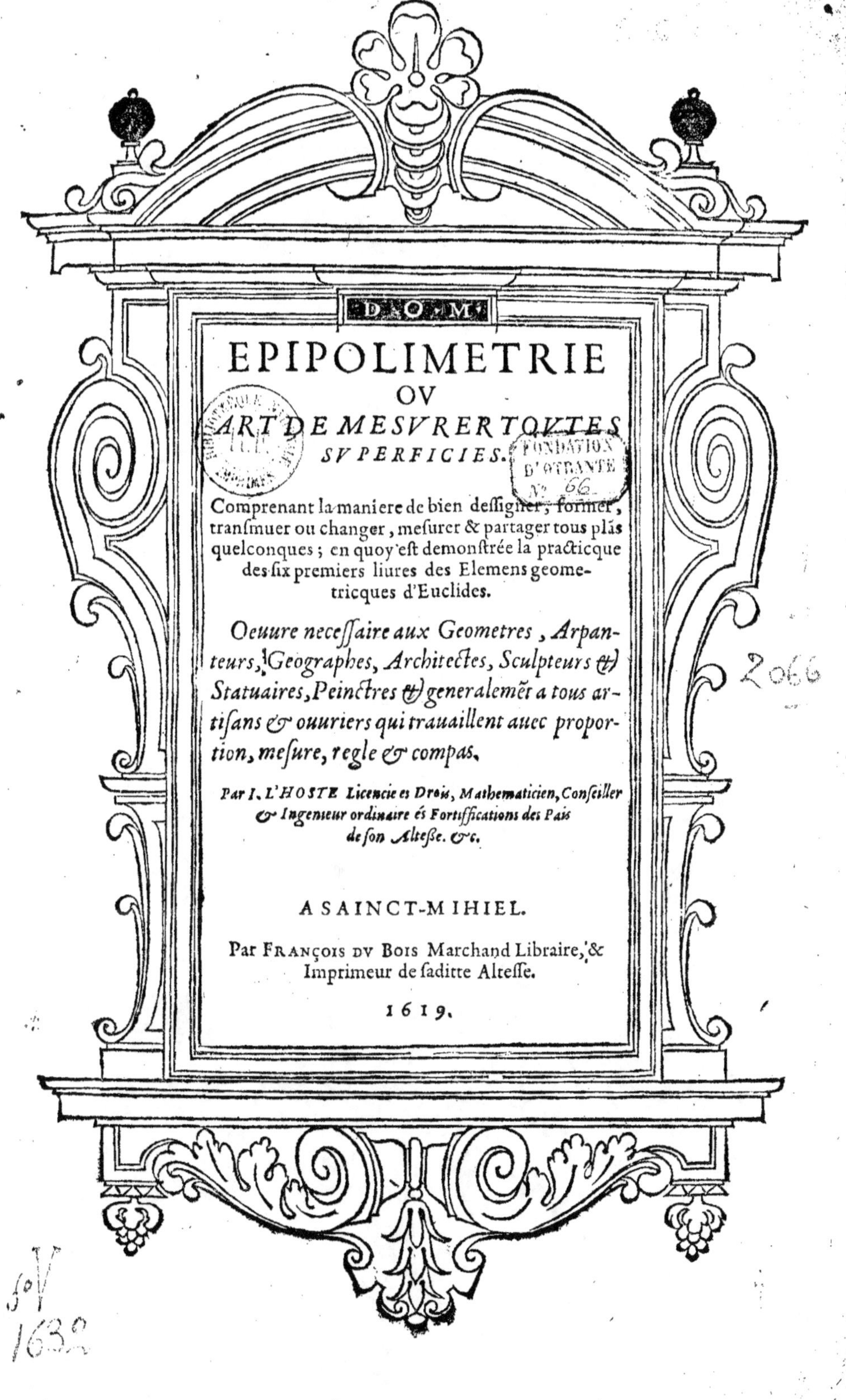

EPIPOLIMETRIE
OV
ART DE MESVRER TOVTES SVPERFICIES.

Comprenant la maniere de bien deffigner, former, tranfmuer ou changer, mefurer & partager tous plás quelconques; en quoy'eft demonftrée la practicque des fix premiers liures des Elemens geometricques d'Euclides.

Oeuure neceffaire aux Geometres, Arpanteurs, Geographes, Architectes, Sculpteurs & Statuaires, Peinctres & generalemēt a tous artifans & ouuriers qui trauaillent auec proportion, mefure, regle & compas.

Par I. L'HOSTE Licencie es Droix, Mathematicien, Confeiller & Ingenieur ordinaire és Fortifffications des Pais de fon Alteffe. &c.

A SAINCT-MIHIEL.

Par FRANÇOIS DV BOIS Marchand Libraire, & Imprimeur de faditte Alteffe.

1619.

A SON ALTESSE.

MES Hiſtoires nous teſmoignent que la Grece eſtoit enciennement la retraicte des plus docte de tous l'vniuers; & dautant que toute action humaine premeditée tend a quelque fin & repos de celuy qui l'entreprend, on ne ſçauroit aßigner aucune cauſe capable d'auoir attiré tant d'hommes doctes en cette contrée du monde. Pourquoy prendre leur ſeiour, ſinon la recompenſe qu'ilz recoiuent de leurs trauaux, les vns eſtans honorez de charges publicques les plus releuées, les aultres mis au rang de leurs Dieux, tel fut Atlas, lequel pour auoir apporté le premier l'inuention de la Sphere materielle & enſeigné l'vſage d'icelle aux Grecs, oultre la recompenſe & bienfaictz qu'il en receut, merita que ſon nom fut par eux immortaliſé, l'ayans feinct tantoſt porter les edifices qu'ilz ont baſtis pour ſe rẽdre memorable a la poſterité, tantoſt les Cieux ſur ſes eſpaules, tant ilz ont priſé ſon inuention; Ie ne veux pas pour auoir entreprins ce petit trauail, faire aucun parangon de ce que ſ'y trouuera du mien au merite d'Atlas, n'y m'attribuer l'introduction des Mathematicques en Lorraine, mais diray-ie bien qués annales du Païs ne ſe trouue aucũ qui auant moy en ayt eſcrit quelque choſe, ce que m'en faict parler ſi hardiment eſt que i'ay l'honneur d'auoir eſté incité a l'eſtude d'icelles, par feu ſon Alteſſe de treſ-heureuſe memoire, m'ayant faict dire par feu Monſieur de Maillanne lors Mareſchal de Barrois, que ie continuaſſe cét eſtude, & que ce luy eſtoit fort aggreable d'auoir vn de ſes ſubiectz qui ſ'addonnaſt a ces belles ſciences: Außi ne veux-ie pas dire qu'autre que moy de ce païs: n'euſt pù faire le meſme & encor dauantage, veu que par tous les quantõs de l'Europe, ſe retrouuent des Lorrains, rares & excellens en diuerſes ſciences, inuentions & artifices, mais ce que i'en ay faict, eſt pour teſmoigner aux eſtrangers, que oultre l'exercice des lettres humaines, Philoſophie, Theologie, Iuriſprudence & Medecine de voſtre vniuerſité du Pont a Mouſſõ, l'vſage des Mathematicques eſt autant commun en ce païs qu'en aultre quelconque, ou les ayant practiqué depuis dix ans que i'ay l'honneur d'eſtre Ingenieur ordinaire des Fortifications des païs de V. A. i'ay remarqué les problemes comprins en ce petit traicté, par leſquelz i'ay taſché de demonſtrer tout ce que ſe peut tirer en practicque des ſix premiers liures des Elemens d'Euclides, touchant les dimenſions des ſuperficies, la maniere de leuer vn plan, faire vne carte ou deſcription topographicque, & aultres traictz de Geometrie que i'ay eſtimé pouuoir eſtre bien receus, notamment de ceux auſquelz le courage ne manque nomplus que la curioſité d'entendre les fortifications, de la fabricque deſquelles ie me propoſe en tracer quelque choſe, ſeulement pour en faciliter le traict & deſſeing, ſçauoir le plan proſil & relief de toutes les parties dependantes d'icelles, ayant remarqué que perſonne n'a encor entierement enſeigné la maniere de bien les repreſenter, ce que ie feray incontinent que i'auray recongnu ce mien petit trauail eſtre aggreable au publicque, a la veue & cenſure

ã 2　　duquel

duquel l'exposant, (Monseigneur) il me souuient de ce que les Naturalistes escriuent d'vne petite fleur qu'ilz appellent Heliophilos, laquelle ne paroist iamais sinon lors que le soleil espand ses rayons sur la terre, soubz lesquelz a mesure que surmontant ses Almucantaraths il s'esleue sur l'horizon, elle s'ouure petit a petit, iusque a ce qu'estant paruenu au cercle meridional du lieu ou elle croist, elle paroist en sa perfection, luy ouure son cœur tesmoing que sans luy elle est contemptible, & sans beauté, n'osans paroistre entre l'infinité de celles que comme cause seconde vniuerselle il produit en cét vniuerses ; Ainsy ce mien petit labeur, fleuron de mon estude, estant creu soubz le meridien de vostre bône ville la forteresse de Nancy, ne peut se monstrer, que soubz les rayons & splendeur du nom Serenissime de Vostre Altesse, auquel, comme a son Soleil il s'ouure tesmoing que son Autheur est & sera toute sa vie.

MONSEIGNEVR,

De vostre Altesse,

Le treshumble & tresobeissant seruiteur & subiect,

IEAN L'HOSTE,

DE tout ce que l'esprit peut rendre limité
Des nombres & des plans la iuste quantité,
L'hoste nous la monstré en sa docte escriture;
Quelqu'vn luy peut auoir en ceste qualité
Raisons de moins au plus, mais point d'egalité,
Car il mesure tout & rien ne le mesure.

G. D. C.

AV MESME.

Voyant icy de ta science
Vne si claire experience,
Auec verité ie dis
La Lorraine a son Archimede,
Qui de son bel esprit ne cede
A cil que la Grece eut iadis.

Fr. De Chastenoys.

AV MESME SVR LE
mesme liure.

Noblesse Lorraine
Ne prens plus la peine
D'aller rechercher
L'art & la Practicque
De Mathematicque,
Chez quelque estranger.

Le Ciel t'en faict naistre
Le plus docte maistre
Quand dedans le sein
De ton Austrasie
Il doüa de vie
C'est Hoste Lorrain.

L'Europe rauie
Sans aucune enuie,
Vante son sçauoir,
Son liure à ceste heure
Si tu n'en es seure
Te le fera ycoir.

N. R. d'Aurainuille,

ã iij

PARENTI SVO PLVRI-
mum obseruando.

IOANNES HOSPES

Anagramma.

NATI SPES, HONOS.

SPes mea, quos patri, mihi quos promittis honores?
NATI SPES & HONOS, vnus es ipse pater.

AD NOMEN APICE VNO ADDITO LVDENS,

Ad suum de Geometria librum.

IOANNES HOSPES.

SAPIENS HOMO ES.

IVsta tuis hospes meritis cum nomina quæro,
  Inuenio nullum iustius esse tuo.
Quod SAPIENS, hinc iustus HOMO ES, dare clarius vlli
  Hoc, Tripodes Clarij non potuêre decus.
Nempe Geometricis manus addita summa, tuique
  Qui deerat numero nominis ynus apex.

EIDEM.

LIbera dum praxi danista feronius Hospes
  Pilea largiris; duo præmia laurea signas
Scriptori atque operi, super æuum duraturis:
  Virtutisque viâ via sit tibi ad ætherea honoris.

C. C.

EIDEM ORESTI SVO PYLADES,

MEtrica dum tractas Problemata, promis honores
  Excultum & variis artibus ingenium.
Quid mirum Aonidum fueris cum semper alumnus,
  Si tibi iam partum sit sine morte decus?

P. M. Parr. Girecuriensis.

AVX LECTEVRS.

ES Philofophes anciens voulans eftablir leurs maximes fur la nature & effectz d'icelle, apres auoir remarqué que tout mouuement tendoit a quelque fin, ilz ont conclu que l'efprit, comme agent naturel conduict par la raifon fe propofoit la fin de fon action auant le commencement, difans que la fin eft le premier en l'intention & le dernier en l'execution; me reglant felon cette maxime, i'ay entreprins ce traicté me propofant la fin d'icelluy auant le commencement, car fi j'euffe voulu m'arrefter fur icelluy, confiderant le fubiect, de prime abord la multitude des œuures de plufieurs grands perfonnages lefquelz auant moy ont efcrit de la Geometrie, m'euft facilement diuerty de mon propos me perfuadāt qu'aucuns diroient que ie ne r'apporte rien de nouueau, & d'autres que tout ce que ie pretends deduire a defia efté dict au parauant; Mais l'affection que i'ay de proffiter au publicque me fourniffant de refponfe à ces obiections, me faict dire que l'homme eftāt né ignorant, il eft obligé d'apprendre pour fçauoir, & ne tient rien de la nature en cét endroit que la raifon, laquelle luy fert de flambeau feulement pour le conduire a la cognoiffance des arts & fciences defquelles Dieu la faict capable. Ceft pourquoy il ne peut rien enfeigner finon ce qu'il a apprins foit es leçons publicques des maiftres, en chacun art, par viue voix ou par experience, ou foit par la voix morte des efcrits d'autruy delaiffez a la pofterité; Et comme les conceptions de l'efprit humain font diuerfes, les efcritz de noz deuanciers en ont efté de mefme, tellement que pour rendre les arts & fciences familiaires, il a efté neceffaire d'interpreter les efcrits de plufieurs, les mettre en bon ordre & y adioufter diuerfes conclufions prinfes neantmoins de l'effence du fubiect par eux entreprins, foit Theorie ou Practicque. Ainfy les prepofitiōs d'Euclides ont efté de tout temps & feront a l'aduenir receuës comme fondées fur principes naturelz & demonftrations infaillibles, defquelz on a depuis tiré vne infinité d'autres propofitions, auffi auant qu'elles euffent efté mifes en bon ordre, plufieurs d'icelles eftoient defia receuës par les Geometres de fon temps & aultres Mathematiciens qui l'auoient precedé; tellement que les Elemens de Geometrie luy ont efté attribuez (comme a vn Geometre grandement fçauāt tel qu'il eftoit) pour les auoir mis en tel ordre qu'on les veoit prefentemét: De mefme il faut aduouër que ceux lefquelz par cy deuant ont traicté de la Geometrie practicque, ont prins & tiré defdicts Elemens les regles de mefurer tant les lignes & plás, que corps folides, & autres parties en dependantes, de forte qu'il ne fe peut quafi rien dire, qui n'ait efté dict au parauant. Et comme chacun eft legitime interprete de fes conceptions, m'eftant propofé d'efcrire, & paffer plus oulte en la practicque des Mathematicques, en quoy il fera neceffaire d'auoir la cognoiffance de plufieurs problemes comprins en ce traicté. Ie l'ay faict mettre foubz la preffe afin de ne meflāger iceux auec aultre fubiect, ayant gardé vn ordre tel qu'il m'a femblé pouuoir apporter du contentement & foulagement a l'apprentif, car a fin de luy faire entendre mieux mes conceptions, & l'induire a commencer fon eftude de Geometrie des les premiers fondemens, ie luy ay tracé au deuant de ces Problemes vn fommaire de l'Arithmeticque vulgaire, comprenāt en bref toutes les regles neceffaires tant a mon fubiect qu'a tout aultre commerce humain, renuoyant (pour les aultres particularitez plus curieufes qu'vtiles) les lecteurs aux Autheurs qui ont accumulé vn nombre quafi infiny de regles lefquelles neātmoins bien confiderées ne font qu'vne combination de celles que i'ay deduict & traicté en icelluy fommaire. Et commençant mon fubiect, ie luy ay donné nom d'Epipolimetric d'autant que ie pretends parler feulement des fuperficies. Sçauoir au premier liure comme il faut les former, diuifer & trouuer certaines lignes neceffaires a la fabricque des problemes Geometricques; Au fecond eft traicté de la tranfmutation ou changement des plans ou fuperficies en autre forme quelconque : Au troifiefme font monftrées & amplement de-

duictes

duictes les manieres de mesurer tous plans par voye Geometricques & mechanicques &
l'approximation des racines des nombres irrationnaux ; Et au quatriesme est monstrée
la practicque de la Geodesie en tant qu'elle peut s'estendre sur les partages des plans selon telle raison, parties, proportion, de quel angle & de quel poinct donné au costé ou au
dedans d'iceux qu'on voudra choisir, Et finalement i'ay r'apporté vn denombrement des
propositions des six premiers liures des Elemens d'Euclides les plus necessaires a ceux
qui desirent entrer en la cognoissance de la Geometrie, & a fin que l'apprentif soit plus
certain & mieux satisfaict de son estude i'ay tracé toutes les figures fort exactement & les
ayant faict esbaucher ie les ay toutes acheuées de mon propre trauail, icelles rendu plus
iustes qu'il m'a esté possible, & conformer au discours telles que les trouuera le lecteur
presentant le compas sur icelles sur lesquelles il pourra s'exercer tant a figurer plusieurs
plans, les transmuer ou changer en telle aultre figure qu'il voudra, les augmenter ou diminuer, les mesurer par diuerses manieres demonstrées tant par lignes que par nombres,
& finalement les diuiser ou partager selon telle proportion qu'il voudra : Et dauantage
par les solutions d'iceux problemes, il en pourra former, proposer & resoudre vne infinité d'autres ç'a esté mon intention en formant & proposant iceux, laquelle estant bonne
elle porte la sauuegarde de mon entreprise, la recompense m'en sera tresample, lors que
ie sçauray que mon petit labeur sera aggreable aux amateurs & protecteurs des Mathe-
macticques en faueurs desquelz ie l'ay entreprins, c'est pourquoy ie les supplie que s'ilz y
remarquent quelque menquemét de se ressouuenir qu'auoit la memoire de toutes choses & ne chopper en aucune, c'est vn traict plustost de diuinité que d'humanité, & de me
vouloir benignement excuser, attendant de moy quelque chose de plus grand merite.
A Dieu.

PRACTICQVE SOMMAI-
RE DE L'ARITHMETICQVE.

L'ARITHMETICQVE est vne art ou doctrine par laquelle est enseignée la maniers de bien nombrer: Et bien nombrer est exprimer la valeur de chacun caracthere ou note de l'Arithmeticque soit seule ou conjoincte auec vne ou plusieurs aultres.

Icelles notes sont en nombre de dix, desquelles les neuf premiers se nomment significatiues par soy, & la dixiesme significatiue par aultruy, car elle ne reprense de soy aucun nombre mais estãt posée apres vne significatiue, elle augmente sa valeur, comme mise apres 1. elle le faict valloir dix, & apres 2. le faict valoir vingt, & selon qu'elle est posée plusieurs fois elle augmente par dixaine, Centaine, Mil, &c. elle s'appelle communement ziphre, zero, ou nul.

La valeur des notes significatiues, est prise selon le rang quelles tiennent en la progression naturelle d'icelles, comme 1. 2. 3. 4. 5. 6. 7. 8. 9. La premiere valant vn, la seconde deux, la trosiesme trois, &c. Mais quand elles doibuét representer quelque somme ou nombre plus grand que 9. leur valeur s'augmente par dixaine, Centaine, Mil. &c. comptant de droict a gauche, comme il est monstré par l'eschelle de numeration que s'ensuit.

Eschelle de Numeration.

2. 1. 9. 8. 7. 6. 5. 4. 3. 2. 1. 9. 8. 7. 6. 5. 4. 3. 2. 1.

A Nombre.
Dizaine.
Centaine.
Mil.——————— dix fois cent.
Dixaine de mil.
Centaine de mil.
Million.——————— dix fois cent mil.
Dixaine de million.
Centaine de million.
B. Milliart.——————— dix fois cent million.
Dixaine de milliart.
Centaine de milliart.
Mil milliart.
Dixaine de mil milliart.
Centaine de mil milliart.
Million de milliart.
Dixaine de million de milliart.
Centaine de million de milliart.
C. Milliart de milliart.
Dixaine de milliart de milliart.
&c.

Ceste eschelle de numeration se peut estendre tant qu'on voudra, car depuis le nombre marqué **B.** sçauoir milliart, il se doit entendre de mesme que si on commençoit en **A.** & appeller ledict nombre B, comme nombre de milliart, & ainsy le prochain suiuant vers la

a   gauche

gauche, sera dixaine de Milliart, de mesme, le nombre C. sera comme en B. doublant la diction milliart, estât donc milliart de milliart, le prochain suiuant vers la gauche sera dixaine de milliart de milliart, &c.

Mais pour prononcer ou proferer la valeur des notes, il faudra marquer vn poinct souz la premiere vers A. puis sur la quatriesme, & de suitte sur la septiesme, laissant tousiours deux figures entre chacun poinct. Puis commençant la prononciation ou prolation de la somme proposée, il faut a l'endroict de chacun poinct prononcer la qualité de la quantité representée par la figure soubz laquelle se trouuera vn poinct marqué, Comme la somme des nombres de leschelle se prononcera pour le premier rang vers C. vingt & vn milliart de milliart, Le second suiuant, neuf cens septante huict million de milliart Le troisiesme six cens cinquante quattre mil milliart. Le quatriesme, trois cens vingt & vn milliart. Le cinquiesme, neuf cens octante sept million. Le sixiesme six cens cinquante quattre mil, & le dernier, trois cens vingt & vn.

Ainsi ce nombre 546785794534 se prononcera Cinq cens quarante six milliarts. Sept cens octante cinq millions. Sept cens nonante quattre milz, cinq cens trente quattre.

De l'Addition des nombres entiers.

L'Addition est vne collection de plusieurs sommes ou quantitez en vne qui soit egale a toutes les quantitez proposées prinses ensemble ; Et pour ce faire il faut asseoir les sommes proposées en tel ordre, que les dixaines de l'vne soient mises au droict des dixaines de l'autre, comme les centaines. &c. Comme s'il failloit adiouster ensemble ces sommes, 124. 348. 34 .20. 4562, 100. il conuiendroit les mettre en cét ordre.

1 2 4
3 4 8
3 4
2 0
4 5 6 2
1 0 0.
A.————B.

Puis commençant du costé de B. il faut adiouster tous les nombres de ce rang, disant 2. & 4. (car les nulz ou zero ne se comptent poinct) sont 6. & 8. sont 14. puis 4. sont dixhuict, & dautant que le nombre dixhuict se marque auec deux figures ie metz la derniere d'icelluy nombre sçauoir 8. au dessouz de la ligne AB audroict du rang dernier, & la premiere figure dudict nombre de 18. sçauoir 1. ie rapporte au rang subsequent, disant 1. & 6.
font

font 7. & 2. font 9. & 3. font 12. & 4. font 16. puis 2. font 18. & marque encor
8. retenant la premiere figure 1. que ie ioincts auec l'autre ordre difant 1 & 1.
font 2. & 5. font 7. & 3. font 10. & 1. font 11. Ie marque donc 1. derniere figure,
& retiens la premiere 1. r'apportant icelle a l'autre ordre & dis 1. & 4. font 5.
que ie marque pareillement au deſſouz de laditte ligne A B. & ainſy ie trouue
que les ſommes propoſées eſtant miſes enſemble font la ſomme de 5188. Cóme
il eſt icy figuré.

$$
\begin{array}{ccc}
1 & 2 & 4 \\
3 & 4 & 8 \\
  & 3 & 4 \\
  & 2 & 0 \\
4 & 5 & 6 \quad 2 \\
1 & 0 & 0.
\end{array}
$$

A ————————————————— B

Somme.   5 1 8 8.

Le meſme ſe doit entendre pour toutes aultres ſommes, car ſi apres auoir adiouſté vn rang ſe trouuoit vn nombre compoſé de deux figures, il faudroit
touſiours retenir la premiere pour icelle ioindre a l'ordre ſubſequent, comme
dict eſt, meſme ſi ledict nombre prouuenant de l'Addition d'vn rang eſtoit
compoſé de trois figures, faudroit poſer la derniere, & r'apporter les deux aultres ſelon leur ſignification a l'ordre precedent, mais quand on eſt paruenu au
dernier ordre vers la ſeneſtre & qu'il ſe trouue vn nombre compoſé de pluſieurs notes, il faut aſſeoir ledict nombre compoſé, entierement, cóme ſe verra
es exemples ſuyuans.

Quand il faut faire Addition de grand nombre de ſommes, on peut icelles
ſeparer & en adiouſter vne partie, puis vne aultre, & finalement les ſommes de
ces parties adiouſter en vne, comme en l'exemple que ſenſuit.

$$
\begin{array}{ccc}
6\,4\,7\,8\,9 & 6\,4\,7\,8\,9 & 7\,8\,4\,3\,5 \\
4\,5\,6\,7\,8 & 4\,5\,6\,7\,8 & 6\,7\,8\,4 \\
9\,4\,5\,6 & 9\,4\,5\,6 & 9\,4\,2\,3.
\end{array}
$$

A ——————— B

Sommes a   7 8 4 3 5   1 1 9 9 2 3.   8 4 6 4 2.
adiouſter.   6 7 8 4
             9 4 2 3.

Car les deux ſommes 119923. & 84642. adiouſtées enſemble font la ſomme de
204565 egale aux ſommes propoſées.

Quand on propoſe pluſieurs ſommes a adiouſter, & qu'icelles ſont faictes
de parties diuerſes comme en noſtre monnoye ſont frans, gros & deniers, il
faut adiouſter les deniers auec les deniers, les gros auec les gros, & les frans auec
les frans. Mais ſi par l'addition des deniers il ſe trouue nombre plus grand que
16. il en faut oſter 16. tant de fois qu'on pourra, & feront autant de gros
qu'il faudra r'apporter au rang des gros, & marquer ſouz le rang des deniers qui ſeront au deſſouz de ſeize. De meſme les gros excedans 12.
ſe deburont conuertir en frans, & iceux r'apporter au rang des frans, &

a ij   les

iiij

les gros qui seront au dessouz de 12. il faudra les marquer souz le rang des gros comme se veoit en cét exemple.

			^{1} f.	^{12} g.	^{16} d.
6	4	7	— 6	— 7
2	4	6	5 — 7	— 9
9	7	4	5 — 9	— 12.

1 2 8 5 8 ——— 11 ——— 12, Somme.

Car au rang des deniers se trouuent vingthuict deniers, desquelz en ayant leué 16. pour faire vn gros, restent 12. deniers que ie marque au dessouz du rang des deniers, & rapporte vn gros au rang des gros , lesquelz adioustez ensemble auec celluy qui prouient de la somme des deniers, font 23. gros, desquelz i'en leue 12. pour faire vn franc, & restant 11. que ie marque pareillement au dessouz du rang des gros. Finalement r'apportant vn franc auec l'ordre des frans, ie les adiouste de mesme qu'il a esté dict au premier exemple d'Addition, & se trouue la somme de 12858 frans, 11 gros, & 12 deniers.

Ceste regle se peut entendre sur toutes especes de monnoye, en reduisant tousiours les moindres especes en leurs plus grandes prochaines ; Comme aussi sur les mesures, (pour lesquelles principalement i'ay faict ce sommaire de l'Arithmeticque) Car prenant la toises a dix piedz de nostre mesure, chacun piedz douze poulces, & chacun poulce douze lignes en longueur, l'addition des longueurs se fera en conuertissant, les lignes en poulces, les poulces en piedz lors que le nombre sera egal a douze ou excedera douze, & quand celluy des piedz sera 10. ou excedera 10. il faudra reduire iceux en toises. Ce que se doit entendre pour les longueurs seulement, car vne toise en superficie côtient 100 piedz, & vn pied 144 poulces, le poulce 144 lignes superficielles, ce que se doit bien remarquer pour la supputatiõ & mesure des superficies soiét planes, conuexes, concaues, gibbeuses ou mixtes, sçauoir meslangées de superficies planes & courbes. Voicy dõc vn exemple d'Addition des longueurs susdictes,

			^{1} toises.	^{6} piedz.	^{12} poulces.	^{12} lignes.
2	4	6	— 4	— 8	— 9
4	6	4	2 — 9	— 7	— 5
	2	4	5 — 7	— 9	— 4.

Somme. 5 1 3 5   2   1   6.

Au rang des lignes se trouuent 18 lesquelles valent vn poulce & 6. lignes, adioustant donc vn poulce a leur rang se trouuent 25. poulces qui font 2 piedz vn poulce, Item ces deux piedz r'apportez au rang des piedz & adioustez ensemble, se trouuent 22. piedz que font 2. piedz, & les toises adioustées comme cy deuant font la quantité de 5135. toises, le tout est figuré cy dessus. La preuue de l'Addition se fera par la soubstraction, pourquoy faut entendre la soubstraction auant qu'enseigner ladicte preuue.

De la

De la Soubstraction des nombres entiers.

SOubstraire, est oster vne somme ou quantité d'vne aultre somme ou quátité. Quand on a soubstraict vne somme d'vne aultre, ce que reste, est la
difference des sommes, comme ayant soubstraict 4. de 9. restent 5. qu'est la
difference d'entre quattre & neuf.

Ie pose la somme de laquelle ie veux soubstraire vne aultre, la premiere que
i'appelle debte, & celle que ie veux soubstraire ie l'appelle paye, & commence
l'operation de droict a gauche, de mesme qu'en l'Addition, & marque le reste
au dessouz de la ligne que doit separer le reste de la paye & de la debte, côme
sensuit.

	f.		g.	d.
Debte.	2 4	3	9	7
Paye.	1 2	2	7	3
Reste.	1 2	1	2	4.

Ie commence donc a soubstraire par les deniers ostant 3. de 7. restent 4. que ie
marque souz le mesme rang des deniers, puis venant au rang des gros ie dis 7.
de 9. restent 2. que ie marque en son lieu, de mesme venant au rang des frans,
ie dis 2. de 3. restent 1. item 2. de 4. restent 2. puis 1. de 2. reste 1. ainsy ie trouue
le reste de 121. frans 2 gros 4 deniers.

Mais quand chacune figure de la paye ne se peut oster de celles de la debte,
si c'est vn nombre composé il faut emprunter vne dizaine de la figure precedente, & s'il n'est poinct composé il faut emprunter de l'ordre precedent, &
conuertir l'emprunt en l'espece de l'ordre que l'on faict la soubstraction, côme
si des deniers ie ne puis soubstraire le nôbre des deniers de la paye, i'emprunte
vn gros de l'ordre precedent & le conuertis en deniers, que i'adiouste a ceux
de la debte, puis d'iceux ie soubstrais ceux de la paye, le mesme se doit entendre des gros, car si on emprunte vn franc il faudra le conuertir en gros, en
voicy vn exemple.

	f.	g.	d
Debte.	9. 4. 3. 5.	6.	4
Paye.	7 9 4 8	9	9
Reste.	1 4 8 6		11.

Voulant oster 7948. frans neuf gros, neuf deniers de 9435. frans 6 gros 4 deni-
ers, apres auoir assis la debte, & la paye, & parties semblables souz parties semblables ou especes souz especes. Ie commence la soubstraction par les moindres especes, que sont les deniers, & ne pouuant oster 9. deniers de 4. i'emprunte vn gros de l'ordre des gros, que ie conuertis en deniers, & sont 16. de-
niers lesquelz auec les quattre deniers qui sont au rang des deniers, & font 20.

                deniers

deniers lors i'oste d'iceux, 9 deniers, & restent 11. que ie marque au dessouz des deniers; Et dautant que i'ay emprunté vn gros de l'ordre des gros, le 6. que s'y trouue, ne vaut plus que 5. desquelz ne pouuant non plus oster neuf gros qui sont en la paye, i'emprunte vn franc de l'ordre des frans, & icelluy conuerty en gros, sont 12. ausquelz ioincts les 5. font 17 gros, lors d'iceux i'oste 9. & restent 8, gros.

Puis estant paruenu a l'ordre des frans, ie considere que le 5. de la debte, ne vaut que 4 (dautant que i'ay emprunté vn franc pour subuenir a la paye des gros) & dis, 8. hors de 4. ne peut estre soubstraict, pourquoy i'emprunte 1. de l'ordre precedent, & cét 1. vaut dix, dautant qu'audict ordre sont dixaines, & ce 10. auec 4. font 14. desquelz i'oste 8. & restent 6. & marque vn poinct aupres du 3. pour monstrer qu'il est diminué d'vne vnité, & qu'il ne vaut plus que 2.

Et poursuiuant mon operation ie dis 4. de 2. ne peut estre soubstraict, i'emprunte donc encor vne dixaine de l'ordre precedent, laquelle auec 2. font 12. ainsy 4. hors de 12. restent 8 que ie marque dessouz le mesme ordre, apres auoir marqué vn poinct sur le 4. de la debte, lequel 4. ne vaut plus que 3. pour la raison susdicte.

Item 9. de 3. ne peut estre osté, i'emprunte donc vne dixaine du prochain ordre subsequent, & auec ce 3. font 13. desquelz ie soubstrais 9. & restent 4. que ie marque a son ordre, le 9. de la debte ne valant plus que 8. Et finalement ostant 7. de 8. reste 1. Pourquoy ie conclud qu'estant soubstraicte la somme de 7948. frans 9 gros 9 deniers, de 9435. frans 6 gros 4 deniers, il reste 1486. frans 8 gros 11 deniers.

La mesme maniere de soubstraire se doit obseruer en la soubstraction des lógueurs & mesures & aultres especes de quantité, car les poulces se soubstrairont des poulces, les piedz des piedz, & toises des toises; Et s'il conuient emprunter se conuertiront les piedz en douze poulces, ou poulces en 12. lignes, mais les toises en dix piedz tant seulement.

Mais supposons que de 45. toises il faille oster ou soubstraire 20. toises 4. piedz 6. poulces & 7. lignes, apres auoir assis la debte & la paye il ne se trouuera rien és rangs de piedz, poulces & lignes, auquel cas il faut prendre vne toises és 45. de la debte, & d'icelle toise valant 10 piedz, en marquer 9. au rang des piedz, & 11. poulces au rang des poulces, & 12 lignes au rang des lignes (car toutes ces particules font la toise entiere qu'ó aura emprunté) mais la somme des toises de la debte ne sera plus que 44. voicy l'exemple de ce que dessus.

| Debte. | 4 5 | —— 9 —— | 11 —— | 12 |
| Paye. | 2 0 | —— 4 —— | 6 —— | 7 |

| Reste. | 2 4 | 5 | 5 | 5. |

Car soubstrayant 7. de 12. restent 5. comme 6. de 11. restent aussy 5. & 4. de 9. restent encor 5. puis nul de 4. restent 4. & 2. de 4. restent 2. Ce que se doit aussi entendre de toutes aultres quátites, car si en cas semblable il failloit soustraire de 20. frans la somme de 10 frans 6 gros neuf deniers, il faudroit prendre vn franc

franc fur 20. & resteroient 19. puis asseoir 11. gros au rang des gros, & 16. deniers, & faire la souftraction comme dit est.

Des preuues d'Addition & Soubstraction.

L'Addition estant opposée a la Soubstraction en ce que l'vne adiouste &
l'autre soubstraict, la raison de l'vne doit estre opposée a la raison de l'autre ; C'est pourquoy la preuue de Soubstraction se faisant par l'Addition,
celle de l'Addition, se fera aussy par la Soubstraction comme s'ensuit ; Estant
trouuée la somme totale il faut soubstraire d'icelle vne des sommes proposées
a adiouster, laquelle on voudra. Puis le reste faut encor soubstraire de ladite
somme totale, car ce que restera de ceste derniere soubstraction, sera egal a
sa somme qu'ó aura chosy pour soubstraire la premiere fois, voicy vn exéple.

6 4 7 8	—	6	—	7	Somme a oster de la totale,
4 5 6	—	7	—	2
2 4 4 5	—	5	—	5
2 4 5	—	6	—	6

Somme totale. 9 6 2 6 — 1 — 4
3 1 4 7 — 6 — 13. Premier reste.

---

6 4 7 8 — 6 — 7. Dernier reste egal a la sóme ostée.
Estant ces quattre sommes adioustées, la somme totale se trouue 9626. frans
1. gros 4. deniers, & d'icelle somme totale estant ostée l'vne des quattre proposées, sçauoir 6478. frans 6. gros 7. deniers, restent 3147. frans 6. gros 13. deniers, que i'appelle premier reste, lequel doit estre egal aux aultres trois sommes
des proposées, (en ayant osté la premiere de la totale laquelle doit estre egale
aux quattres prinses ensemble) ostant donc 3147. frans 6. gros 13. deniers des
quattre, ceste a dire de la totale, ce que restera, sera egale a la somme premierement ostée, comme se veoit en l'exemple susdicte.

La preuue de Soubstraction se faict en adioustant le reste auec la paye, car
si l'operation est bien faicte, la somme qui prouiendra de ceste Addition, sera
egale a la debte, en voicy vn exemple.

	f.	g.	d.	
Debte.	6 4 2	— 6	— 7
Paye.	4 2 3	— 4	— 5	} Adiouste.
Reste.	2 1 9	— 2	— 2	

Preuue, 6 4 2 — 6 — 7 Somme egale a la debte,

Ces preuues comme Geometricques & vniuerselles s'estendent a toutes quantitez & mesures quelconques.

De la Multiplication des nombres entiers.

MVltiplier vn nombre est prendre icelluy nombre plusieurs fois ensemble comme prenant 6. deux fois seront 12. qui s'apelle produict de la multiplication, i'ay dict prendre vn nombre plusieurs fois, dautant que l'vnité ne multiplie point, comme il est manifeste,

En la Multiplication se considerent trois termes ou nombres nommez diuersement, pour plus facile intelligence de la regle, Sçauoir, le nombre proposé a multiplier, le Multiplieur & le produict; la Multiplication des nõbres simples (i'entends 1.2.3.4.5.6.7.8 9.) l'vn par l'autre, se fera comme sensuit; Il faut asseoir les figures l'vne sur l'autre, & les soubstraire de 10. pour auoir leurs differences, qu'il faut mettre au droict de chacune, comme voulât multiplier 7. par 8. ou sçauoir combien faict 7. fois 8. ie mets les figures ou notes 7. &8. comme sensuit.

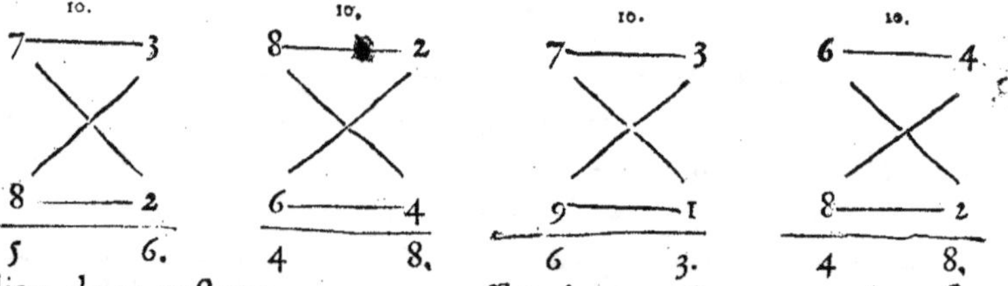

Puis ie dis 7. de 10. restent 3. comme aussi 8. de 10. restent 2. que ie pose au deuant de 8. & 3. au deuant de 7. Lors ces deux differences, 3. & 2. ie multiplie l'vne par l'autre, disant deux fois 3. font 6. que ie marque au dessouz desdictes differences, & finalement ie soubstrais en croix, sçauoir 2. de 7. ou 3. de 8. & restent 5. que ie marque au derrier du premier produict 6. & font ces nombres, 56.

Mais quand il faut multiplier vn nombre composé de plusieurs figures par vn autre nombre simple ou composé, il faut asseoir les deux nõbres sçauoir le proposé & le multiplieur l'vn souz l'autre, & pour plus de facilité, faut tousiours asseoir le moindre soubz le plus grand, & commencer a multiplier par les derniers figures, des nombres vers la dextre procedant vers la senestre; Et si le produict de la multiplication est composé de deux figures, il faut asseoir la derniere, & retenir la premiere, qu'il faut tousiours r'apporter au produict subsequent, comme sensuit,

<pre>
       Multiplié   6 4 8
       par ————————6
       ———————————————————
           3 8 8 8.
</pre>

Mes nombres estans posez comme nous auons dict cy deuant, ie dis six fois 8. font 48. pose 8. & retiens 4. Item six fois 4. font 24. & 4. que ie tiens sont 28.

pose

pose 8. & retient 2. puis six fois 6. sont 36. & 2. que ie retiens sont 38. pose encor 8. & aduance 3. dautant qu'il ny a plus de nombre a multiplier, ie pose 38.
entierement.

Et quand le multiplicur est composé de plusieurs figures apres auoir multiplie la premiere vers la dextre, comme en l'exemple cy dessus, venant a la seconde, faut marquer son produict au second rang des produicts de la muti-
plication, & poursuiure l'opperation par toutes les figures du proposé a multiplier, comme le premier. De mesme s'il y a trois nombres, le premier produict du troisiesme, se mettra souz le troisiesme rang, ou au droict du nombre qui multiplie, & ainsi des aultres comme se veoit en l'exemple proposé.

```
Multiplie —6 4 5 2
     par  —   3 4 5
             2 2 6 0
           2 5 8 0 8
         1 9 3 5 6
         ─────────────
         2 1 9 5 9 4 0     Somme des produictz
```

Finalement iadiouste tous les products en vne somme, chacun selon son ordre, obseruant les precepts & conditions requises al' Addition, & ainsy se voit
la somme que produisent les deux nombres proposez estans multipliez lvng
par l'autre, sçauoir 2 1 9 5 9 4 0.

Toute la difficulté de la multiplication, semble estre en la retention en memoire des produicts qu'il faut retenir pour adiouster aux produicts subse-
quentz, & s'il se trouue erreur en icelle, souuent il n'aist de ceste cause, principalement quand les nombres du proposé & du multiplicur sont grandz comme 7. 8. 9. &c. Pour donc ayder la memoire en semblable cas, il faut multiplier separément, & asseoir tous les produicts, & iceux estans adioustez, les
rapporter en vne somme, selon les conditions cy deuant dictes, l'exemple que
sensuit rendre ceste practique facile & intelligible.

```
                          6 4         7 2          5 6
                          5 6         6 3          4 9
                          7 2         8 1          6 3
                          5 6         6 3          4 9
                          4 8         5 4          4 2
Multiplie - 6 7 9 7 8    ─────────   ─────────    ─────────
      par —     7 9 8    5 4 3 8 2 4. 6 1 1 8 0 2. 4 7 5 8 4 6.
premier produict---5 4 3 8 2 4   premier produict   second.      troisiesme.
second produict—6 1 1 8 0 2.
troisie. produict. 4 7 5 8 4 6.
────────────────────────────
      5 4 2 4 6 4 4 4.   produict de la multiplication.
```

Ie multiplie donc 67978. par 8. comme par vn nombre simple, tous les produictz duquel 64. 56. 72. 56. 48. qui sont posez tous entiers, sans retenir aucune chose, puis adioustez selon leur ordre, comme il se veoit font le premier
produict de 543824. Le second le faict de mesme & se trouue 61180 2. Et le
troisiesme aussy de 475846. lesquelz rapportez selon l'ordre prescript, & adioustez font 5246444.

Finalement faut noter que les zero ou nulz ne produisent aucun nombre,
mais comme ilz peuuent augmenter la valeur des notes, iceux se doibuent
marquer a leur rang : Mais pour multiplier quelque nombre que ce soit par
10. il faut adiouster a iceluy nombre vn zero seulemēt, car l'addition du zero
le rend multiplié par 10. comme aussi l'addition de deux zero le multiplie par
100. comme se veoit és exemples suyuans,

Multiplié 456	456	456	456
par—10	100	10000	3000
faict—4560	45600. produict.	460000	1368000

La preuue de la Multiplication se faict par la diuision, laquelle preuue ie
deduiray apres auoir enseigné la maniere ou regle de diuiser.

De la Diuisions des nombres entiers.

Diuiser est partir ou couper vne quantité ou nombres proposé en plusieurs parties egales, Comme estant proposé le nombre 24. a diuiser en
quattre parties egales, chacune partie sera de 6. car quattre fois 6. font 24. En
la diuision se remarquent trois nombres de diuerse denomination, Le premier est le nombre proposé a diuiser, qu'on appelle aultrement diuidende; Le
second, se nomme diuiseur, & le troisiesme quotient, ou combien, lesquelz
se disposent a la maniere que sensuyt.

Soit proposee la somme de 6456. escus a partager en 24. parties ou entre
vingt quattre personnes, ie pose premierement la somme proposée que i'appelle diuidende, & meine deux lignes droictes au dessouz d'icelle, entre lesquelles ie pose le diuiseur au dela d'vne ligne que ie mene pour le separer du
quotient qui se met aussi entre icelles lignes au costé gauche dudict diuiseur
comme sensuit.

Diuidende. 6456 |

place du quotient ———————————| 24. Diuiseur.

Ce faict ie cōsidere le nōbre des figures du diuiseur, qui sont deux sçauoir 2. &
4. faisant 24 (lors quelles ne sont separées d'aucun poinct) & prés autāt de figures du diuidéde, sçauoir 6. & 4. qui sōt 64. puis ie regarde cōbien de fois 24. se
peut

peut prend en 64. & ne pouuant y estre prins que deux fois entierement ie
marque 2. pour la premiere figure du quotient, au dessouz du 4.de 64.comme
se veoit icy figuré.

$$6\ 4\ 5\ 6 \qquad\qquad 6456$$
$$2 \mid 24 \qquad\qquad 6 \mid 94$$

Mais si le diuiseur se trouuoit plus grand que 64. comme si au lieu que ie diuise par 24.il failloit diuiser par 94. la premiere figure du quotient se deburoit
mettre au dessouz du 5. car 94. ne se pouuant prendre en 64.il faudroit le pré-
dre en 645. six fois & marquer 6. pour premiere figure du quotient au dessouz
de 5. De mesme si apres auoir posé le premier quotient il arriuoit que le restât
auec la prochaine figure du diuidéde fut moindre que le diuiseur, il faudroit
mettre zero, ou nul pour vne des figures dudict quotient, ce que se doit bien
remarquer & se verra par practicque és exemple suyuans.

Poursuyuant donc mon operation,ie multiplie la figure que i'ay posé pour
quotient, sçauoir 2. par 24. & sont produicts 48. que ie marque au dessouz
des deux lignes susdictes, & au droict de 64, & soubstrais 48. de 64. suiuant la
regle de substraction, & restant 16. que ie marque en son ordre cóme sensuit.

$$6\ 4\ 5\ 6 \mid$$
$$2 \mid 24$$
$$4\ 8$$
$$1\ 6.$$

Secondement puisque 64. estant diuisé il reste 16. ie pose le 5. suiuant du diuiseur aupres du reste 16. & le tout faict 165. en quoy ie regarde combien de
fois s'y peut prendre 24. & trouue qu'il s'y peut prendre six fois, ie marque dóc
6. pour la seconde figure du quotient, par laquelle ie multiplie 24. & marque
son produict 144. au dessoubz de 154. & l'en soubstraict dont me restent 21.
que ie marque comme dict est,

$$6\ 4\ 5\ 6 \mid$$
$$2\ 6 \mid 24.$$
$$4\ 8$$
$$1\ 6\ 5$$
$$1\ 4\ 4$$
$$2\ 1$$

Mais pour trouuer plus facilement combien de fois se peut prendre
24. en 165. i'aduise que (suyuant ce que dict est) si le diuiseur 24.
estoit posé souz 165. le 4. du diuiseur tomberoit souz le 5. de
165. & le 2. souz 16, lors faudroit aduiser combien de 2. sont

en 16. ayant touſiours egard au 4. qui ſuit car au nombre 165. il faut y prendre
autant de fois 4. qu'on y aura prins 2. l'açoit donc que 2. ſois 8. fois en 16. ne ſe
doit prendre 8. pour le quotient d'autant que 4. ne ſe pourroit trouuer 8. fois
en ce que reſtoit de 165. apres qu'on y auroit prins 2. huict fois. En cas ſemblables, ie multiplie le quotiét 24. par quelque nombre moindre que 8. & trouue
que le multipliant par 7. ſont produictz 168. qui ne ſe peut oſter de 165. ie préd
donc encor vn nôbre moindre que 7. a luy prochain ſçauoir 6. pour quotient.

Tiercement & finalement, apres auoir marqué le 6. derniere figure du diuidende aupres du reſtant 21. ſont faictz 216. i'aduiſe combien de fois on peut
y prendre 24. & ſy trouuát neuf fois preciſément ie marque 9. pour troiſieſme
figure du quotient, par lequel 9. ayant multiplié 24. ſont produicts 216. leſquelz ſoubſtrais auſſy de 216. que reſtoient, ne demeure plus rien d'ont ie có-
clud que s'il failloit partager 6456. eſcus entre 24. perſonnes chacun auroit
269. eſcus.

```
  6 4 5 6  |
    2 6 9 · | 24
  ___________
   4 8
  ___________
    1 6 5
    1 4 4
  ___________
      2 1 6
      2 1 6
  ___________
      0 0 0
```

Second exemple.

```
    9 0 7 9 4 8 | 103
      2 0 8 7   | 435
    ___________
      8 7 0
    ___________
      3 7 9 4
      3 4 8 0
    ___________
        3 1 4 8
        3 0 4 5
    ___________
        1 0 3  reſte de la di-
                 uiſion.
```

Au ſecond exemple voulant diuiſer 907948. par 435. la premiere figure du
quotient eſtant 2. icelle multipliée par 435. faict 870. leſquelz ſoubſtraicts de
907. reſtent 37. & ſelon le document precedent, eſtant poſée aupres de ce re-
ſtre le 9. ſuiuant du diuidende, le tout faict 379. dans lequel nombre n'eſtant
comprins 435. ie marque vn zero pour ſeconde figure du quotient, & prens la
figure ſuyuante du diuidende, ſcauoir 4. que ie metz aupres de 379. & ſont
faictz 3794. dans lequelz ie prens huict fois mó diuiſeur 435. & marque 8. pour
troiſieſme figure du quotient, par laquelle ie multiplie mon diuiſeur, & ſont
produictz 3480. que ie ſoubſtrais de 3794. & reſtent 314. apres lequel nombre
ie mets 8. derniere figure du diuidende, & le tout faiſant 3148. i'aduiſe que 435.
s'y peut prendre 7. fois ie marque donc 7. pour quatrieſme & derniere figure
du quotient, & par icelle figure 7. ayant multiplié mon diuiſeur 435. ſont produictz 3045. leſquelz ſoubſtraicts de 3148. reſtent 103. Ainſy le quotient eſt de
2087.$\frac{103}{435}$ Car le reſte de l'operation ſçauoir 103. ſe doit marquer au deſſus du
diuiſeur, repreſentant vne fraction ou certaines parties du nombre entier cóme ſera dict cy apres.

Mais pour ſçauoir la valeur de $\frac{103}{435}$ ou que vallent ces 103. que reſtent de la
diuiſion, il faut noter que ſi on diuiſe des eſcus, ce ſont 103. eſcus partagables
entre 435. perſonnes, chacun deſquelz n'en pouuát auoir vng entier en ſa part,
faut

faut reduire iceux en especes plus basses, comme en frans, gros, deniers &c. car
estans escus a 5. frans pieces, se multiplieront 103. par 5. & le produict sera 515.
frans, partageables comme dict est, diuisant donc 515. par 435. le quotient se
trouuera 1. que sera 1. franc pour chacun, restant encor 80. frans, aussy partageables entre eux. Et pour la raison susdicte faudra reduire 80. frans en gros,
Multipliant 80. par 12. d'autant que chacun franc vaut 12 gros, & viendront
de la multiplication 960. gros, lesquelz diuisez par 435. le quotient sera 2. sçauoir 2. gros pour chacun, restans encor 90. gros qu'il faudra reduire en deniers, multipliant 90. par 16. dautant que le gros de Lorraine vaut 16. deniers, &
seront produicts de ceste derniere multiplication 1440. deniers, lesquelz diuisez par 435. seront 3. pour quotient, que sont 3. deniers pour chacun, restans
encor 135. deniers qui ne se peuuent reduire en moindre espece coursable en
Lorraine, pourtant se marqueront $\frac{135}{435}$. parties de deniers lesquelles reduictes
en moindre fraction, feront $\frac{9}{29}$ comme sera monstré cy apres. Ainsy le quotient de la diuision sera en parties congnuës de 2087. escus 1. franc, 2. gros 3.
deniers & $\frac{9}{29}$ parties de deniers.

　　Le mesme se practicquera pour les mesures. Car supposé qu'vn arpant contienne 250. toises tel qu'est celluy de Lorraine, & on propose vn bois contenant 746785. toises & demande on combien sont d'Arpans. Ie diuise 746785.
par 250. comme sensuit.

Toises,　7 4 6 7 8 5

Arpans.　　　2 9 8 7　　250. diuiseur.

　　　　　5 0 0

　　　　2 4 6 7

　　　　2 2 5 0

　　　　　2 1 7 8

　　　　2 0 0 0

　　　　　1 7 8 5

　　　　1 7 5 0

reste.　　　3 5. toises.

Apres auoir assis mes nombres ie
trouue que mon diuiseur 250. est
côtenu deux fois en 746. & apres
auoir mis 2. pour premiere figure
du quotient, & icelluy multiplié
par 250. diuiseur. Ie soubstrais sō
produict 500. de 746. restent 246.
aupres duquel nombre ie metz
de suitte le 7. suiuant du diuidende & font pour lors 2467. es-
quelz ie prens le diuiseur 9. fois &
marque 9. pour seconde figure du quotient que ie multiplie par 250. & son
produict 2250. soubstraict de 2467. restent 217. aupres desquelz ie marque cō-
sequemment le 8. du diuidende, & le tout faict lors 2178. dans lequel nombre
ayant trouué huict fois mon diuiseur, ie marque 8. pour troisiesme figure du
quotient, & par icelle ie multiplie 250. & le produict 2000. soubstraict de 2178.
restent 178. aupres duquel reste ie mets la derniere figure du diuidende, sçauoir 5. & le tout faict 1785. en quoy ie trouue sept fois le diuiseur ie marque
donc 7. pour quatriesme & dernier figure du quotient, laquelle ie multiplie
par 250. & le produict 1750. soubstraict de 1785. restent 35. sçauoir 35. toises que
valent $\frac{7}{50}$ parties d'Arpans, ie conclud donc que le bois proposé a mesurer
contient 2987. Arpans & 35. toises.

　　Ceste maniere de diuiser, se trouue fort commode en ce que chacune ope-

ration faict sa preuue, & cas arriuant qu'on auroit trop ou peu pour le quotient, il se veoit incontinent qu'on a multiplié le quotient par le diuiseur, car
si le produict ne se peut soubstraire du nombre souz lequel il est posé, la figure du quotient aura esté prinse trop haute, dont faudra effacer tout le produict seulement, & prendre vne figure moindre, pour mettre au quotient, &
la multiplier de nouueau comme dict est, ce qu'arriuant en la façon cōmune
de diuiser, il faudroit recommencer de nouueau toute la diuision. Au contraire si on auoit prins vne figure trop basse pour quotient cela apparoistroit
apres la soubstraction faicte de son produict, car le reste se trouueroit egal au
diuiseur ou plus grand qu'icelluy, lequel reste neátmoins doit tousiours estre
moindre que le diuiseur.

Des preuues de Multiplication & Diuision.

LA preuue de Multiplication se faict par la Diuision, & celle de Diuision
par la Multiplication, comme si ayant multiplié 42356. par 324. le produict
sera de 13723344. pour prouuer si la Multiplication est bien faicte, il faut
diuiser ce produict par 42356. ou par 324: car diuisant par 42356. si l'operation
est bonne, le quotient sera 324. Comme aussi si on diuise le mesme produict
par 324. le quotient sera 42356. comme se veoit icy figuré.

```
      4 2 3 5 6               1 3 7 2 3 3 4 4|
          3 2 4      Quotient.    3 2 4|42356  Diuiseur.
    ─────────────               ─────────────
      1 6 9 4 2 4               1 2 7 0 6 8  |
        8 4 7 1 2               1 0 1 6 5 4
    1 2 7 0 6 8                   8 4 7 1 2
Produict. 1 3 7 2 3 3 4 4|       1 6 9 4 2 4
                                 1 6 9 4 2 4.    ce produict soub-
                                            (straict ne reste rien.


                     1 3 7 2 3 3 4 4|
  Quotient           4 2 3 5 6|324. Diuiseur.
                   ─────────────
                     1 2 9 6
                       7 6 3
                       6 4 8
                     ─────────
                     1 1 5 3
                       9 7 2
                     ─────────
                     1 8 1 4
                     1 6 2 0
                     ─────────
                       1 9 4 4
                       1 9 4 4
```

La preuue de diuision se fera en multipliant le quotient 42356. par 324. car le
produict se retrouuera de 13723344. Mais quand és operations de diuision il
                                                                        restera

reſtera quelque choſe, apres auoir multiplié le quotient par le diuiſeur, il faudra adiouſter au produict de telle Multiplication le nombre reſtant de la diuiſion, comme au dernier exemple de diuiſion ont eſté diuiſées 746785. toiſes par 250. & le quotient s'eſt trouué de 2987. Arpans reſtans 35. toiſes : pour faire la preuue de ceſt exemple (& des autres ſemblables) ie multiplie le quotient 2987. par 250. & ſont produicts 746750. auſquelz adiouſtant les 35. toiſes reſtâtes ſe trouue la quantité propoſee 7 4 6 7 8 5. &c.

Des Fractions vulgaires ou nombres rompus, & de leurs qualitez Numeration & denomination.

LEs fractions ou nombres rompus, ne ſont autres choſes que parties de nôbres entiers, ces parties ne pouuans s'exprimer ou marquer qu'auec deux ſignes, ou notes Arithmeticques, l'vne ſuperieure & l'autre inferieure, comme $\frac{1}{4}$ ſeparées d'vne ligne entre icelles, ont prins nom de fraction ou nôbre rompu. La note ou nombre ſuperieur s'appelle numerateur, & l'inferieur, denominateur, comme en $\frac{3}{4}$ le 3. eſt appellé numerateur, & le 4. denominateur, le 3. dict numerateur, pour ce qu'il nombre ou denote combien de parties ſont du nombre entier, partageable en 4. Et ce 4. denote quel nombre c'eſt duquel on expoſes les trois parts ou parties. Comme 1 franc, eſt 1. entier, s'il failloit le partager entre quattre perſonnes chacun auroit vn quart, & trois des comparçonniers en auroient enſemblement les trois quarts, qui ſe notent ainſy $\frac{3}{4}$ la part du quatrieſme ſeroit $\frac{1}{4}$ & le tout $\frac{4}{4}$ ſçauoir 1. entier de meſme vne choſe eſtant partageable en 5. ces parties s'appellerôt cinquieſmes, comme $\frac{3}{5}$ trois cinquieſmes, ſi en 6. elles s'appellerôt ſixieſmes commé $\frac{5}{6}$ cinq ſixieſmes. &c.

$$\frac{1}{2}\quad \frac{2}{3}\quad \frac{3}{4}\quad \frac{4}{5}\quad \frac{5}{6}\quad \frac{7}{9}$$

&c. Les denominateurs des trois premieres fractions, ſe prononcent demy, tiers, quartz, & toutes les aultres ſuyuantes par jeſmes, comme cinquieſmes, ſixieſmes, &c.

Les numerateurs ſont touſiours moindres que les denominateurs, d'autant qu'ilz ſont parties des entiers denomméz par les denominateurs, car quand ilz ſe trouuent plus grandz, il en faut tirer les denominateurs tant de fois que l'on peut, & ce qui en prouient ſe prend pour nombre entier comme ſera dict cy apres.

De la Reduction & Abbreuiation des Fractions.

POur Adiouſter, Soubſtraire, Multiplier & Diuiſer, eſt neceſſaire que les fractions ſoient reduictes ſoit en meſme denominatiõ, ou d'entier en fraction, l'abbreuiation ſeruant ſeulement pour faciliter les operations, d'autant que l'operation ſe faict plus facilement auec petitz nôbres qu'auec grãd nombres, comme ſe verra en la deduction des quattre regles ſuſdictes.

reduire

Reduire deux fractions ou plusieurs en mesme denomination , est trouuer vn denominateur commun, cest a dire vn nombre qui soit denominateur de l'vne & de l'autre des fractions proposées, comme estans donnez $\frac{2}{3}$ & $\frac{3}{4}$ les denominateurs sont 3. & 4. il faut trouuer deux fractions , l'vne egale a $\frac{2}{3}$ & l'autre egale a $\frac{3}{4}$ & que neautmoins icelles ayent vn mesme denominateur, pour ce faire ie pose mes fractions comme sensuit.

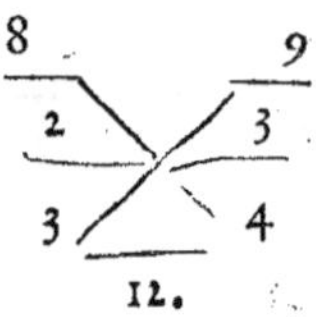

Puis ie multiplie le denominateur du premier , sçauoir 3. par le numerateur du second , qu'est aussy 3. & sont produicts 9. que ie marque au dessus des $\frac{3}{4}$ puis ie multiplie pareillement le denominateur du second par le numerateur du premier, sçauoir 4. par 2. & sont produict 8. que ie marque au dessus de $\frac{2}{3}$. Finalement ie multiplie les denominateurs 3. & 4. l'vn par l'autre, dont le produict 12. est le denominateur cómun, & ceste maniere de multiplier s'appelle multiplier en croix. Pour conclusion ie dis que mes deux fractions proposées sçauoir $\frac{2}{3}$ & $\frac{3}{4}$ sont reduictes en $\frac{8}{12}$ & $\frac{9}{12}$ ayás denominateurs semblables sçauoir 12. & neautmoins demeurent en leur mesme valeur qu'au parauant, Car si nous prenons que $\frac{2}{3}$ & $\frac{3}{4}$ soient parties de franc, les $\frac{2}{3}$ feront $\frac{8}{12}$ sçauoir 8. gros (le franc en valant 12.) & les $\frac{3}{4}$ feront $\frac{9}{12}$ cest a dire 9. gros comme il est tout manifeste.

L'abbreuiation ne s'estend q'ua vne fraction, & est opposée a la reduction susdicte, car la reduction augmente le nombre de la fraction, & l'abbreuiation la diminue ; Mais pour abbreuier vne fraction il faut trouuer vng nombre qui diuise precisément, le numerateur & denominateur de la fraction proposee, comme $\frac{9}{12}$ s'abbreuie ou abbrege par 3. Car diuisant le numerateur 9. par 3. le quotient sera 3. nouueau numerateur , & diuisant 12. par le mesme nombre 3. le quotient sera 4. pour nouueau denominateur ; Ainsi $\frac{9}{12}$ estant abrege fera $\frac{3}{4}$ De mesme $\frac{27}{36}$ estant abbrgé sçauoir tant le numerateur 27. que le denominateue 36. diuilé par 9. se trouueront $\frac{3}{4}$.

La maniere de trouuer vng nombre qui soit mesure commune, cest a dire qui diuise precisément le numerateur & denominateur est enseigneé par la seconde proposition du septiesme liure des elemens d'Euclide ; mais la practicque & voye mechanicque est aucunement diuerse, car elle se faict par la mediation triplation &c ou pour mieux dire à taston comme sensuit.

Estant proposée la fraction $\frac{1008}{1344}$ pour abbreger, ie prens tousiours la moitié du numerateur & denominateur, iusques a tant que l'vng ou l'autre se trouue impair, comme la moictie de $\frac{1008}{1344}$ est $\frac{104}{672}$ & la moictie d'icelluy est $\frac{252}{336}$ La moictie duquel est $\frac{126}{168}$ encor sa moictie est $\frac{63}{84}$ ou estant reduict & ne se pouuant plus diuiser par 2. i'aduise vng nombre qui diuise precisément 63. & 84. comme 7. dont ie le prens 9. fois au numerateur & douze fois au denominateur & sont faict $\frac{9}{12}$ que i'abbrege par 3. & sont faictz $\frac{3}{4}$ que valent autát que $\frac{1008}{1344}$ il se pouuoit aussi abbreuier par aultres nombres comme $\frac{104}{672}$ par 3. sont $\frac{168}{224}$ puis icelluy par 8 eussent esté $\frac{21}{28}$ lequel ábbregé par 7 eust aussi rendu les $\frac{3}{4}$ comme auparauant mais la mediation en tant qu'elle peut est la plus facile voicy

voicy l'exemple susdict.

1008	504	252	126	63	9	3
1344	672	336	168	84	12	4.

La mesme maniere se pourra parcticquer auec d'autre nombres pairs ou impairs comme la practicque & l'experience le tesmoigneröt & le feröt veoir a l'œil. Auant que se seruir de cette practicque on pourra aduiser si le numerateur peut diuiser le denominateur, car s'il se peut le nouueau numerateur sera tousiours 1. & le denominateur sera le quotient prouuenant de ceste diuisiö. Comme $\frac{7}{28}$ font $\frac{1}{4}$ Car diuisant 7. par 7. vient 1. au quotient pour numerateur & 28. par 7. le quotient est 4. pour denominateur.

De l'Addition des fractions vulgaires.

QVand les nombres ou fractions proposeés a adiouster auront leurs denominateurs diuers, il faut les reduire en mesme domination, les multipliant en croix comme dict est, puis adiouster les nouueaux numerateurs, & souz la somme d'iceux marquer le nouueau denominateur comme voulant adiouster $\frac{2}{3}$ à $\frac{4}{4}$ ie pose ainsi mes figures.

Et dis 3. fois 3. font 9. que ie marque au dessus de $\frac{4}{4}$ Item ie dis quattre fois deux font 8. que ie marque sur $\frac{2}{3}$ & adiouste mes nouueaux numerateurs 8. & 9. la somme desquelz est 17. que ie marque au dessus des fractions ou ailleurs; Puis ie multiplie les denominateurs l'vng par l'autre sçauoir 3. par 4. & le produict

$$\begin{array}{c} 17 \\ \frac{8}{2} \qquad \frac{9}{3} \\ 3 \qquad 4 \\ 12 \end{array}$$

12 ie marque souz 17. ainsi font faictz $\frac{17}{12}$ que sont egaux a la somme des fractions proposeés.

Mais quand le numerateur se trouue plus grand que le denominateur (come en cét exemple) i'en tire ou soubstrais le denominateur, & autant de fois que ie l'en souftrais ce sont autant de nombres entiers que ie mets a part, le reste retenant le mesme denominateur, comme en cét exemple la somme des fractions adiousteés faisant $\frac{17}{12}$ ie souftrais 12. de 17. vne fois & marque 1. entier a part, & souz le reste qui est 5. ie marque le mesme denominateur 12. & font $\frac{5}{12}$ Ainsi supposé que ceste fraction $\frac{17}{12}$ est parties de frás $\frac{2}{3}$ auec $\frac{4}{4}$ feront 1 frans, & $\frac{5}{12}$ c'est a dire cinq gros. Ce que se demonstre par la reduction en mesme denomination car $\frac{8}{12}$ font 8. gros. & $\frac{9}{12}$ font 9. gros, qui ne veoit que 8. gros & 9. gros font dixsept gros? sçauoir 1. frans & cinq gros.

Quand les fractions à adiouster ont mesme denominateur, il faut seulement adiouster leurs numerateurs, & souz la somme d'iceux marquer le denominateur d'icelles comme voulant adiouster $\frac{3}{25}, \frac{4}{25}, \frac{6}{25}, \frac{8}{25}$ i'adiouste les numerateurs 3. 4. 6. 8. qui font 21. souz laquelle somme ie marque 25. Ainsi la somme d'icelles fractions est $\frac{21}{25}$ &c.

Pour plus facile intelligence de cette regle, ie mettray l'exemple suiuant composé de nombres entiers & fractions, comme soient cöposez a adiouster.

$$2 \quad 4 \quad 3 \text{ frans} \quad \tfrac{1}{2}$$
$$1 \quad 2 \quad 4 \quad\text{———}\quad \tfrac{3}{4}$$
$$2 \quad 6 \quad\text{———}\quad \tfrac{2}{3}$$
$$6 \quad 5 \quad 4 \quad\text{———}\quad \tfrac{4}{5}$$

Somme totale $1 \ 0 \ 4 \ 9 \text{———} \tfrac{43}{60}$

l'adioufte premieremēt $\tfrac{1}{2}$ auec $\tfrac{3}{4}$ les multipliāt en croix comme il eft icy figuré. & fōt produict $\tfrac{10}{8}$ Ainfy voiāt que mon numerateur 10. eft plus grand que le denominateur 8, ie tire 8. hors de 10. vns fois & marque 1, àpart, & les 2. que reftent apres que i'ay ofte 8. de 10, font $\tfrac{2}{8}$ que i'abbreuie, en faifant $\tfrac{1}{4}$ or ce $\tfrac{1}{4}$ iadioufte auec $\tfrac{2}{3}$ que fuyuent les multipliant en croix comme au parauāt, & fe trouuēt $\tfrac{11}{12}$ voicy la forme del'operation.

Et dautāt qu'en $\tfrac{11}{12}$ ie ne puis prendre le denominateur dedās le numerateur & que auffy $\tfrac{11}{12}$ ne fe peut abbreuier, ne fe trouuant aucune mefure commune à 11. a 12 ie prens ces $\tfrac{11}{12}$ & les adioufte auec $\tfrac{4}{5}$ que fuyuent, ainfy

Et le numerateur 103 fe trouuant plus grand que le denominateur 60. ie foubftrais icelluy 60. de 103 & reftent $\tfrac{43}{60}$ ie marquēt auffy 1. entier à part, pour l'adioufter auec celluy qui eft defia venu de la premiere operation. Ainfy ces quattre fractions propofées me donnent 2. entiers que i'adioufte auec les nombres entiers precedens fi que ie trouue ma fomme totale de 1049 frans & $\tfrac{43}{60}$. parties de frans la valeur de laquelle fraction fe trouue par mefme maniere quil a efté dict en la deductiō du fecond exemple, de la Diuifion des nombres entiers

---

De la foubftraction des fractions vulgaires.

QVAND on veut foubftraire vne fraction d'vne aultre, de diuerfe denomination, il faut les reduire comme dict eft en l'Addition, les multipliant en croix, puis foubftraire le denominateur nouueau de l'vne, du denominateur nouueau de l'autre, & marquer le refte au deffus ou l'on voudra, & au deffouz dicelluy refte rapporter le denominateur commun, comme fenfuit pour foubftraire $\tfrac{2}{3}$ de $\tfrac{3}{4}$ Ie pofe premier $\tfrac{3}{4}$ & apres ce $\tfrac{2}{3}$ ainfi & apres & auoir multiplie en croix, ie foubftrais 8. de 9. & refte 1. fouz lequel ie marque 12 qu'eft le denominateur commun prouenant de la multiplicatiō des denomīateurs 4. & 3. l'vng par l'autre. Ie conclud donc que cefte fouftraction faicte, il refte $\tfrac{1}{12}$.

Mais quand les denominateurs font femblables, il faut feulement foubftraire vng numerateur de l'autre & marquer au deffouz du refte l'vng des denominateurs, comme fi de $\tfrac{3}{5}$ on en veut foubftraire $\tfrac{2}{5}$ il ne faut que ofter 3. de 4. & reftera 1. qui fe marquera $\tfrac{1}{5}$. & ainfi des autres,

Sil falloit soubstraire vne plus grande fraction d'vne moindre comme $\frac{1}{2}$ de $\frac{1}{4}$ ce la ne sepourroit sidóc il ny auoit quelque nóbre qui precedast ce $\frac{1}{4}$ auquel quas il faudroit emprunter dudict nombre precedant, vne vnité & icelle conuertir endemy car elle vaudroit $\frac{2}{2}$ qu'il faudroit adiouster a ce $\frac{1}{2}$ & seroient $\frac{3}{2}$ desquelz on soubstrairoit facilement $\frac{3}{4}$ comme dict est cy dessus.

fr.

```
Debte   24.———  1/2
Paye     9.———  3/4.
─────────────────────
Reste   14 ———  3/4.
```

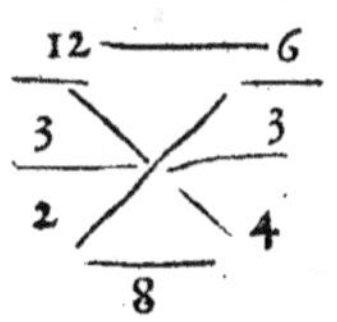

6.

```
12 ————— 6
 3        3
 2        4
    8
```

6 | 3
8 | 4

Mais en semblables cas le nombre entier & diminué de 1. car au lieu de 24 ne sont plus que 23 si que le

reste de toute la soufstraction est 24———$\frac{3}{4}$

Nota quequád on emprúte vng entier, il est tousiours denommé par le denominateur de la fraction alaquelle, on le ioinct cóme l'vnité que iay prins de 24 ie lay denómez par $\frac{2}{2}$ acause quela fraction alaquelle on l'adiouste pour faire loperation, est 2. s'il sy eut trouué des quarts elle eut valu $\frac{4}{4}$ si des cinquiesmes elle eut valu $\frac{5}{5}$

Finalement si en la somme superieur ny a aucune fraction, il faut du nóbre entier emprunter 1. & le denommer par le denominateur de la fraction du nombre inferieur, comme voulant de 24. en oster 9. $\frac{3}{4}$ i'emprúte vng de 24 & le conuerty en $\frac{4}{4}$ dautant que ma fraction est denommée par quats, & de ces $\frac{4}{4}$ ostant $\frac{3}{4}$ reste $\frac{1}{4}$ que ie marque au dessouz de la ligne faisantseparation de la paye & du reste.

Les preuues tant de l'Addiction que de la Soubstraction des fractions vulgaires, se doit entendre de mesme quil a esté dict des nombres entiers, car leurs raisons sont de mesmes cét pour quoy nesera besoingde les reiterer en ce lieu, non plus qu e celles de Multiplication & Diuision desdictes fractions.

De la Multiplication des fractions vulgaires.

POur Multiplier les fractions vulgaires il faut multiplier les numerateurs l'vng par l'autre & marquer leur produict en haut pour nouueau numerateur, puis multiplier les denominateurs aussy l'vng par l'autre & marquer en bas leur produict pour denominateur nouueau voulát dóc multiplier ie multiplie lenumerateur 2. par le numerateur 3. & sont produictz 6. que iemarque en haut vers le milieu de mes deux fractions pour nouueau numerateur, item ie multiplie le denominatur 3. par le denominateur 4 & sont produicts 12. que ie marque au dessouz du 6. pour denominateur nouueau ; de sorte que mó produict sont $\frac{6}{12}$ cest adire $\frac{1}{2}$ Car tous produicts se doibuent abbreuier lors quilz peuuét recepuoir abbreuiation.

```
  6
2 — 3
3 par 4
 12
```

Quand on multiplie vng nombre entier par vne fraction, pour ne point sortir de ceste reigle (car elle est vniuerselle) il faut marquer 1, dessouz le nombre entier, & multiplier comme dict est. Ie veux multiplier 12. par $\frac{3}{4}$ ie marque 1. dessouz 12. & sont douze vniesmes, puis ie multiplie 12. par 3 & sont faicts 36. item 4. par 1. denominateur de 12. & sont faictz 4. de sorte que mon produict faict $\frac{36}{4}$ ainsi & dautant que le denominateur peut diuiser le numerateur, ie le diuise par icelluy, & le quotient 9 est le produict de la multiplication.

$$36.$$

$$12 \quad\text{---}\quad 3$$
$$\text{--- par ---} \qquad \text{produict} \frac{36}{9} \quad\Big|\quad 4. \text{ diuiseur}$$
$$1 \quad\text{---}\quad 4$$

$$4$$

Quand il fault multiplier vng nõbre entier auec fractiõ, comme 6. $\frac{3}{4}$ par quelque aultre nõbre le nõbre qui se trouuera auoir fraction auant que cõmencer se doit reduire en sa fraction pour suiure la regle susdicte, voulant donc multiplier 6. $\frac{3}{4}$ par 7. nombre entier, ie marque 1. souz le 7. puis ie reduict 6. $\frac{3}{4}$ en sa fraction multipliant 6 par le denominateur de la fraction qu'est 4. & sont faictz 24. ausquelz iadiouste encor son numerateur 3. & sõt 27. souz lesquelz ie marque son denominateur 4. & sont $\frac{27}{4}$ Et faut noter ceste reductiõ en fraction, car elle sert souuentesfois tant en la multiplication qu'en la Diuision des fractions vulgaires, voicy la figure de l'exemple proposé le produict est $\frac{189}{4}$ lesquelz diuisez par le denominateur 4. font pour quotient 47. $\frac{1}{4}$ qu'est le produict de l'operatiõ. Aultrement quand vn des nõbre de la multiplicatiõ est nõbre entier cõme 7. & que l'autre a vne fraction a luy ioincte comme 6. $\frac{3}{4}$ ilz se peuuent multiplier sans aucune reduction, comme sensuit, ie multiplie l'entier 6. par 7. & sont faictz 42. puis ie multiplie le numerateur 3. par 7. & sont produictz 21. que ie diuise par le denominateur 4. & viennent au quotient 5. $\frac{1}{4}$ que i'aiouste auec 42. & le tout faict 47. $\frac{1}{4}$ comme auparauant, voicy l'a façon.

$$189.$$
$$27 \quad\text{---}\quad 7$$
$$\text{--- par ---}$$
$$4 \quad\text{---}\quad 1$$
$$4$$

$$
\begin{array}{cc}
6\ \frac{1}{4} & \\
\underline{7} & 3 \\
42 & \underline{7} \quad (5.\ \tfrac{1}{4} \\
5\ \frac{1}{4} & 21 \\
\hline
47\ \frac{1}{4} & 4
\end{array}
$$

Mais quand és deux nombres qui se multiplient l'vng par l'autre, si retrouuent fraction chacun d'iceux se doit reduire en sa fraction, comme pour multiplier 12. $\frac{3}{4}$ par 15. $\frac{2}{3}$ Ie reduis premierement 12. $\frac{3}{4}$ en sa fraction denommée par quarts, & sont faicts $\frac{51}{4}$ Item ie reduis 15. en la sienne denommée par tiers & sont faictz $\frac{47}{3}$ puis suyuant l'ordre premier susdictz, ie multiplie les nouueaux numerateurs 51. &47. l'vng par l'autre, & sont produictz 2397. Aussi ie multiplie les denominateurs 3. & 4. & sont faictz 12. denominateur de 2397. qui se
mar-

marquent ainsi $\frac{2397}{12}$. Et finalement ie diuise 2397. par 12. & le quotient 199. $\frac{3}{4}$. est
le produict de la multiplication voicy la forme de l'operation.

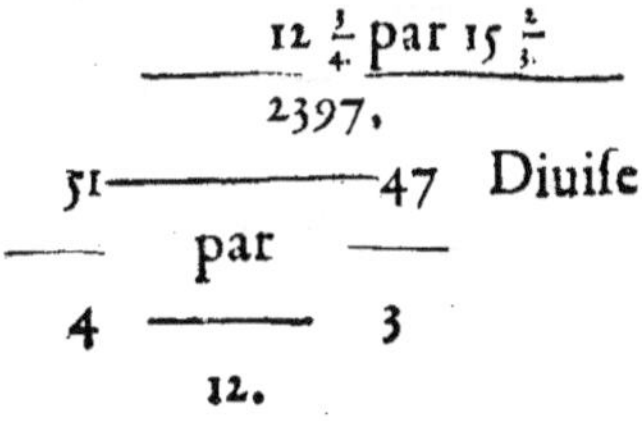

$$12 \tfrac{3}{4} \text{ par } 15 \tfrac{2}{3}$$
$$2397.$$

$$51 \underline{\hspace{4cm}} 47 \quad \text{Diuise 2397 par 12.}$$

$$\text{par}$$

$$4 \underline{\hspace{2cm}} 3$$

$$12.$$

2 3 9 7	9	3
1 9 9	12	4.
1 2		
1 1 9		
1 0 8		
1 1 7		
1 0 8		
reste, 9.		

De la Diuision des fractions vulgaires.

L A diuision des fractions, comme opposée a la multiplication, aura les
mesme cas en raison opposée, que la multiplication premierement donc
pour diuiser fractió par fraction, la multiplication des liures des fractions
par l'autre se faict en croix, sçauoir voulant diuiser $\frac{3}{4}$ par $\frac{2}{3}$ ie multiplie le numerateur du diuidende $\frac{3}{4}$ par le denominateur du diuiseur $\frac{2}{3}$ sçauoir 3. par 3.
& sont produictz 9 pour diuidende, puis le numerateur du diuiseur $\frac{2}{3}$ par le
denominateur du diuidende $\frac{3}{4}$ sçauoir 2. par 4. & sont faict 8 pour diuiseur.
Ainsi le quotient est $\frac{9}{8}$ cét a dire 1. entier & $\frac{1}{8}$ l'operation est icy figurée,

diuidend $\quad \frac{3}{4} \diagdown \frac{2}{3} \quad$ Diuiseur $\frac{9}{8}$ Quotient que faict 1. $\frac{1}{8}$.

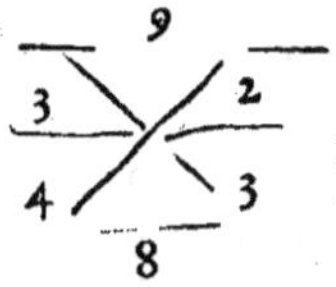

Quand on diuise vn nombre entier par vne fraction, il faut marquer 1. dessouz l'entier, & pourfuiure l'operation a la maniere susditte comme pour di-
uiser 6. par $\frac{3}{4}$ ie marque 1, souz le 6. & son faict $\frac{6}{1}$ que ie diuise par $\frac{3}{4}$. Ainsy,

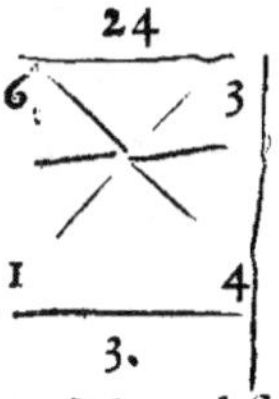

$\frac{6}{1} \diagdown \frac{3}{4} \quad \frac{24}{3}$ Quotient cest a dire 8.

Mais il sembleroit a quelqu'vn cela estre impossible, que 6. estant diuisé
puisse faire vng plus grand nombre qu'il n'estoit auant qu'estre diuisé, En
quoy il faut considerer que 6. est prins pour vne quantité determinée a certaine mesure, comme seroient 6 piedz. desquelz on en veut faire d'autres plus
petitz, l'vng desquelz n'aura que $\frac{3}{4}$ d'vng de ceux qui sont contenus en 6. cest
pourquoy sy trouueront 8. petitz piedz, l'vng ne portant que $\frac{3}{4}$

                    Quand

Quand se trouuent nombres entiers auec fractions, soit au diuidende, ou au diuiseur, mesmes s'en trouuans en l'vng & l'autre, il faut tousiours les reduire en leurs fractions auant que commencer a diuiser. Comme voulant diuiser 12 $\frac{1}{2}$ par $\frac{3}{4}$ ie reduis 12. en sa fraction, & sont faicts $\frac{25}{2}$ que ie diuise par $\frac{3}{4}$ Ainsy.

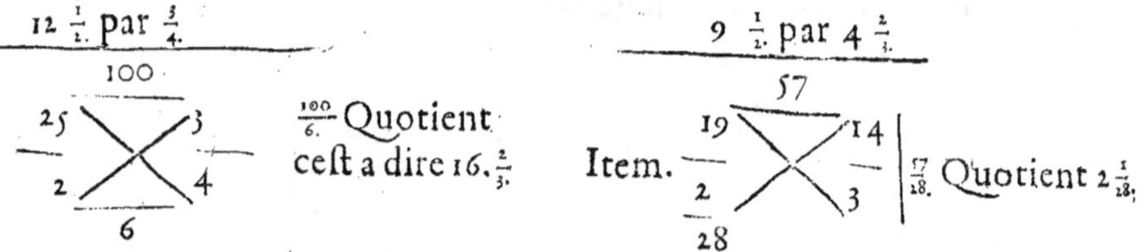

Au second exemple se trouuent 9 $\frac{1}{2}$ a diuiser par 4 $\frac{3}{4}$ i'ay reduict chacun nōbre en sa fraction & sont faicts $\frac{19}{2}$ & $\frac{14}{3}$ lesquelz diuisez l'vng par l'autre donnent le quotient de 2. $\frac{1}{18}$.

Quand le Diuiseur se trouue plus grand que le Diuidende le quotient est tousiours fraction Cōme diuisant $\frac{2}{3}$ par $\frac{3}{4}$ le quotient sera $\frac{8}{9}$ finalement de ceste Diuision se peut conclure, que tout nombre est diuisé quand le diuiseur & mis au dessouz du deuidende separé par vne ligne comme sont les fractions, Ainsi diuisant 9. par 4. le quotient sera $\frac{9}{4}$ de mesme diuisez 18. par 5. le quotient sera $\frac{18}{5}$ ce que se doit remarquer comme pouuant seruir a plusieurs operations Arithmeticques.

De la reigle de trois ou de Proportion.

ON appelle ceste Regle, regle de trois pource qu'estans dōnez trois nōbres quelconques par le moyen d'icelle on trouue le quatriesme proportionnelle comme sensuit, il faut multiplier le second & troisiesme l'vng par l'autre, puis le produict diuiser par le premier. Et le quotient prouuenant de la diuision, sera le quatriesme nombre proportionnel qu'on demande. Exemple, on donne ces nombres 4. 6. 8 & on demande vn quatriesme nombre qui soit proportionnel a iceux sçauoir qui ait mesme proportion auec 8. comme 4. auec 6. ou bien qui soit comme 4. a 8. ainsi a ce nombre demande ie multiplie donc 6. & 8. entre soy, & font 48. que ie diuise par 4. premier nombre donné 4. & le quotient 12. est le quatriesme nombre proportionnel qu'on demande, les nombre se posent comme sensuit.

Mais pour trouuer les proportions des nombres ou denominateurs d'icelles, ie diuise iceux l'vng par l'autre, comme 6. par 4. & le quotient est 1. $\frac{1}{2}$ item 12. par

12. par 8 & se trouue au quotient 1. $\frac{1}{2}$ ainsy ie conclud que la proportion de 6. a 4. est de mesme que de 12. à 8. car les denominateurs de la proportion sont de mesme, sçauoir 1. $\frac{1}{2}$ dicte autrement sesquialter Aussy comme 4 premier nombre à 8. troisieme, ainsy 6. second nóbre à 12, quatrime, car la proportion est double qu'est la preuue. de ceste regle, & la raison par laquelle elle est appellée regle de proportion

   Ceste regle vogue par vne infinité de propositions Mathematiques, & s'accommode au commerce & diuers vsages Cóme si vng Marchand disoit auoir achepté 8. aulne de draps pour 12. frans, & il en voudroit encor achepter a mesme pris laquantité de 24. aulnes combien luy cousteroient ces 24. aulnes? ie pose les trois nombres donnez disant,

   Sy——8 aulnes coustét 12. frás. combien cousterót 24. ? Resp. 36.

$$\begin{array}{c} 1\,2 \\ \hline 4\,8 \\ 2\,4 \\ \hline 2\,8\,8. \text{ diuisé par } 8. \end{array} \qquad \begin{array}{c|c} 2\,8\,8 & \\ \hline 3\,6 & 8.\text{Diuiseur} \\ \hline 2\,4 & \\ \hline 4\,8. & \end{array}$$

   Ainsi ie trouue que les 24. aulnes luy cousteront 36 frans. Cecy se doit entendre de mesme pour les fractions, car l'operation en est de mesme, en obseruant les condictions requises a la multiplication & diuision des fractions, car comme dict est, s'il y a quelque nombre ayant fraction il se reduict en sa fraction, & s'il s'y trouue aucun terme de nóbre entier on marque 1. au dessouz dicelluy, en somme les nombres qui ont fraction se doibuent preparer pour faire loperation comme en cest exemple.

   Si 4. me coustent 6 $\frac{3}{4}$ combien cousteront 2 $\frac{1}{2}$? ie prepare ainsy mes nóbres
   Si—— $\frac{4}{1}$. coustent $\frac{27}{4}$ combien $\frac{5}{2}$. Respond. 4 $\frac{7}{32}$ car ie multiplie $\frac{5}{2}$ par $\frac{27}{4}$ & font produicts $\frac{135}{8}$ que ie diuise par le premier nombre dóné $\frac{4}{1}$ & le dict quotient 4. $\frac{7}{32}$ est le quatriesme no mbre proportionnel que l'on demande.

   Les Praticiens admettent vne autre maniere de regle de trois qu'ilz appellét cóposeé dautát qu'on proposét ordinairemét cinq termes en icelle, & trouue on le sixiesme proportiónel vng seul exéple de laquelle suffira pour en donner la practique comme si 6. hommes en 9. iours font 12. toises de vuidange de terre. combien en feront 14. hommes en 18. iours trauaillans de mesme?

hommes	iours	toises	hommes	iours	

Si——6——9——12——14———18? Respond. 56. toises

$$\begin{array}{ll} \begin{array}{c} 1 \quad 1 \\ \hline 54 \text{ diuiseur} \end{array} & \begin{array}{c} 14 \\ 7\,2 \\ 1\,8 \\ \hline 2\,5\,2 \text{ premier produict. par } 12. \\ 1\,2 \\ \hline 5\,0\,4 \\ 2\,5\,2 \\ \hline 3\,0\,2\,4. \end{array} & \begin{array}{c|c} 3\,0\,2\,4 & \\ \hline 5\,6 & 54. \\ \hline 2\,7\,0 & \\ \hline 3\,2\,4 & \\ 3\,2\,4 & \\ \hline 0\,0\,0 & \end{array} \end{array}$$

Ie multiplie 18. par 14· & sont produictz 252. lesquelz ie multiplie encor par 12. & sont faictz 3024. item ie multiplie 6. par 9. le produict 54. est le diuiseur par lequel ie diuise 3024. Et viennent au quotient 56. sixiesme nombre requis. Ce qu'est facile a demonstrer car 6. hommes faisans 12. toises en 9. iours chacun en doit faire 2. toises en 9. neuf iours ainsi 14. hommes en 9. iours en feront 28. & par consequent en 18. iours feront 56.

De la Regle de Societé ou de compagnie,

CEste regle s'appelle encor regle de Marchands pour ce peut estre qu'en la deduction d'icelle on se ser d'exemple du faict de Marchands faisans societé par ensemble, mais l'vsage d'icelle s'estend beaucoup plus auant, côme a faire vne paye d'vne armeé ou regiment ou les soldes sont diuerses, car lors qu'on ne peut faire la paye entiere, il faut debiter la solde a proportion du gain ou gages de chacun, soit par mois ou par quartiers. Elle s'accommode aussi a asseoir vne taille sur vne communaulté a la distribution des rentes & reuenus de quelque societé d'hommes de diuers merites & entretenemens, & a plusieurs autres vsages ausquelz l'Arithmeticien subtil peut l'accommoder.

Ie suppose pour exemple qu'vng homme a presté la somme de 684. escus pour certain temps au terme prefige il veut r'auoir la somme & 48. escus pour ces interrests, ladicte somme a esté diuisée entre trois personnes le premier on a receu 240. escus, le second 320. & le troisiesme 124. on demande combien chacun doit paier de ces 48. escus d'interrests a raison de ce qu'il a receu de la somme susdicte. Ie pose mes nombres selon la forme qui sensuit.

Premier.	2 4 0.	
Second.	3 2 0.	Interrerest. 48.
Troisiesme.	1 2 4.	
Somme totale	6 8 4.	

l'adiouste toutes les parties que chacun a leué en vne somme, laquelle necessairement est egale a la somme prestée, & ceste somme se pose pour premier nombre de la regle de trois, qui se doit faire; Et le second nombre de ladicte regle est l'interrest, sçauoir 48. & le troisiesme nôbre sera la somme particulier que chacun a leué, côme pour trouuer ce que debura le premier ie dis.

Si— 684. deburont 48. combien deburont 240 ? Resp. 16. $\frac{48}{57}$.

Ainsi me sert la regle de trois pour la resolution du faict proposé, car ie multiplie 240 par 48. (comme enseigne ladicte regle) & le produict 11520. ie diuise par le premier nombre 684. d'ou me viennent 16 $\frac{48}{57}$ Nota que ceste fraction $\frac{48}{57}$ vient de $\frac{576}{684}$ que resteroient apres la diuision paracheuée. Le premier donc qui a leué 240· debura pour sa part de l'interrest la somme de 16. escus & $\frac{48}{57}$ parties d'escus.

Pour le second ie dis Si — 684. escus doibuent 48. combien deburont 320?
Resp. 22. $\frac{16}{17}$ Puis pour le troisiesme. Si -684 doibuent. 48 combien debueront
124? Resp 8. $\frac{40}{17}$ La preuue de ceste Regle se fera par l'addition des quatriesmes
nombres proportionnaulx que sont 16. $\frac{48}{17}$ 22 $\frac{16}{17}$. & 8. $\frac{40}{17}$ car iceux adiouftez ensemble feront 48 &c.

LES ARITHMETICIENS diuifant cefte regle en deux chefz comme
celle que ie viens de deduire, ilz l'appellent regle de compagnie fimple,
l'autre chefz il l'appellent regle de compagnie compofée auec temps, que
ie declaireray par ceft exemple trois Marchand ont mis enfemble certaine
fomme de deniers, fçauoir le premier 20.efcus le temps de 6. mois; le fecond 16.
efcus, pendent 8. mois; & le troifiefme 10. efcus pendant 9. mois ilz ont employé ces fommes en certain trafficque, auquel fe trouuent 80. efcus de gain,
on demande combien chacun prendra de ce gain a raifon de l'argent quil a
employé & du temps quil a efté en emploitte ie pofe les nombres ainfy.

Mifes

Le premier.	20. par · 6.	120	
Le fecond.	16 par - - 8.	128	Gain. 80.
Le troifiefme	10. par - -9.	90	

338.

Apres auoir pofé les mifes & le temps ie multiplie l'vng par lautre comme 20
par 6 & font faicts 120 pour le premier. Et 128. pour le fecond? item 90 pour le
troifiefme puis ie metz tous ces produicts enfemble que font 338 premier nóbre en la regle de trois le fecond nóbre eft le gain, & le troifiefme la mife d'vng
chacun multiplié par fon temps, & le refte fe pourfuit comme le premier exemple cy deuant declairé. Ie diray, Pour le premier Si — 338. gaignent 80. có-
bié gaignerót 120? Resp. 28. $\frac{68}{169}$ &c. aïfy des aultres fuyuát la maniere fufdictes.

De la Regle d'Alligation ou d'Alliage

ALLIER eft mefler plufieurs chofes enfemble d'egale ou inegale quantité,
faifant en valeur vng certain prix defiré, lequel prix eft toufiours moyen
entre celluy de la chofe de plus gráde valeur, & celuy de moindre valeur,
comme pour faire vng prix d'vne meflange dont l'vne des chofes meflangées
vaut 20 eftant feparecés & l'autres vaut 12 auffy feparé, il faut que le prix pour
lequel on veut auoir de cette meflange foit vng nombre compris entre 12 & 20
telz que fót 13 14. 15. 16. 17. 18, 19. car oultre ces prix ne s'é peut choifir d'aultre.

Prenons premierement pour exemple de meflange d'egale quantité cóme
vng marchand a trois fortes de grains bled a 5. frans la mefure, Orges a 3. frás
& Auoines a 2 frans la mefme mefures (car les mefures doibuent eftre efgales),
il faict vng meflange de ces grains meflant enfemble 2 mefures de bled. 2 d'a-
uoine & deux d'orges, on demande combien vault la mefure de ce meflange?
le pofe les chofes meflées

D

ge?

ge? ie pose les choses mesleés & leurs pris l'vng apres l'autre comme sensuit,

```
Bled,      5———2———10
Orges.     3——— 2———6      Si-- 6—20—— 1? Resp. 3 1/3.
Auoine.    2———2———4
           ———————————
              6      20.
```

Puis ie multiplie la quátité des choses par leurs pris cóme 5. par 2 fót 10. ité 3 par 2. font 6 & 2 par 2 font 4. ie metz tous ces produicts 10. 6,4. en vne sóme & font 20. i'adiouste pareillement les quantitez lesquels font 6. Et forme vne regle de trois disant si 6 coustent 20. combien me coustera 1? & apres auoir operé suyuant ladicte regle ie trouue 3 1/3 que sont 3 frans 4 gros.

Secondement supposons que les choses susdictes soient d'inegale quantité. Il faudra operer de mesme qu'au cas precedent sçauoir multiplier les quantitez par leurs pris & poursuiure la regle comme dict est en voicy vn exemple auquel ie pose qu'ont esté mesleés 4 mesures a 5. frans. 6. mesures a 3. frans & 3. mesures à deux frans, la mesure se trouuera valloir 3. frans $\frac{5}{13}$.

```
Bled.    ---- 5———4———20
Orges.   --·-- 3——— 6———18     Si — 13 — 44 —— 1? Resp 3 1/13.
Auoine.  ---- 2 ——— 3———6
              ———————————
                 13——44
```

Tiercement posons pour exemple qu'vn Orfebure a deux sorte de billon, sçauoir a tiltre de 24 caratz & l'vng & l'autre a tiltre de 14. on luy demáde du billon á tiltre de 18 caratz Cóbien debura il prendre de l'vng & de l'autre pour l'aualner a 18. Ie pose 14. & 24. au deuát desquels ie pose 18. cóme sésuit.

```
14 ——— 6.      Puis ie prens la difference de 18. a 14. sçauoir 4 que ie pose apres 24.
        \    / item celle de 18 a 24. sçauoir 6 & la metz apres 14 puis i'adiouste ces
18.      \/   deux differences 4 & 6 lesquelles font 10 finalement ie forme vne
         /\   regle de trois disant si 10 dónent 1. qui donnerót 4. & trouue 2/5 pour
24 ———— 4     le billon a 24 caratz Item si 10 donnent 1 que donneront 6. & trou-
     10    ue 3/5 Ainsy 2/5 de celluy a 24 & 3/5 de celluy a 14. feront du billon a
```
tiltre de 18. caratz.

La mesme maniere se praticquera en plusieurs especes á allier, pourueu que le pris desiré soit tousiours nóbre moyen entre le pris de celle qu'on aura allié pour plus clair intelligence dequoy ie mettray encor l'exemple suiuant vng Marchád espicier veut faire de la pouldre a 7 gros la liure, & y entre du poiure a 4. gros la liure du Giroffle a 3. gros, Canelle a 6. gros Saffran á 10 gros & Zinzembre a 8. gros on demande cóbien de chacun de ces ingrediens doit entrer en icelle pouldre pour valloir 7. gros? Ie pose les choses & leurs valeurs ainsy.

```
                  Poiure ———4——— 1.
pris demandé 7,   Giroffle. ------ 3——— 1.
                  Canelle. ——— 6——— 3.
                  Saffran. ———10——— 1.
                  Zinzembre - 8 ——— 3.4.
```

Et dautant que le prix desiré est 7·l'allie premierement le zinzembre auec le poiure, & aduise que la difference de 4, á 7, est 3. que ie marque au droict du zinzembre, & celle de 7. a 8. qu'est *1.* ie marque au droit du poiure. Item la canelle auec le saffran (car entre 6. & 10. se trouue 7) leurs differences à 7 sont 3. que ie marque au droit de la canelle, & *1.* que ie marque au droict du saffran, & ne reste plus qu'a allier le Giroffle, lequel s'alliera auec le Zinzembre les difference seront 4. & *1.* lesquelles marqueront *1.* au droict du Giroffle, & 4. au droict du Zinzembre. Puis i'adiouste toutes ces difference l'vne apres l'autre que font la somme de *13.* Ainsi ie forme autant de regle de trois quil y de sorte d'ingrediens. Estant tousiours le nombre de *13.* le premier nombre d'icelles regles, & le second sera *1.* le troisiesme, chacune difference separement comme le tout est icy figurez·

pris　differences.

$$
\begin{array}{lccc}
4 & \text{———} & 1. & \text{———} & \tfrac{1}{13} \\
3 & \text{———} & 1. & \text{———} & \tfrac{1}{13}. \\
6 & \text{———} & 3. & \text{———} & \tfrac{1}{13}. \\
10 & \text{———} & 1. & \text{———} & \tfrac{1}{13}. \\
8 & \text{———} & 3.\,4. & \text{———} & \tfrac{1}{13}. \ \& \ \tfrac{4}{13}. \\
\hline
 & 13
\end{array}
\qquad
\begin{array}{lccc}
1 & \text{——} & 4 & \text{——} & \tfrac{1}{13}. \ ? \ \cdots \ \tfrac{4}{13}. \\
1 & \text{——} & 3 & \text{——} & \tfrac{1}{13}. \ ? \ \text{——} \ \tfrac{3}{13}. \\
1 & \text{——} & 6 & \text{——} & \tfrac{3}{13}. \ ? \ \text{——} \ 1.\tfrac{4}{13}. \\
1 & \text{——} & 10 & \text{——} & \tfrac{1}{13}. \ ? \ \text{——} \ \tfrac{10}{13}. \\
1 & \text{——} & 8 & \text{——} & \tfrac{3}{13}. \ \text{——} \ 1\tfrac{11}{13}. \\
1 & \text{——} & 8 & \text{——} & \tfrac{4}{13}. \ ? \ \text{——} \ 2.\tfrac{6}{13}. \\
\hline
 & 7.
\end{array}
$$

Finalement pour sçauoir combien il doit prendre de chacune sorte ie dis Si- - *13.* me donnent *1.* combien me dônera *1.* differéce du poiure. Et trouue $\tfrac{1}{13}$ qu'est la quantitez de poiure quil doit mettre en ceste pouldre pour valoir 7 gros la liure, les aultres quátitez se trouuét de mesme côme elles sôt marqueés chacune a sô lieu. Mais d'autát que le Giroffle est allie auec le Zinzébre & que sa difference porte $\tfrac{4}{13}$ & $\tfrac{1}{13}$ sa quantité debura estre de $\tfrac{5}{13}$ côme il appert.

La preuue de ceste regle se fera si on dict *1.* liure co uste 4. gros côbien cousteront $\tfrac{1}{13}$ de liures, & ainsi $\tfrac{4}{13}$ parties de gros sera la valeur du poiure qui entrera en ce meslange, & de mesme se trouuera la valeur de chacú ingrediét, toutes lesquelles valeurs adioustées enséble feront la somme de 7. gros. Nota que les choses susdictes & semblables se peuuét allier diuersemét pourueu qu'étre les pris des choses alliees le nôbre 7 ou autre nôbre choisy soit moyé auquel cas la quátité des ingrediens se chágera pareillemét côme il se verra par experience.

De l'Extraction de la racine quarrée.

Extraire la racine quarrés est trouuer vng nombre lequel multiplié par soy face quelque nombre proposé. Comme estant proposé le nôbre de 25. on demande vn nôbre lequel estant multiplié par soy face le mesme 25. i'aduise que 2 par 2. faict 4 & 3 par 3 faict 9 item 4 par 4 faict 16 Mais 5 par 5. faict 25. pourquoy ie dis que le nombre que ie cherche est 5 & ce est extraire la racine quarré pour laquelle trouuer les Arithmeticiens se seruent de cette regle a la maniere que sensuit.

Premierement ie remarque que tout nombre n'ayant que deux figures n'en peut auoir qu'vne pour sa racine côme 49. n'ayant que deux figures sa racine quarrée n'en aura qu'vne sçauoir 7. aussy 7. fois 7. sont 49. & ainsy des aultres.

Secondement estant proposé vng nombre quelconque, duquel il faut tirer la racine puarreé, ie meine deux ligne droictes au dessouz d'icelluy, pour marquer entre icelles la racine qu'on demande; Puis ie distingue ou separe les figures d'icelluy nombre, deux à deux, auec certains poincts, commençant à marquer souz la dernier, vers la d'extre, puis souz la troisiesme, apres souz la cinquiesme vers la d'extre, contenant tousiours ainsy a marquer mes poincts, en laissant vne figure entre deux. & ces poincts deuotent combien de figures doit auoir la racine quarreé de nombre proposé, aussi souz ces poincts deb- uront marquer les figures de ladicte recine, entre les lignes susdictes.

Soit donc proposé le nombre 6 2 2 5 2 1. Duquel on demáde la racine quar- ree, Premierement apres auoir assis le nombre proposé, mené deux lignes au dessouz d'icelluy & marque les poincts comme dict est & ainsy que le tout est icy representé, ie cherche vng nombre lequel multiplié par soy produise 62.

ou vn nombre quarreé pius prochain & au dessouz de 62. car il ne le doit surpasser, & icelluy nombre est 7. faisant par soy 49. (car 8. & trop grand faisant 64. aus- sy 6. est trop petit ne faisant que 36. ie pose donc 7. au dessouz de 2. marqué d'vng poinct, & ce 7. est la premiere figure de ma racine, ie la multiplie par soy pour auoir son quarré 49. que ie soubstrais de 62. & restent 13. que ie mar- que en bas comme sensuit.

$$\begin{array}{c} \underline{6\ 2\ 2\ 5\ 2\ 1} \\ 7 \end{array}$$

Pour commencer la seconde operation, ie prés la troi- siesme suiuante figure du nóbre proposé, & la ioings a- uec le reste 13. de sorte que le tout faict 132. puis ie dou- ble ma racine trouueé 7. laquelle faict 14. & aduise có- bien de fois ce nombre 14. se trouue en 132. ie l'y prens

$$\begin{array}{c} 6\ 2\ 2\ 5\ 2\ 1 \\ \underline{\quad\cdots\quad} \\ 2 \\ \underline{4\ 9} \\ 1\ 3\ 2 \end{array}$$

8. fois & marque 8. pour la seconde figure de la racine. Apres ie multiplie 14. par 8. & sont produicts 112. puis ie multiplié 8. par soy & sont 64. que ie marque au pres de 112. auançant le 4. & posant 6. au dessouz de 2. de 112. &le tout ad- iousté faict 1184. Ie metz aussy le 5. du nombre proposé apres 132. si que le tout faict 1325. desquelz ie soubstrais. 1184. & marque au dessouz 141. que restent,& la mesme methode se doit obseruer en toutes les operations de l'extraction en voicy la forme.

$$\begin{array}{c} 6\ 2\ 2\ 5\ 2\ 1 \\ \underline{\qquad 7.\quad 8.\qquad} \\ 4\ 9 \\ 1\ 3\ 2\ 5 \\ \underline{1\ 1\ 8\ 4} \\ 1\ 4\ 1 \end{array}$$

$$\begin{array}{l} 1\ 3\ 2 \\ 1\ 4 \quad \text{double de la racine.} \\ \underline{\quad 8.\ \text{seconde figure de la racine.}} \\ 1\ 1\ 2\ 4 \\ 6 \\ \underline{\qquad\qquad} \\ 1\ 1\ 8\ 4 \quad \text{nombre a soubstraire de 1325.} \end{array}$$

POur trouuer la troisiesme & dernier figure de la racine, ie pourfuis de mesme qu'en l'operation precedente, ie prens la figure suiuant le 5. du nombre propofé & la metz apres 141. & font faictz lors 1412. Puis ie double ma racine 78. laquelle faict 156. par lefquelz ie diuife 1412. (n'ayant aucun efgard s'il reste quelque chofe de ma diuifion) & le quotient 9. ie multiplie par le double de la racine qu'eft 156. dou me viennent 1404. item ie quarré 9. le multipliant par foy & fon quarré 81. ie metz auec 1404. comme dict eft, auançant 1. au deuant du 4. & pofant 8. fouz ledict 4. & le tout adioufté faict 14121. Auffi au nombre 1412. ie metz 1. que reftoit au nombre propofé, en fon ordre & le tout faict 14121. egal au nombre cy deuát trouue pourquoy icelluy foubftraict ne refte rien, Ainfi ayant mis 9. pour la tro.fiefme figure de la racine, la totale eft de 789. voicy la forme de l'operarion.

<table>
<tr><td>

```
  6 2 2 5 2 1.
  ───────────────
    7.   8.   9.
  ───────────────
    4 9.
  ───────────────
    1 3 2 5.
    1 1 8 4.
  ───────────────
    1 4 1 2 1.
    1 4 1 2 1.
```

</td><td>

Nombres de la feconde
operation 1 3 2.
```
                1 4.
feconde figure. 8.
              ──────
              1 1 2 4.
                  6
            ──────────
            1 1 8 4. foubftrais.
```

</td><td>

Nombre de la troifiefme o-
peration.
```
   1 4 1 2.
     1 5 6. le double de 78.
   ──────────
       9. troifiefme figure.
   ──────────
   1 4 0 4 1.
        8
   ──────────
   1 4 1 2 1. Soubftrais.
```

</td></tr>
</table>

PAr cefte maniere on verra comme en la diuifion s'il y a erreur en chacune operation, lequel facilement fe pourra corriger fans reïterer l'operatió dés le commencement, Car fi on prend vng trop grand nombre pour racine le produict ne fe pourra foubftraire, & s'il eft trop petit le refte de l'operation fera plus grand que le double de la racine, lequel toutesfois doit toufiours eftre moindre qu'icelluy double comme il appert par les operations cy deuant faictes, car la premier operation eftant faicte ont reftez 113. que font moing que le double de la racine 7. que font 14. de mefme en la feconde operation ont reftez 141. que font moing que le double de 78. que faict 156. refte & ainfy appert que 789. eft la racine requife ou nombre lequel multiplié par foy faict 622521.

Quand le nombre propofé n'aura pöinct de racine precife fa plus prochaine racine fe trouuera apres y auoir adioufté plufieurs zero en nóbre pair fçauoir 00. ou 0000. ou huict ou dix, ou tant qu'on voudra comme pour trouuer la racine affez prochaine de 832. ie pofe apres ce nóbre quattre o. & fót 8320000. duquel nombre ie tire la racine comme cy deuant & trouue icelle. 2884. & dautant que iay prins quattre o. ie diuife 2884. par 100 & vient au quotient 28 $\frac{84}{100}$. ou $\frac{21}{25}$. fi ieuffe prins fix o. i'euffe diuifé mon nombre par 1000 & ainfy confequutiuement par la moictie des zero que i'auray prins. Mais ce que refte de l'operation de l'extraction de la racine fe peut negliger fans auoir efgard a icelluy

La *preuue* premier de l'extraction des racines quarreés, fe faict en multipliant, la racine trouueé, par foymefme, car le produict de la multiplication (fi la racine eft

d 3 eft

est deuëment extraicte) sera le mesme nōbre proposé duquel on demandoit
la racine: cōme au premier exemple, la racine trouuée estãt de 789. icelle multipliée par soy mesme cét a dire par 789. le produict se trouue de 622521. qu'est le
mesme nombre duquel on demandoit la racine querrée; & ce pour les nombres rationaux.

Pour les racines des fractions ou nombres rompus, il faut extraire la racine
tant du numerateur que du denominateur, & asseoir icelles l'vne sur l'autre separées d'vne ligne cōme sont les fractions. Comme la racine quarrée de $\frac{64}{81}$ est
$\frac{8}{9}$ car la racine quarrée de 64. est 8. & celle de 81. est 9. pourquoy $\frac{8}{9}$ est la racine
quarrée de $\frac{64}{81}$ & ainsi des aultres.

Mais quand il se trouue vn nombre entier ayant fraction, comme 156. $\frac{1}{4}$ il
faut le reduire en sa fraction, & extraire la racine quarrée comme dict est; car
156 $\frac{1}{4}$ estant conuerty en sa fraction, il faict $\frac{625}{4}$ dont la racine quarrée est $\frac{25}{2}$ car
celle du numerateur 625. est 25. & celle du denominateur 4. est 2. pourquoy
$\frac{25}{2}$ ceste a dire 12. $\frac{1}{2}$ est la racine quarrée de 156. $\frac{1}{4}$ & ainsi des aultres nombres
composez d'entiers & fractions.

De l'extraction de la racine cubicque.

EXtrais la racine cubicuce, est trouuer vn nombre lequel multiplié cubicquement faire le mesme nōbre proposé, multiplier cubicquemét est multiplier par soy puis son produict par ce mesme nōbre cōme 3. par 3. faict 9. &
ce produict 9. par le mesme 3. faict 27. ce nombre 27. s'appelle cube, duquel
sa racine cube est 3 Ainsi tout nōbre quelcōque est racine, & quarrée, & cubicque, estant multiplie par soy il produict vn quarré duquel il est racine quarrée,
cōme 3. fois 3 sont 9. qu'est vng quarré dont la racine quarrée est 3. mais estant
multiplié cubicquement il produict 27. duquel il est aussi la racine cube comme dict est.

Estant donc proposé vng nombre duquel ie veux extraire la racine cubicque comme de 82831856. Apres auoir posé le nombre & mané des lignes au dessouz d'icelluy ie marque certains poinctz, commençant a la dextre & allant
vers la senestre, comme souz le 6. puis obmettant deux figures subsequentes
5. & 8. ie marque vng aultre poinctz souz 1. & consequemment souz 2. comme se veoit icy   8 2 8 8 1 8 5 6

Et ces poinctz me font sçauoir que la racine cubicque de ce nombre sera
de trois figures, & qu'il faut marquer icelles au dessouz de ces poincts, item
quil faut trouuer le premier cube de 82. car si le poinct eut tombé souz le premier 8. il eust fallu trouuer la racine cubicque de 8. seulement mais s'il eut tō-
bé souz la troisiesme figure qu'est aussy 8, il eust fallu trouuer la racine cubicque du nombre 828. &c.

Ie cherche donc vn nombre lequel multiplie cubicquement face vn nombre
cube plus prochain de 82. mais qui ne l'excede pas, & icelluy est 4. que ie multiplie cubicquement difant 4 fois 4 font 16. & 4. fois 16. font 64. qu'est le cube
plus prochain au deffous de 82. car ce ne peut estre 5. dautant que fon cube 125.
est plus grd que 82. & pour ce ie marque 4. entre les deux lignes fouz 82. & au
droict du poict & ce 4 est la premiere figure de la racine que ie cherche. Puis
ie foubstrais fon cube 64 de 82. & restát 18. que ie marque au deffous des lignes
cóme s'enfuit·

$$82881856.$$
$$4$$
$$18$$

Ce faict ie commence la feconde operation (quil faut bien noter dautant
que toutes les aultres fe font de mefme) fçauoir ie triple la racine trouuée
4. & font 12. que ie multiplie par la mefme racine 4 & font produictes 48.
que i'appelle diuifeur. Puis ie ionigs la figures d'aupres le poict du nóbre propofé, auec le refte de ma precedente operatió qu'est 18. & fót faictz 188. que ie
diuife par le diuifeur 48. & le quotient 3. est la feconde figure de la racine, fans
auoir efgard a ce que refte de la diuifió, & apres auoir marqué ce 3. fouz le fe-
cód poict, ie metz a part 1. & fouz cét 1. ie loge le triple de la racine precedente
4. fçauoir 12, & encor au deffouz de 12 ie pofe mó diuifeur, au deuát d'icelluy la
nouuelle racine 3. fon quarré 9 au deuant de 12 & fon cube 27. audeuant de 1.
comme s'enfuit.

	82881856	1 —— 27 —— 27
triple de la racine 12.	4 3	12 —— 9 —— 108
4.	18881	48 —— 3 —— 144
48. Diuifeur.	15507	15507.
	3374	Somme a ofter.

Apres ce ie multiplie 27. par 1. & font 27. que ie marque au deuant de 27.
Puis 9. par 12 & font produictz 108, que ie marque fouz 27 fçauoir 8. fouz
2, & les autres figures vers la feneftre cóme en la multiplicatió, de mefme
ie multiplie 3. par 48. & font produictz 144. que ie marque comme dict est en
reculant toufiours d'vn ordre, puis i'adioufte tous ces produictz en vne fóme
& font 15507. Finalement ie metz apres le refte 18 toutes les figures du nombre
propofé qui font iufque au fecond poinct. & font 18881. defquels ie foubstrais
la fomme trouuée 15507. & marque le refte en bas 3374. & ainfi est faicte la feconde operation a l'imitation de laquelle fe doibuent faire toutes les aultres.

Pourquoy venant a la troifiefme operation, ie triple la racine 43. & faict
fon triple 129. que ie multiplie par la mefme racine 43. & font produicts 5547.
pour diuifeur, ie metz donc apres 3374. la figure fuiuant du nombre propofé
& le tout faict 33748. que ie diuife par le nouueau diuifeur 5547. & le quotient 6. est la troifiefme figure de la racine laquelle ie marque foubz le troifiefme & dernier poinct du nóbre propofé puis cóme en l'opperation precedente, ie marque a part 1. & au deffouz d'icelluy ie marque le triple de la racine pre-

ne precedente 43. que sont 129. & au dessouz dicelluy, mon nouueau diuiseur 5547. & au deuant d'icelluy ma racine 6. & son quarré 36. au deuant de 129. Puis son cube 216. au deuant de 1. & faict mes multiplications comme auparauant selon quil est icy figuré.

```
                        82881856
      43                __________
       3                 4   3   6
     ________            18881
      129                15507
                         ________
      43                 3374856
     ________
      387
     ________
      516
     ________
    5547. D'iuiseur. de 3374856 quotiét & racine.
           5547
```

```
|  1.————————216————————216
|  129.————————36————————4644
|  5547.————————6————————33282
|                ________________
|              3374856 Somme a oiter
```

ET pource que tous mes produictz estans adioustez enséble font vne somme egale a tout le reste du nombre proposé, icelle en estant soubstraicte ne reste rien d'ou ie conclud que le nombre proposé est cubicque, duquel la racine est 436. la preuue se fera par la multiplication cubicque de ceste mesme racine car le produict d'icelle multiplicatió rédra 82881856. Et aisy des aultres.

Mais quand le nombre proposé n'aura point de racine, il faudra adiouster a icelluy des zero trois six neuf, ou douze, & extraire la racine cubicque du tout & d'icelle racine oster autát de figure qu'on y aura adiousté de trois zero, comme si on en a adiousté six qui sót deux fois trois, il faudra oster deux figures de la racine trouueés lesquels seront comme numerateur & 100 sera denominateur. Estant par exemple proposé de trouuer la racine de 82. l'adiouste six zero & sont 82000000. duquel nombre i'extrais la racine cubicque plus prochaine qu'est 434. & d'autant que au nóbre proposé 82 i'ay adiousté deux fois trois Zero, i'oste deux figure de cette racine 434. & reste 4. & des 34. que i'ay osté ien fais vng numerateur, souz lequel ie marque 100. pour denominateur, aisi la racine de 82. est 4. $\frac{34}{100}$. si i'eusse adiousté neuf zero le numerateur eut esté de 3 figure & le denominateur de 1000 & aisy des aultres nóbre nó cubiques.

Aduertissement au lecteur.

Ce sommaire, encor quil soit bref neautmoing iay tasché d'enseigner par icelluy familiairement toutes les regles d'Arithmeticques fondamétales & necessaires pour faire bien entendre ceque ie pretens deduire & demonstrer es liures suyuans, sans m'arrester a vne infinité d'exemple que sont plus curieux qu'vtils, ne seruans que pour charger le papier & la memoire de celluy que desiré apprédre, Ceste briefueté auec laquelle i'ay traicté ce subiect ne peut causer aucune obscurité dautát que chacune regle a ses operatiós semblables, Cest pourquoy celluy qui voudra les practicquer, debura parfaictemét sçauoir la deductió d'vng exéple seulemét sur chacune regle, car a l'imitatiód'icelluy, il pourra en former & resouldre vne infinité d'aultres séblables selon qu'il se proposera choses qui se practicque ordinairement entre ceux qui se seruent de diuerses regles qui se doibuent retenir par memoire car l'exemple represente plus próptement la chose a la, memoire que l'intellect n'en a formé & ramené les raisós selon le dire d'Horace. *Segnius irritant animos demissa per aures quàm quæ sunt oculis subiecta fidelibus.*

FIN.

DE L'EPIPOLIMETRIE,
LIVRE PREMIER.
DEFINJTIONS.

I.

PIPOLIMETRIE est l'art de mesurer les superficies, & mesurer les superficies, est chercher l'espace côprins entre leurs bords & limites, comparant le contenu d'icelles, a quelque mesure congnuë & vsitée.

2.

Le subiect de cét art, est magnitude, laquelle est vne quantité continuë, comprenant trois especes denommées par icelle, sçauoir ligne, superficie, & corps.

3.

La ligne est cela qui a longueur sans largeur, les confins & extremitez de laquelle, sont poincts, & icelle est droicte, courbe, ou mixte.

4.

La ligne droicte, est celle qui demeure egalement entre ses poincts, & par icelles sont mesurées toutes aultres quelconques.

5.

La ligne courbe ou non droicte, est celle qui demeure inegalement entre ses poincts, de laquelle espece, outre la circulaire, spirale, ellipticque, parabole, & hyperbole, s'en peut former vne infinité d'autres.

6.

La ligne mixte est celle la laquelle est faicte partie de ligne droicte & partie de non droicte, voicy les figures des trois lignes cy deuant definies.

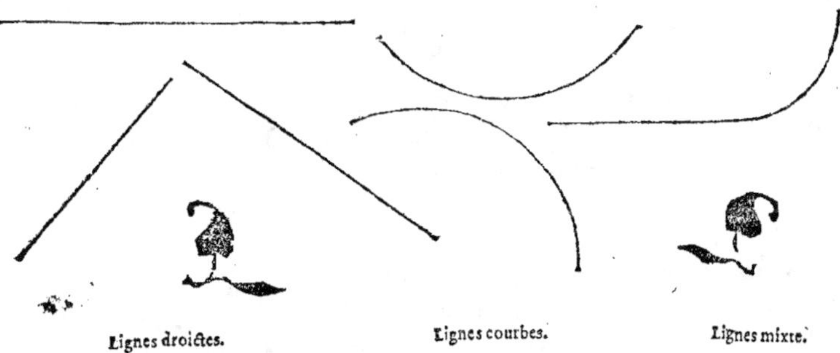

Quand aux aultres lignes non droictes, ne se pouuant nombrer, ne peuuent aussy estre definiés, en quoy selon l'opinion de Proclus ie m'arresteray auec Euclides.

7.

Quand deux ou plusieurs lignes sont continuées d'vne distance egale, soient droictes

A   ou

ou courbes elles se nomment páralleles , & sont de telle nature, que si elles estoient infi-
niment continuées ne se pourroient neautmoins toucher en aucun endroict, comme sont
les lignes droictes A.B. & C.D.

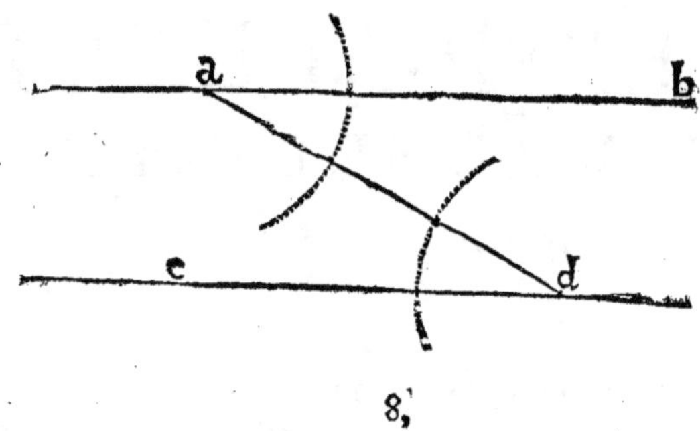

8,

Quand vne ligne droicte tombant sur vne autre ligne droicte , faicte les angles de part
& d'autre egaulx, iceux angles se nomment droictz, & la ligne tombante, se nomme perpendiculaire a la ligne sur laquelle elle tombe; d'ou sensuit que tous angles droicts sont
egaux entre soy ! Mais quand la ligne tombante faict vng angle plus grand qu'vng droict
sur la ligne sur laquelle elle tombe, icelluy angle s'appelle obtus, & celluy de l'autre costé
s'appelle aigu, sçauoir qui est plus petit qu'vng droict.

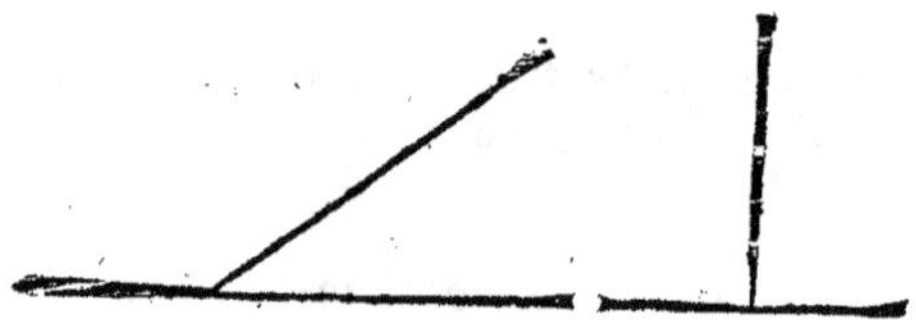

9.

Superficie, est cela qui à longueur & largeur tant seulement, comme est l'espace comprins & clos entre vne ou plusieurs lignes, & selon les trois sortes de lignes cy deuant definies, seront aussy trois sortes de superficies, sçauoir droictes, courbes, & mixtes, & se de-
finiront a limitation des lignes; car les superficies droictes, seront celles qui demeureront
egalement entre leurs lignes, & les courbes au contraire, mais les mixtes participeront de
l'vng & de l'autre.

10,

Les superficies droictes, ou planes, peuuent aussy estre bornées de diuers lignes , & lors
qu'elles sont bornées de lignes droictes, elles s'appellent rectilignes , si de lignes courbes,
curuilignes, & si de lignes mixtes, mixtilignes.

11.

Les rectilignes sont triangulaires, quadrangulaires ou polygones; Les triangulaires
sont celles qui sont bornes de trois lignes droictes , & sont triangles rectangles, qui ont
vng angle droict, triangles acutangles ou oxigones qui ont les trois angles aigus, ou triangles obtusangles ou amblygones, qui ont vng angle obtus , & prennent denomination de
leurs angles, comme le triangle I. K. H. est rectangle, à cause de l'angle K. qui est droict,
& A. B. C. est acutangle ayant tous ces angles aigus, & E. G. F. amblygone ou obtusan-
gle, à cause de son angle G. obtus.

Les

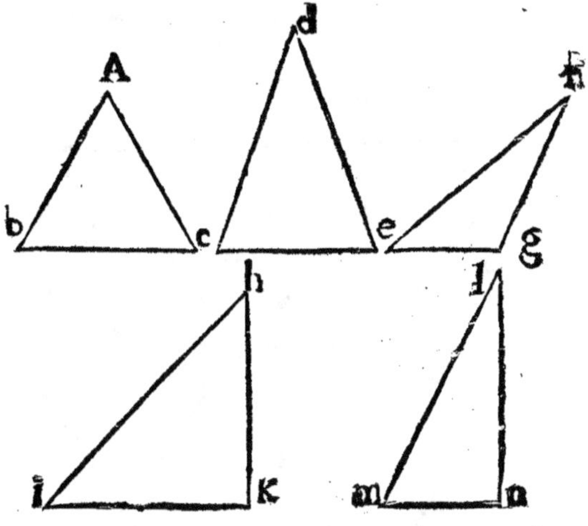

12.

Les triangles fufdiâz, prennent auffy denomination de leurs coftez, car ilz fe nomment equilateral, comme A. B. C. qui a fes trois coftez egaux, Ifofceles qui a deux coftez egaux tant feulement, & peut eftre acutangle comme C. D. E. rectangle comme I. K. H. & encor obtufangle, lors que les deux coftez egaux fermeront l'angle obtus. Et le fcalene, qui à fes trois coftez inefgaux, peut auffy eftre rectangle comme L. M. N. ou obtufangle comme E. G. H.

13.

Les fuperficies quadrangulaires ou quadrilateres borneés de quatre lignes droictes, côme font les quarez, Bord-longs ou Parallelogrammes rectangles, Rhombes, Rhomboïdes & trapezes ou tablettes. Les quarrez, font bornez de quatre coftez egaux, faifans quattre angles droicts.

14.

Les Bord-longs ou parallelogrammes rectangles, ont auffi quattre angles droictz, les coftez paralleles & equidiftãs neãtmoings font plus lõgs que larges, côme eft la figure A.

15.

Les Rhombes, font equilateraux & non rectangles, car nonobftans que leurs angles oppofez foient egaux, neãtmoings les vns font obtus, & les aultres aigus comme monftre la figure B.

16.

Les Rhomboïdes, ont leurs coftez equidiftans & paralleles, mais leurs angles oppofez comme les Rhombes neantmoings font plus longs que larges, ils s'appellent aultrement parallelogrammes non rectangles & font telz que la figure C.

17.

Les tablettes ou trapezes font fuperficies bornées auffi de quattre lignes droictes, defquelles les angles ne font aucunement fpecifiez ny auffi leurs coftez, ceft pourquoy ilz peuent eftre infiny, la figure du trapeze eft D.

A 2   Aucuns

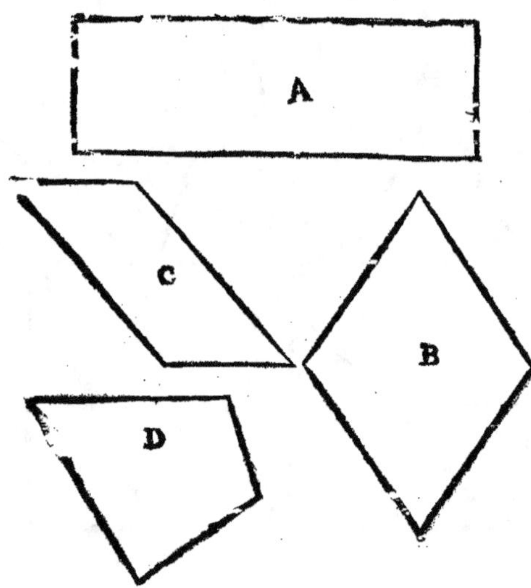

Aucuns Geometres, oultre les figures quadrilateres ſuſdictes admettent encor deux ſortes de Trapezes, car ils appellent la figure D. Trapezoïdes comme ne gardant aucune regle entre ſes coſtez, ny ſes angles, mais quand vng quadrilatere a deux coſtez paralleles, & qu'ils ſont fermez de coſtez egaux, ils les appellent trapezes Iſoſceles, & ſi leſdicts coſtez paralleles ſont fermez de lignes ineſgales ils les apppellent trapezes ſcalenes, comme A. ſera trapeze Iſoſceles, & B. ſcalene.

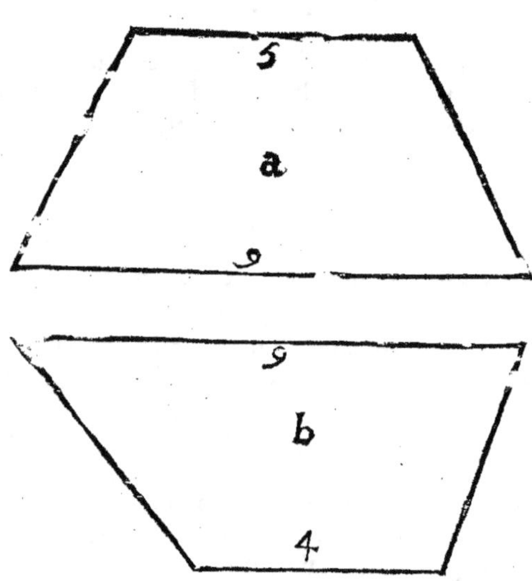

Les autres figures bornées de lignes droictes, ayans plus de quattre coſtez, (telles que feront propoſez pluſieurs plans cy apres) ſont infinies, & pour la multitude & diuerſité tant de leurs angles que de leurs coſtez, ſ'appellent polygones ou multilateres.

18.

Le Cercle eſt vne ſuperficie plane, cloſe dune ligne non droicte laquelle ſe nomme circonference : au milieu de laquelle ſuperficie y a vn poinct qui s'appelle centre du cercle,
duquel eſtant menées des lignes droittes vers la circonference, elles ſont egales entre ſoy:
& la ligne droicte menées dans icelle paſſant parmy le centre & terminée de part & d'autre en la circonference, s'appelle diametre, & diuiſe le cercle en deux parties egales.

19.

Corps eſt vne quantité continue comprinſe ſouz vne longueur, largeur, & profondeur.
Et dautant que par la 9. definition precedente ont eſté admiſes des ſuperficies non planes,
icelles comprennent vng corps ſur leur plan ſoit ſolide comme vne montaigne, ou vuide
côme vne maiſon, la couuerture de laquelle peut recepuoir diuerſes formes & ſuperficies
meſurables, en quoy ſera faict mention du plan, & profil des choſes eſleuées ſur l'horizon,
ie mettray icy leurs definitions en ce que conuient a mon ſubiect.

20.

Plan d'vng corps eſleué, eſt vne ſuperficie plane terminée par l'extremité des lignes perpendiculaires tombantes des extremitéz du corps eſleué ſur l'horizon, tel eſt F.G H.I. le
corps eſleué eſtant A.B.C. D.E. car ſi de tous les poinctz qui ſe peuuent imaginer en la
ſurface de ce corps tomboient des perpendiculaires ſur l'horizon icelles couuriroient la
ſuperficie F.G.H.I. Ie ne m'arreſte pas icy a la definition de Vitruue, ains à ce qu'il me ſé-
ble tomber plus facilement ſouz le ſens.

21.

Profil eſt vne ſuperficie plane eſleuée & bornee de lignes droictes perpédiculaires à l'horizon, & continuées ſelon la haulteur des parties de quelque corps ; telle eſt la figure K.L
M.O. où la ligne N.O. & comme l'horizon, & P.K. eſt la partie la plus eſleuée, laquelle
ſur ſon plan tombent au milieu, côme faict la ligne A.O. en la premiere figure, & n'importe
que le plan ſoit rectiligne ou curuiligne, car touſiours ce profil duquel ie fais mention, ſera
rectiligne comme il ſera monſtré cy apres.

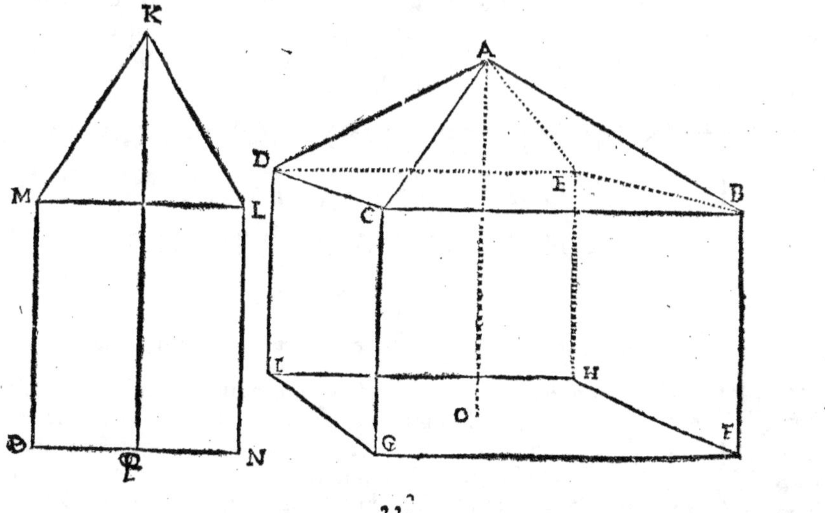

22.

Les meſures accouſtumées deſquelles nous vſons ſont cômunement toiſes, piedz, poulces,

 ou liou lignes, la toiſes contient dix piedz en longueur, le pied douze poulces , & le poulce douzes lignes, mais quand on nomme vne toiſe ſimplement elle s'entend ſuperficielle, ou faiſant vng quarré duquel chacun coſté ſoit de dix piedz en longueur, d'ou ſenſuit quelle contient 100. piedz, auſſi le pied quarré ayant 12. poulces de chacun coſté contient 144. poulces, & chacun poulces autant de lignes. Si donc on propoſe vne ſuperficie ayant 2. piedz en largeur & 10. en longueur, il fauldra conclure qu'icelle contiendra 20. petitz quarreaux chacun deſquelz contiendra 144. poulces comme eſt la figure ſuyuante.

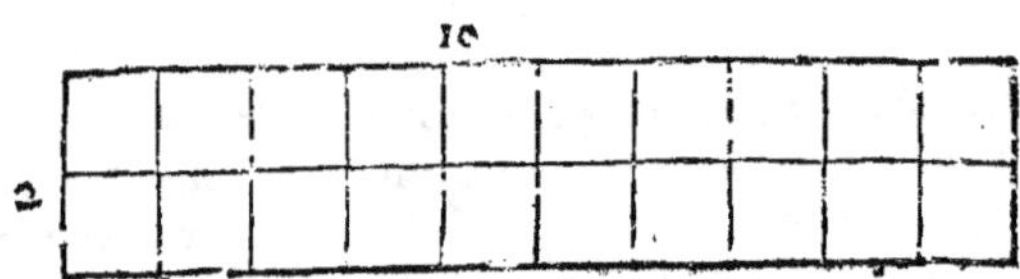

Autrement on appelle vne toiſe ou pied courant, quand il ny à aucune largeur limitée, côme ſe meſurent ordinairement les ornemens d'architecture côme Architraues, friſes & corniches, car aucunesfois leſdictz ouurages contiennent plus d'vng pied en ſuperficie, & d'autrefois moins, le meſme ſe doit entendre de la toiſe courante.

Toutes les definitions precedentes ſont neceſſaires a l'intelligence & practicque de l'Epipolimetrie, il y en a encor d'autres , qui ſe peuuent tirer des Elemens d'Euclides (où celles cy ont eſté prinſe pour la pluſpart) auec autres axiomes & cõmunes ſentences, que i'ay obmiſes pour euiter prolixité. Mais pour mieux demonſtrer le ſubiect que i'ay entreprins, ie ſuis eſté contrainct d'emprunter des ſix premiers liures deſdictz elemens, tantoſt de l'vng, tantoſt de l'autre certains Problemes, qui ſont côme dependans , ou conſequences de l'vng à l'autre, ainſi qu'il ſe verra par la ſuitte de ce ſubiect. Et d'autant que ſouuét la multitude des propoſitions des ſix premiers liures d'Euclides deſtourne ceux qui ſont amateurs de la Geometrie, ſur la fin de ce traicté ſera faict vng denõbrement des principaux problemes & propoſitions deſdiⱡz ſix premiers liures , les plus neceſſaires & vſités en la Geometrie, la cognoiſſance deſquelles, auec les Problemes icy r'apportez, ſera entédre em peu de temps & peu de trauail, tout ce qu'il conuient ſçauoir pour paruenir a la parfaicte cognoiſſance de la *Geometrie*. Et auãt que cõmencer les Problemes i'aduerteray le lecteur ap prentif, que les *Geometres* faiſans mentiõ de quelque angle ,ilz le deſignent auec trois lettres & par celle du milieu ilz entendent l'angle duquel on faict mention, cõme en la figure du Probleme ſuiuant, s'il eſt queſtion de langle A. ilz l'appellent l'angle B.A.C. ou la lettre du milieu A. denote l'angle A. duquel eſt queſtion.

DE LA FABRIQVE ET CONSTRVC

TION DES FIGVRES PLANES.

PROBLEME I.

Deſſus vne ligne droitte donnée deſcrire vng triangle rectiligne quelconque.

SOIT donnée la ligne droicte B. C. ſur laquelle il faille deſcrire quelque triangle rectiligne, Et premierement ſoit propoſé de deſcrire vng triangle equilateral, ſoit produicte la ligne B. C. de part & d'autre a l'infiny, ou tant quelle pourra eſtre produicte, puis ſoient de l'interualle B. C. deſcris deux cercles des centre B. & C. iceux s'entrecouperont es poinctes A. & G. Ie dis qu'eſtans menées les lignes B. A. C. A. que ſera faict A. B. C. triangle equilateral qu'on demande.

Car

Car au cercle A. C. G. I. les lignes B. A. B. C. droictes, partant du centre B. & terminées à la circonference A. C. par la 18. definition font egales entre foy, & le mefme fe doit conclure de C. B. & C. A. d'autant que par la conftruction les cercles A. C. G. I. & A. B. G. H. font egaux, pour A. C. fera auffy egal à C. B. & confequément à A. B. donc les trois coftez du triangle A. B. C. font egaux entre foy, & ainfy par la definition 12, de ce liure le triangle A. B. C. eft equilateral.

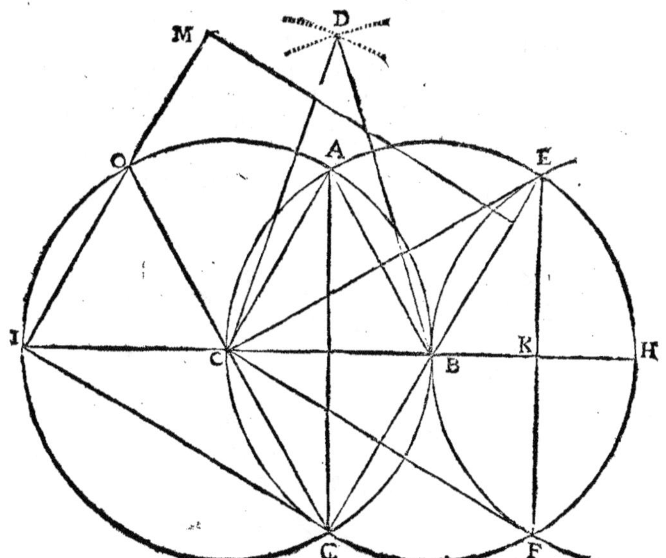

PAr la mefme raifon fe defcrira vng triágle Ifofceles côme fenfuit. Ie mets le pied du cópas fur B. & l'ayant ouuert a volonté ie defcris vng arc par D. & gardant la mefme ouuerture du compas, ie defcris du poinct C. vng autre arc, coupant le premier en D. puis ie amene les lignes B. D. C. D. & lors eft formé le triangle Ifofceles B. C. D. fur la ligne donnée B. C.

De mefme fe defcrira le triangle Ifofceles ayant les deux coftez egaux moindres que la bafe B. C. car au lieu que i'ay defcris deux arcs paffans par D. au deffus de A. ie referreray mon côpas en forte que defcriuant deux arcs des poincts B. & C. ilz s'entrecouperont au deffouz du poinct A. Pour les aultres triangles qui fe peuuent defcrire fur la ligne donnée B. C. ilz peuuent eftre infinis d'autant qu'ilz ne font limitez en leurs coftez côme eft le triangle Scalene B. C. E. defcris fur la mefme bafe B. C.

Par cefte mefme raifon on peut defcrire premierement vng Rhombe equilateral, la largeur eftant donné côme B. C. car les lignes B. G. C. G. eftant menées fera defcrit le Rhôbe A. B. G. C. & la ligne A. G. eftant menée elle diuifera la ligne B. C. en deux parties, egales que fera la pratique de la 7. propofition du premier liure des Elemens d'Euclides.

Secondement fera entenduë la practique de la 12. propofition dudict premier liure, car fi d'vng poinct donné hors d'vne ligne côme A. il falloit mener vne perpendiculaire fur la ligne donnée B. C. il fe fera par cefte maniere, car des poincts quelconques prins fur B. C. defcriuant deux cercles par A. s'entrecoupans de part & d'autre, la ligne A. G. conicingnant leurs interfections, fera perpendiculaire a la ligne donnée B. C. & n'importe pas que les cercles foient egaux ou inegaulx côme monftré la ligne E. F. tôbant en K. perpendiculairement fur la ligne C. H. & determinant pareillement la haulteur du triangle amblygone B. C. E. iaçoit qu'elle tombe hors d'icelluy.

Tiercement la ligne A. G. eftant menée, elle fera le cofté d'vng triangle equilateral infcriptible au cercle A. B. G. F. H. E. car A. B. & B. G. font les coftez de l'hexagone infcriptible audict cercle, par la 15. propofition du quatriefme liure defdicts Elemens.

PRO-

PROBLEME. II.

Esleuer vne ligne perpendiculaire sur l'extremité d'vne ligne droitte donnée.

C'Est l'vnziesme proposition des Elemens d'Euclides, sinon que les interpretes admettent vng poinct donnée en la ligne donnée, ou si il est prins sur l'extremité ilz veullent qu'elle se puisse produire suyuant la demonstration d'icelle, mais par la 31. proposition du troisiesme desdicts elemens, tout angle qui est au demy cercle est droict, cest pourquoy il ne sera besoing de produire ladicte ligne. Soit donc la ligne donnée A. B. ie descris vng cercle coupant ladicte ligne vers B & touchant son extremité en A. puis ie mene la ligne droicte quelconque B.C. passant par le centre D. laquelle r'encontre la circonference de mon cercle en C. duquel poinct ie tire la ligne C. A. tõbante perpendiculairement sur A. extremité de la ligne donné par la susdicte 31. proposition du troisiesme liure des Elemens d'Euclides.

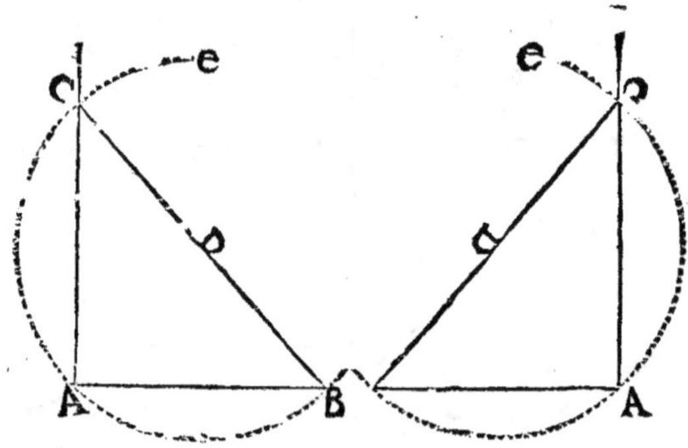

Ce probleme contient la maniere & raison de la discription du quarré, car pour descrire vng quarré sur vne ligne droicte donnée, il faut premierement sur l'vne des extremitez d'icelle esleuer vne ligne perpendiculaire tant longue qu'on voudra, de laquelle on recouppera vne partie egale a la donnée, côme soit la ligne donnée A. B. sur laquelle il faille descrire vng quarré i'esleue sur l'extremité d'icelle A. la ligne perpendiculaire *A C.* que ie fais egale à *A.* B. puis ayant prins auec le compas l'interualle *A.* B. ou *A. C.* ie descris du poinct *C.* vng arc vers D. & du poinct B. gardant la mesme ouuerture du compas, ie descris encor vng arc coupant le premier au point D. finallement ie ioings les lignes B. D. & C.D. lesquelles ferment le quarré A. B. C. D. selon qu'il est proposé par la 46. proposition du premier des Elemens d'Euclides.

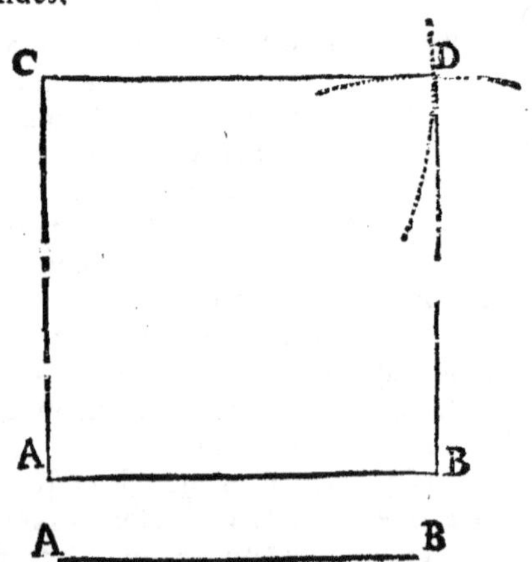

Ie pouuois comprendre la conſtruction de ce Probleme, au precedent, car en la figure d'icelluy la ligne I.C. eſt diametrale du cercle A.C.G.I. pourquoy l'angle C.G.I. ſe retrouuant au demy cercle eſt droict, ce que vouloit la premiere partie de ce Probleme ; Puis donc que langle G. eſt droict ie produis G.C. & G.I. tant que bon me ſemble ou iuſques a ce qu'elles ſoient egales a la ligne dōnée ſur laquelle il faut faire vng quarré qu'eſt la ſeconde partie, car la ligne donnée eſtant G.I. ie pouuois ſur l'extremité I. eſleuer la perpendiculaire I.N. car G B. produict r'encontre la circonference en O. par lequel eſtāt menée I.N. elle ſera perpendiculaire à G.I. ayant donc recouppé I.N. G.N. egales à G.I. & mené la ligne N.M. ſera formé le quarré G.I.N.M.

PROBLEME, III.

Mener vne ligne droitte par vng poinct donnée, parallele a vne ligne droitte donnée.

OIT le poinct donnée C. par lequel il faille mener vne ligne parallele a la ligne droitte donnée A.B. Ie metz vng pied du compas ſur le poinct donné C. & l'ouure tant que ie puiſſe deſcrire vng arc ou portion de cercle coupant la ligne donnée A.B. en deux endroicts, ſçauoir en A. & en D. & gardant la meſme ouuerture du compas, ie deſcris du poinct D. vng arc vers le poinct donnée cēt a dire au deſſus de A.B. Puis ie prend l'interualle A.D. & d'icelluy ie deſcris du poinct dōnée C. vng aultre arc coupāt le premier au poinct G. par lequel ie meine de C. vne ligne droicte C.G. que ie continuë de part & d'autre dudict poinct C. laquelle eſt parallele a la ligne donnée A.B.

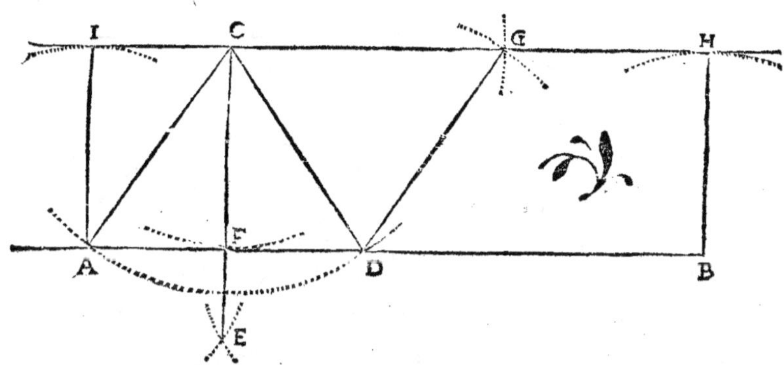

Ie le demonſtre ainſi, les lignes C.A. C.D. & D.G. eſtant menées, D.G. par la conſtruction ſera egale à C.A. & C.G. à A.D. aux triangles donc A.C.D. D.C.G. les deux coſtez G.D. G.C. ſont egaux aux deux coſtez A.C. A.D. chacun coſté au ſien, & la baſe C.D. eſt cōmune. pourquoy l'angle G.C.D. eſt egale a l'angle A.D.C. par la propoſition 8. des elemens d'Euclides, la ligne donc C.D. faiſant les angles ſuſdictz alternes egaux entre ſoy il faut conclure par la 27. propoſition des elemens ſuſdictz que les lignes C.G. & A.D. ſont paralleles, & laditte C.G. continuée tant qu'on voudra ſera parallele à la ligne dōné A.B.

PRACTICQVE.

AVltrement ie mets le pied du compas immobile ſur le poinct donnée C. & l'ouure tant que tournoyant ſur ledict poinct, l'autre pied deſcrit vne portion de cercle touchant la ligne donnée au poinct F. & gardant la meſme ouuerture ie porte mon compas ou bon me ſemble ſur la ligne donnée A.B. comme au poinct B. duquel ie deſcris vng arc d'icelle ouuerture, puis ie mene de C. vne ligne droicte laquelle ie fais toucher ledict arc au poinct H. lors la ligne C.H. eſt parallele a la donnée A.B. par la raison de la 18. proposition du troisesme liure desdictz elemens, le mesme sera si on descrit ladicte portion du cercle, de l'autre costé de F. cõme du poinct A. vers I. comme il est figuré.

De ce Problème on peut apprendre a descrire vng angle egal a vng angle donné cõme sensuit. Soit (en la mesme figure) donné l'angle A. auquel il faille descrire vng semblable & egale sur vne ligne donné quelconque D B. sur vng poinct prins en icelle cõme D. Ie prens vng poinct en vne des lignes qui forment l'angle donné cõme C. & la hauteur d'icelluy C.F. lors selon cette hauteur, par la practique cy deuant ie meine vne ligne parallele à D. B & ayant prins auec le compas la longueur de A C. ie la porte sur le poinct donné B. & descris auec cét interualle vng arc couppant ladicte parallele en G. puis ie meine la ligne droicte D.G. laquelle faict vng angle G.D.B. egal à l'angle donné A. la raison & demonstration est manifeste, car si de G. on faisoit tomber vne perpendiculaire sur D.B. elle formeroit vng triangle semblable & egal au triangle C.A.F.

PROBLEME IV.

De trois lignes dro ittes données descrire vng triangle, pourueu que deux d'icelles prinses comme on voudra soient plus grandes que l'autre.

CE Probleme est la proposition 22. du premier des elemens d'Euclides, laquelle i'ay estimé necessaire de r'apporter a cét endroict auant que passer outre a la fabricque des figures planes.

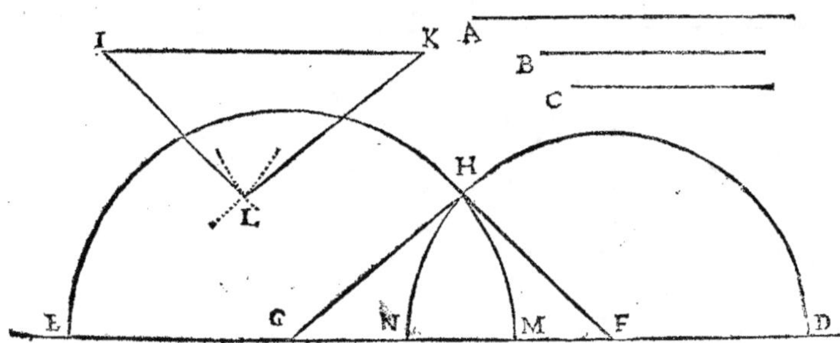

Soient données les trois lignes A. B.C. conditionnées cõme dict est, il faut tellement les incliner l'vne sur l'autre quelles facent vng triangle. Ie meine vne ligne droitte quelconque D. E. de laquelle ie recouppe parties egales aux trois lignes donnés cõme ie veux, sçauoir D.F. egale a C. item F G. egale à A. puis G.E. egale à B. Et du poinct G. de l'interualle G.E. ie descris vng demy cercle E.H.M. encor de l'interualle D.F. du poinct F. ie descris vng aultre demy cercle D.H.N. entrecouppant le premier en H. finalement ie ioincts les lignes F.H. GH. lesquelles me forment le triangle F.G.H. ayant ses costez esgaux aux lignes données chacun a chacune.

Car par la construction F.G. & egale à A. & F.H. egale D.F. par la definition du cercle, or D.F. est egale à C. dont sensuit que les deux costez G.F. & H.F. sont egaux aux lignes donnés A. & C. sçauoir F.G. à A. & F.H. à C. & de mesme se doit conclure G.H. egale à l'autre ligne donnée B. &c.

PRACTICQVE.

IE meine la ligne droicte I.K. egale a vne des données cõme à A. & prés auec le cõpas la lõgueur de B. de laquelle lõgueur ou ouuerture de cõpas, ie descris vng arc au dessouz
ou au

ou au deſſus de I.κ, (car il n'importe de quelque coſté ce ſoit) prenant ſon centre a l'vne
des extremitez de I, κ, cõme en κ. Puis ayant ſemblablement prins la longueur de C. ie
deſcris de ceſte longueur du poinct I. vng autre arc couppant le premier en L. apres a-
uoir mené les lignes I.L. κ. L. eſt formé le triangle I.κ.L. ſelon qu'on le demande, la raiſon eſt de meſme que de la maniere precedente.

P ar ceſte practicque on pourra non ſeulement faire vne figure ſemblable & egale a vne
donnée, mais auſſy leuer toutes ſortes de plans acceſſibles car reduiſant le tout en triangles, ilz ſe feront l'vng apres l'autre, tant que finalement ilz repreſenteront la figure qu'õ
deſire copier & en faire vne autre de meſme, cõme eſtant propoſée la figure A.B.C.D.E.
F.G.laquelle ie veux coppier ou en faire vne toute ſemblable & egal a icelle.

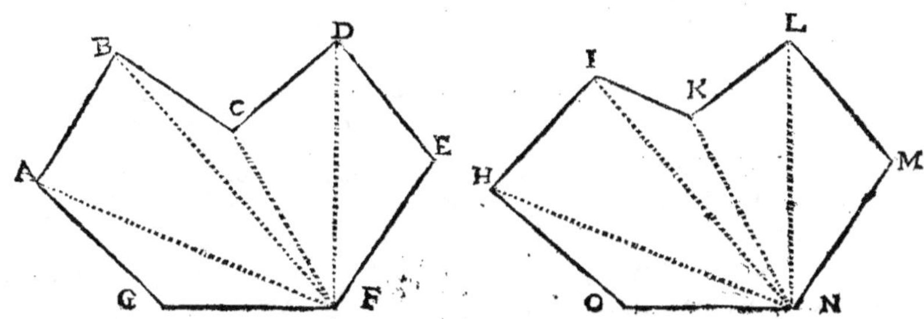

Premierement ie reduis la figure propoſée en triangles cõme bon me ſemble, ie les ay
faict tous aboutir au poinct F.cõme ſont A.F.G, A.B.F, B.C.F, C.D.F,& D.E.F.Ce faict
ie cõmence à faire le triãgle H.O.N, egale & ſéblable à A.G.F, car ſuppoſé par ceſte propoſition que A.G, G.F, & A. F, ſoient trois lignes données ne ſe pourra auec icelles former aultre triangle que A.F.G. ou vng a luy egal & ſemblable cõme H.O.N. Puis ie forme ſur H, N, le triangle H.I.N, egale à A.B.F, & continue pareillement & de ſuitte, tãt
que ie trouüe H.I.κ.L M.N.O. egale a la figure propoſée A.B.C.D.E.F.G. & cette practique ſeioinct a la 18. propoſition du 6. liure des elemens d'Euclides.

PROBLEME, V.

Diuiſer vne ligne droitte donnée en tant de parties egales, ou
quelles on voudra.

E probleme comprend la 7. propoſition du premier liure d'Euclides les 9,
& 10. de ſon ſixieſme liure, car ſi on veut, on diuiſera par meſme raiſon
vne ligne en tant de parties egales qu'on voudra, ou bien on la diuiſera
cõme vne aultre ligne donnée ſera diuiſée, qu'eſt ce que veut la ſuſdicte
dixieſme propoſitiõ, ou on en leuera vne quantieſme partie qu'on voudra.

Soit donc premieremét propoſée la ligne droitte A.B. laquelle il faille
diuiſer en 5. parties egales, ie mene vne ligne droitte quelconque C.D. en laquelle ie prés
a volonté cinq parties egales, C.F. F.G. G.H. H.I. I.D. apres ie prens auec le compas, la
longueur de la ligne propoſée A.B. & de ceſte ouuerture ie deſcris du poinct D, comme
centre vne portion de cercle, vers laquelle ie mene du poinct C, vne ligne droicte, touchant bien exactement ceſte portion de cercle, cõme faict C, E, car ſi elle la touche exactement la ligne D.E. ſera perpendiculaire a icelle ſur le poinct de l'attouchement, par
la 18. propoſition du troiſieſme liure d'Euclides, pourquoy le triangle D, E, C, ſera rectã-
gle, & me ſeruira d'inſtrument pour diuiſer la ligne propoſée comme ſenſuit.

B 2   Voulant

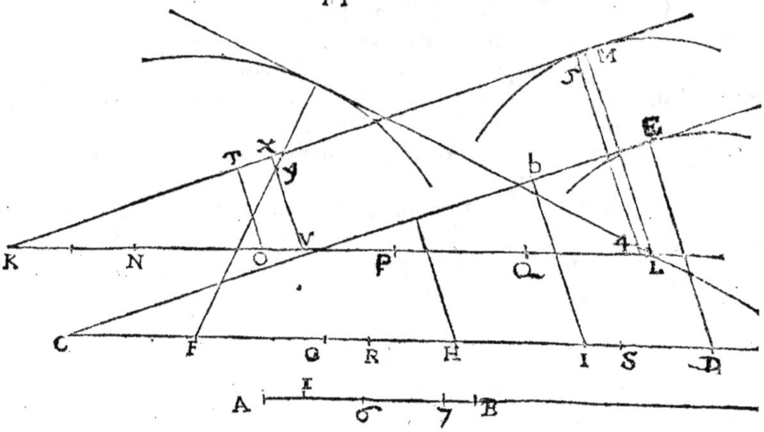

VOulant prendre la cinquiefme partie de A.B. ie metz la poincte du compas fur I. l'vne
des cinq de C.D. & l'ouure tãt que tournoyãt fur I. l'auttre poincte frotte contre la ligne C.E. de mefme que faict l'arc defcrit par E. tellement que B. foit le poinct de lattou-
chement de ladicte ligne, puis ie porte cette ouuerture de compas fur la ligne donnée A.
B. laquelle ouuerture me donne B.I. que font $\frac{4}{5}$ de A.B. & par confequent A. I. eft $\frac{1}{5}$ d'i-
celle A.B. ce que ie demonftre ainfy. Si on meine la ligne I.B. elle fera parallele à D.E.
a caufe que tombant fur le poinct d'attouchement B. elle eft perpendiculaire à C.E. cõme
eft auffi D E. par la conftruction. Ainfy les triangles C.D.E. & C. I. B. eftans equiangles
par la 4. dudict fixiefme liure d'Euclides auront le coftez proportionnaulx cõme donc C.
D. a D. E. ainfy C. I. à I. B. pourquoy C. D. S. donnant D. E. S. (qu'eft la toute A. B.)
C.I. $\frac{4}{5}$ de C. D. donnera I. B. $\frac{4}{5}$ de D. E. cét a dire de A.B.

Mais foit qu'on demande la cinquantiefme partie de A.B. ie meine vne ligne droitte
quelcon que cõme K. L. fur laquelle ie prens K. N. de 10. petites parties egalles, & prés
cinq fois *K.* N. fur *K. L.* fi que *K. L.* contient 50. petites parties de *K.N.* du poinct L. ie defcris vng arc cõme auparauant prenant l'interuale L. M. egal a la ligne donnée A.B. & fais
mon triangle rectangle *K. M. L.* qui me fert d'inftrument cõme le precedent. Et pour pré-
dre $\frac{1}{50}$ partie, ie prens 9. parties de K.N. & les tranfporte de Q. vers L cõme Q.4. puis ayans mis la poincte du compas fur 4. ie l'ouure tant que tournoyant il frotte contre la ligne
K. M. lors ie porte cét interuale fur A.B. de laquelle ie recoupe A.Y. faifant $\frac{49}{50}$ de A.B. &
confequemment B.Y. $\frac{1}{50}$.

Nota que pour prendre ces parties plus exactement il faut en prendre plufieurs a la
fois cõme fi ie veux prendre 3. parties, ie prens O.T. de 20. & V. X. de 23. puis oftant O. T.
de V. X. refte X. Y. de 3. car prenant aultrement 1. 2, 3. 4. fur K. N. l'operation en feroit
moing exacte cõme l'experience le fera congnoiftre.

Finalement foit propofé de diuifer ladicte ligne A.B. en parties inégales cõme pourroit
eftre C. D. fçauoir en C.R. R.S. & S.D. ayant mis le compas fur S. ie l'ouure tant que le
virant il frotte contre la ligne C.E. & icelle ouuerture ie porte fur A.B. auec laquelle ie recouppe A. 7. comme C.S. ie fay la mefme operation fur R. & recouppe l'interuale ou partie A.6. comme C.R. & ainfy la ligne donnée A.B. eft diuifée en A. 6. 67. & 7. B. en mefme
proportion & raifon qu'eft C. D. Car fi on meine des lignes droictes par S. & R. paralleles
à D.E. (laquelle eft egale à A. B.) feront faictz trois triangles equiangles dont les coftez
feront proportionnaux cõme dict eft.

PROBLEME VI.

Entre deux lignes données trouuer vne moyenne, vne troisiesme, & entre trois vne qua-triesme proportionnelle.

N ce probleme sont comprises les 11. 12. & 13. propositions du sixiesme li-ure d'Euclides côme sensuit. Premierement soient proposée les deux li-gnes droittes A. & B. entre lesquelle il faille trouuer vne moyenne propor-tionnelle : Ie meine vne ligne droitte quelconque H. K. de laquelle ie re-couppe H. I. egal à A. & I. K. egale à B. & apres auoir diuisé H. K. en deux parties egales (pour trouuer le centre N.) ie descris a l'entour de H. K. vng demy cercle H. I. K. Puis du poinct I. i'esleue vne perpendiculaire iusques a la circonfe-rence du demy cercle, côme I. L. & icelle I. L. est la moyenne proportionnelle entre H. I. & I. K. c'est a dire entre les deux données A. & B.

Car si on mene les deux lignes L. H. & L. K. les triangles H. L. K. & L. I. K. seront equi-angles, dautant que l'angle H L. K. au demy cercle est droict, aussi l'angle L. I. K. par la construction est droict, & l'angle en K. est commun a iceux triangles, dont par la troisi-esme cômune sentence, & 32. proposition du premier d'Euclides, l'angle L. H. K. sera egale à l'angle K. L. I. Pourquoy iceux triangles seront proportionnaux par la 4. du sixi-esme liure susdict, donc côme H. I. à I. L. ainsy I. L. à I. K. &c.

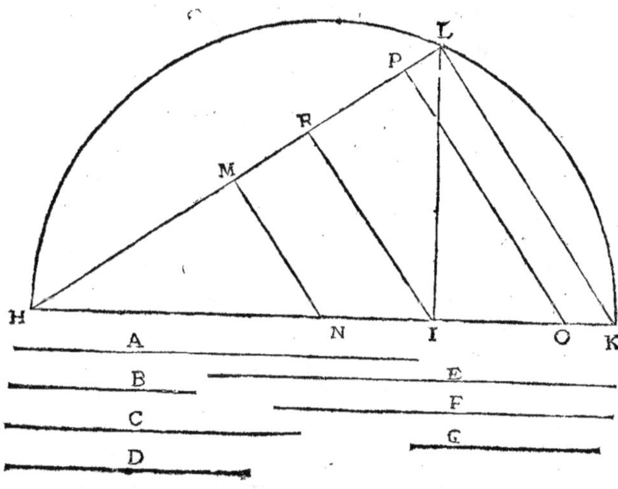

Secondement entre les deux lignes droictes données C. & D. soit proposé de trouuer vne troisiesme ligne proportionnelle, ayant mené la ligne H. K. ie metz sur icelle la ligne H. L. quelconque faisant en H. vng angle a volonté, puis ie recoupe H. N. egale à C. & H. M. egale à D. item N. O. egale a H. M. & apres auoir mené N. M. ie mene O. P. paral-lele a icelle tant qu'elle recouppe ou r'encontre H. L. en P. lors M. P. est la troisiesme ligne proportionnelle qu'on demande. Car côme H. N. (cét a dire C.) à N. O. egale à D. ainsy H. M. (cét a dire D.) à M. P. la raison se prend des triangles H. N. M. & H. O. P. equiangles par la susdicte 4. proposition du sixiesme d'Euclides.

Tiercement soient données les trois lignes droictes E. F. G. ausquelles il faille trouuer vne quatriesme proportionnelle, sçauoir que comme E. est à F. ainsy soit G. à cette qua-triesme qu'on demande. Ie mene côme au parauant deux lignes droictes quelconques faisant en H. vng angle a volonté comme sont les lignes L. H. & H. K. puis ie recouppe

H. I. egale à *E*, & H. R. egale à *F*. & apres auoir mené la ligne I.R. ie recoupe encor I.K.
egale à *G*. & par K. ie mene K. L. parallele à I. R. laquelle rencontrant H. L. au poinct L.
me donne R. L. quatriefme proportionnelle demandé ; la raifon eft côme de l'operation
precedente.

PROBLEME, VII.

Leuer le plan ou la figure d'vne fuperficie plane quelconque.

I la fuperficie propofée eft rectiligne côme *A.B.C.D.E.* ie la reduis en triã-
gles & mefure tous les coftez d'iceux côme E.D. 15. D.C. 9. & E.C. 19. defquelz trois nôbres ie marque fur vne tablette ou papier auec le numero 1.
pour me refouuenir que ceft le premier triangle; Puis ie procede au fecond
E.C.B. les coftez duquel ie trouue E.C. 19. C.B. 10. & E.B. 13. ie marque
auffy ces trois nombres a part auec le figne 2, pour ce que c'eft le fecond triangle de
mon operation. Finalement venant au troifiefme ie le mefure comme les precedens &
marque fur ma tablette E.*B.* 13. *B.A.* 7. & *A.E.* 10, & ainfy par la raifon du quatriefme
probleme precedent ie puis reprefenter ce plan comme fenfuit,

Ie mene vne ligne droitte quelconque F. *G.* fur laquelle ie fais tant de parties egales
que bon me femble grandes ou petites felon que ie veux reprefenter mon plan en grande
ou petite forme, i'en ay feulement prins 20. n'en a yant affaire dauantage pour la propofition, i'appelle cette ligne F.*G.* efchelle, module, petit pied ou efchantillon, & fi les mefures que i'ay prifes fur la fuperficie propofé font toifes, chacune defdictes parties de F.*G.*
vaudra ou reprefentera vne toife, fi ce font piedz, chacune defdictes parties vaudra vng
piedz, & ainfy des autres mefures,

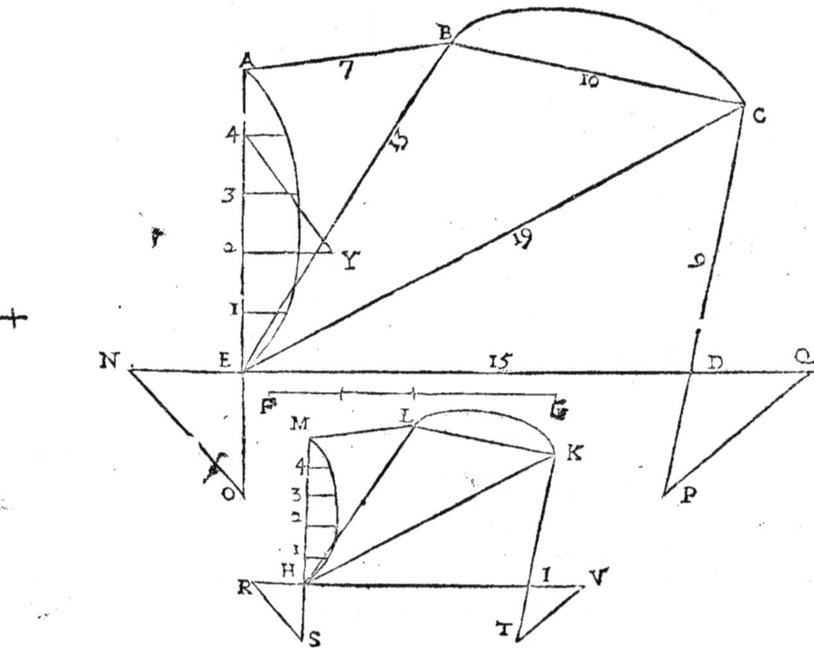

Ce faict ie mene vne ligne quelconque tant grande que bon me femble, fur laquelle ie
porte H. I. contenant 15. partie de l'efchelle F.*G.* (dautant que le cofté E. D. de la fuperficie propofée auoit 15. toifes) puis ie prens 9. parties de F.*G.* de l'eftenduë defquelles ie
defcris

defcris de I. vng arc par κ. item ie prens 19. parties fur laditte *F. G.* acaufe que (comme dict eft) E. C. du plan ou fuperficie auoit 19. toifes, & du poinct H. auec l'ouuerture defdictes 19. parties de *F.G.* ie defcris vng arc couppant le premier en κ. & apres auoir meiné les lignes I. K. H. κ. eft formé le triangle H. I. K. reprefentant celuy de la fuperficie propofé E. D. C. car côme E. D. à 15. toifes ainfy H. I. à 15. petites parties de *F. G.* & le mefme fe doit conclure des aultres coftez; Et fur le coftez H. κ. ie forme le fecond triangle H. κ. L. felon les mefures que i'ay remarqué pour le fecond triangle de ma tablette, car iceluy ayant E. C. 19. toifes, B. C. 10 & B. E. 13. le cofté E. C. conuiendra fur κ. côme fa bafe fur laquelle ie forme le triangle H. K. L. ayant le cofté K. L. de 10. parties de *F. G.* & H. L. 13. Puis fur H. L. ie forme le troifiefme triangle ayant le cofté L. M. 7. parties de F. G. & H. M. 10 auec lefquelz trois triangles eft reprefentée la forme ou plan de la fuperficie propofée, faifant H. I. κ. L. M. figure rectiligne femblable, & femblablement pofée à A. B. C. D. E. par la raifon de la 18. propofition du premier des elemens d'Euclides.

Mais fuppofé que la fuperficie de laquelle on veut leuer le plan foit de telle nature qu'õ ne puiffe entrer dedans pour y remarquer les triangles fufdicts; Ie rapporteray icy deux manieres de leuer le plan d'icelle fans autre inftrument que la toife ou bafton droit diuifez en certaines parties egales.

La premiere eft par le moyen des angles exterieurs de laditte fuperficie, prinfe & tiré de la raifon de la 15. propofition du premier liure d'Euclides côme fenfuit. Ie me retire du poinct E. de la fuperficie propofée côptant depuis E. iufque a N. 4. toifes, mais tellement que le cofté de laditte fuperficie D. E. foit en ligne droicte auec E. N. la toute D. N. ne faifant qu'vne ligne droicte, & en fais de mefme me retirant dudict poinct E. vers O. tellement que O. E. A. ne foit qu'vne ligne droicte puis ie mefure la diftance O. N. que ie trouue de 5. toifes $\frac{2}{3}$. & marque fur ma tablette le triangle N. E. O. Ifofceles ayant les coftez N. E. O. E. egaux, & note que la cyme E. aboutit fur l'angle de la fuperficie propofée E. ie m'achemine de E. vers D. côptant côbien E. D. contient de toifes lefquelles ie marque apart, & du poinct D. ie leue côme au parauant l'angle exterieur de D. par le triangle P. D. Q. auffi Ifofceles, ayant les coftez D. Q. D. P. egaux fçauoir chacun de 4. toifes, & la bafe P. Q. 6. $\frac{1}{4}$. Ie fais de mefme venant à C. ou au poinct A. Car la fuperficie n'ayant que cinq coftéz il fuffit n'auoir trois angles de fuitte, pourueu que tous les coftez foient congnus, & generalement toute figure rectiligne de laquelle font les coftez congnus & les angles s'entrefuyuans, moing deux angles fe peuuent reprefenter fur vn plan.

Ie fais mon efchelle F. G. côme au parauant & forme le triangle R. H. S. ayant H. R. 4. & H. S. 4. des parties de F.G. & R. S. 5. $\frac{2}{3}$. & d'autant qu'en la fuperficie propofée les coftez N. E. & O. N. font en lignes droictes auec les coftez de la fuperficie A. E. & E. D. ie produis R. H. tant que foit affez vers *I.* & S. H. vers M. & recouppe H. I. de 15. parties de F. G. côme auffi H. M. de 10. lors les coftez H. I. H. M. contiennent l'angle M. H. I. egal à l'angle A. E. D. par la fufditte 15. propofition du 1. liure d'Euclides, & me r'apportent les deux coftez A. E. & E. D. de la fuperficie propofée, & ayant produict *H. I.* vers V. ie forme fur I. le triangle I. T. V. proportionnel au triangle D. P. Q. par le moyen de l'efchelle F. G. & ainfy de l'autre tant que la figure H. I. κ. L. M. fe retrouue côme au parauât.

L'autre manier fera, d'enuironner le plan propofé d'vn rectangle ou aultre rectiligne duquel les angles foient congnus par la precedente; Soit donc propofé de leuer le plan de la fuperficie A. B. G. F. E. D. C. ie l'enuironne d'vne figure de laquelle les coftez ou font parties de laditte fuperficie côme, A. B. ou touchent icelle en certains poincts *C. D. F.* car m'eftant congnuë par exemple la longueur *D. F.* ie mefure F. E. & *D. F.* & forme le triangle *D. E. F.* item celuy deuers *C. D.* de mefme vers A. C. & vers B. G. defquelz ayant recouppé les coftez côme D. F. 10. item 7. 6. 8. 3. &c. demeure la figure A. B. G. F. E. D. C.

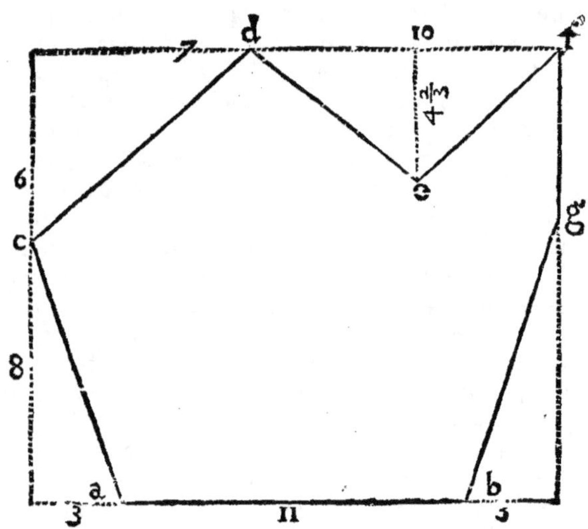

& si la figure propoſée eſt bornée de lignes non droictes côme *A.E.* ou B.C. de la figure
precedente, ie meine les lignes droictes A.E.& B.C. ſur leſquelles de certaines diſtances
prinſes ſur le plan ou ſuperficies propoſées côme ſont 1.2.3.4. de A.E. ie meine des perpendiculaires ou aultres faiſans certains angles congnus ſur laditte ſuperficie, car leurs
poincts 1.2.3.4. m'eſtans congnus auec leurs longueurs, ie les r'apporte en proportion
côme dict eſt, ſuyuant l'eſchelle F.*G.* ſur la ligne M.H. & par les extremitez d'icelles ie
conduis la ligne courbe M.H. me repreſentant la ligne courbe ou coſté *A.E.* de la ſuperficie propoſée.

  Et pour plus facilement mener ces lignes droictes ie choiſy vng angle droict ſur terre
ou bon me ſemble,côme ſur le poinct 2. ie compte trois toiſes iuſques Y. & 4. depuis 2.
iuſques au poinct 4. duquel ie côpte cinq toiſes iuſques a Y. que ie iuſtifie en telle ſorte
que du poinct 2. iuſques a Y. ſoient 3. toiſes, & du poinct 4. iuſques audict poinct Y. ſoiét
5. car 2. 4. eſtant en ligne droittes auec E.A. le triangle 4.2.Y. ſera rectiligne rectangle
par la 47. propoſition du premier liure d'*E*uclides. la ligne donc 2. Y. faiſant ſur A.E. vng
angle droict, il ſera facile de i'auger les aultres apres icelle, en prenant par exemple le
poinct Z. autant diſtant de Y. côme eſt 2. de 4. & ainſy des autres lignes qui ſeront neceſſaires de meiner, car dautant plus il y aura de lignes paralleles à 2. Y. de tant plus exactement ſe leuera la ligne A.E. côme il ſe practicque en la diſcription des lignes conicques ellipticques & autres non droittes.

  Et ſi voulant leuer le plan de quelque ſuperficie ſe trouuoient quelques termes inac-
ceſſibles,n'ayant aultre inſtrument que la toiſe, ie trouueray leurs diſtances par le moyen
d'vng triangle quelconque que ie marqueray ſur terre, côme ſenſuit; Soit premieremét
demandée la diſtance d'entre *A.* & D. ne pouuant aultrement m'aprocher de A, ie forme
ſur D. l'angle droict C.D.E. côme cy deuant puis m'eſtant retiré en ligne droitte de D.
E. (ou i'ay laiſſé certains marques) vers *G.* en meſurant la diſtance D.*G.* de 10 toiſes, ou
aultre quelconque, ie plante vne marque ou ſigne en *G.* & me retire vers F. tellement
que par le ſigne *G.* m'apparoiſſe le terme *A.* ſi que les termes F.*G.*A. ſoient en lignes droicte, ie meſure F.*G.* que ie trouue de 6. toiſes, item ie meſure D. F. qu'eſt de 14. toiſes ¼
  Ayant ainſy les trois coſtez du triangle D.*G.*F. i'en deſcris vng ſemblable auec l'eſchelle
F. *G.*

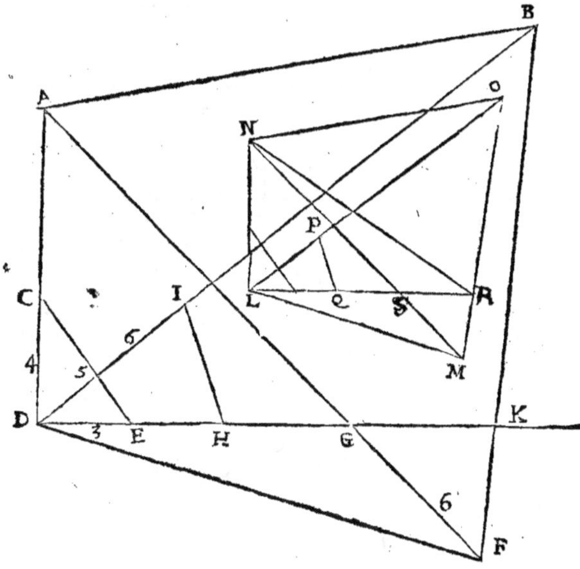

F.G & sur l'extremité du costé qui represente D. G. i'esleue vne perpendiculaire laquelle est couppee par le costé representant F.G. & produict iusques a ladicte perpendiculaire, comme est L.S.M. sçauoir L.S. representant D.G. comme S.M. representant
G.F. & L.M. representant le costé D.F. ainsi le triangle L.S.M. representant D.G.F.
estant esleuée vne perpendiculaire sur L.S. au poinct L. & le costé M.S. produict rencon-
trera ladicte perpendiculaire au poinct N. lequel determinant la mesure de L.N. selon
les parties des costez L.S. S.M. ou L.M. car comme il a esté demonstré cy deuant si L.N.
contient 10. parties de F.G ou telles desquelz sont mesurez les costez du triangle L.S.M.
la distance A D. aura 10 toises.

   Dauantage par vng triangle rectiligne quelconque formé sur terre se pourra aussi pré-
dre vne distance m'accessible, comme soit proposé de trouuer du terme B. ie forme le triangle D.H.I. sur terre, duquel les costez me sont congnus par toises, comme D H. 6 toises H.I. 4. toises & I D. 6. toises, du poinct D. au droict H ie m'achemine vers K. comptant en D K. 14. toises $\frac{2}{3}$ (ou plus ou moing selon que bon me semble) & plante vng terme en K. me retirant vers F. en sorte que par K. i'apperçoiue le terme B. si que F.K B. facent vne ligne droicte, comme aussi K.H.D. vne aultre puis ie mesure F.D. ainsi les trois
costez du triangle D.K.F. me sont cognus. Apres donc auoir meiné la ligne L.R. quelconque ie forme le triangle L.R.M. par le moyen de l'eschelle F.G. proportionel au triangle D.K.F. & sur le costé L.R. ie forme L.P.Q. representant D.I.H. dont les costez
L.P. & M.R. produicts se rencontrent en O. pourquoy O.L. me representera la distance B.D. Et plus si on demande la distance d'entre A. & B. icelle sera representée par N.O.

   Le lecteur conclura d'icy la raison des instrumens Geometricque, car quel instrument
que ce soit son vsage sera tousiours demostré par les triangles proportionnaux, ou aultres
intersections des lignes lesquelles representent les choses qu'on veut mesurer.

                                                        C   PRO-

PROBLEME VIII.

Leuer le plan ou figure d'vne superficie courbe ou non plane.

E P. Clauius fur la fin des commentaires du fixiefme liure de elemens d'Euclides, & fur la fin du 7. liure de fa Geometrie practicque. Apres Dinoftra-
te, Nicomede, & aultres demonftre la maniere de trouuer vne ligne droicte egale a la quatriefme partie de la circonference d'vng cercle, & dict l'inuention debuoir eftre receuë comme Geometricque, fi donc on ne veut
rejetter entierement la doctrine des fections conicques tant fubtilement
traicteé par Apollonius Pergeus, ie laifferay au lecteur d'en veoir la façon dautant que laditte inuention ne fert que pour la ligne circulaire, laquelle ne peut fournir a mon propos, ceft pourquoy ie fuiuray Apollonius pour la refolution de ce Probleme.

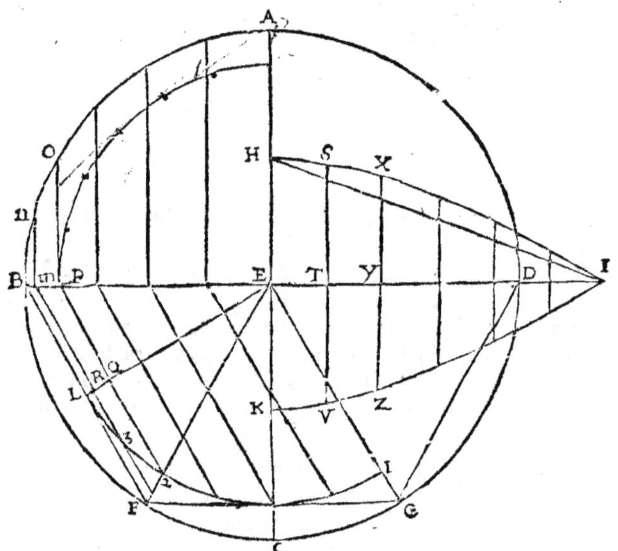

Oit donc propofée vne fuperficie efleuée comme feroit vne toicture a fix pans egaux,
efleuée par deffus fa platte forme de la haulteur de *E. A.* prenant fa couche ou rófte en
cercle, de laquelle le profil fur les areftiers foit B.O.A. & fur le milieu foit P. A. par la definition 21. precedente, le plan d'vng des pans fera B.E.F. il faut donc trouuer fa fuperficie courbe, car celle des aultres pans fera de mefme.

Premierement ie fais E.I. ligne droicte egale a *B.A.* fuiuant la doctrine des fections conicques, fçauoir ie deuife l'arc P.A. en tant de parties egales que bon me femble) ie n'en
ay prins que 6. pour n'eftre trop prolixe, & l'eftenduë d'vne d'icelles portés fur I.E. fix
fois donne affez exactement la longueur de P.A. mife en ligne droict, & tant plus de parties egales on prendra fur *P.A.* & autant fur E.I. tant plus exactement *E.I.* fe trouuera approcher la longueur de P.A. eftenduë en ligne droitte, qu'eft la pratique des fections conicques en façon de leuer toutes aultres fortes de lignes non droictes.

Secondement par les poincts des parties de E.I. ie meine des lignes perpendiculaires, la trauerfantes de part & dautre, comme font H.K S.VX.Z. & ainfi des
aultres, Item des poins B. N. O. A. &c. ie meine daultres perpendiculaires fur le
demy diametre B.E. comme font M.N O.P. & apres auoir meiné la ligne *B.F.* qu'eft
la largeur d'vng des pans fufdicts, ie meine M.R.P.Q. (& ainfi des aultres poincts de B.E.)

paralle-

paralleles à B. *F*, rencontrant le plan de P. A. en L. R. Q. &c car il n'eſt ja beſoing de les faire paſſer oultre E. L. dautant que les paralleles du triangle B. E. L , me peuuent donner les poincts neceſſaires par leſquelz ſe decrira ou conduira l'eſtenduë de la ligne B. N. O. A. comme ſenſuit.

Tiercement ie prens auec le compas L'B. & du poinct E. ie porte ſon interualle de part & dautre de E. marquant auec iceluy E. H. E. к. egales à L. B. Puis ic prens R. M. lequel interualle ie porte ſur T. prenant T. S. T. V. de part & d'autre egale à R. M. de meſme X. Y. & Y. Z. egales à P. Q. & pourſuis ainſi mon operation par tous les poincts de E. I. prenět côſecutiue mét les interualles ſur les paralleles ſuſdictes dedâs B. E L. & finalemêt par les extrem tez E. к. S. V. X. Z. &c. ie meine les lignes courbes H. S. X. I. & K. V. X. I leſqueiles me forment H I. к. egal a la ſuperficie d'vng des pans ſuſdicts.

Car ſi on imagine la ligne A. C. mobile a l'entour de B. D. eſtant A. E. eſleuées perpendiculairement ſur le plan les lignes M. N. O. P. ſeront pareillement perpendiculaires audict plan, par la 8. & conuerſe de la 6. propoſiõ de l'vnzieſme liure des elemés d'Euclides ; De meſme ſi on côçoit E. I. & mobile a l'entour de E. L, eſtât *I.* E. ſur le plan perpédiculairement eſleuées, 2. Q. 3. R. tomberont auſſi à plomb ſur le meſme plan, & lors I. E. & A. E ne feront qu'vne ligne droitte , par l'axiome 12. du premier & propoſition 13. de l'vnzieſme ſuſdict, pourquoy les poincts Q. R. P. M. ſeront les plans poincts 2. 3. & O. N. & ainſi de tous les aultres poincts des lignes courbes P. A. & B. A. O. 2. eſtant egale T. S. A'R. M. le point S. repreſentera M. & celluy de T. repreſentera le poinct 3. donc toute la ligne H. I. repreſentera la toute B. A. & la toute I. E. repreſentera P. A. & ſi on prend dauantage de poinctz, la diſcription en ſera plus preciſe comme dict eſt.

Mais ſi la ſuperficie ſuſdicte eſtoit en rondeur par tout comme vng hemiſphere, pour repreſenter icelle en plat : il ſeroit neceſſaire de leuer pluſieurs paneaux , & tant plus ilz ſeroient petit de tant p us exacte en ſeroit l'operation, en quoy errent grandement aucûs Geographes ſe perſuadans auec Glareanus au chapitre 19 de ſa Geographie pouuoir facilement repreſenter la ſuperficie de la ſphere en plat car deſcriuans les meridiens diſtans de 10 ou 12. deg ez l'vng de l'autre, les poinctes qu'ilz font en forme de fuſeaux , ne ſe peuuent rencontrer iuſtement proche des poles, d'autant que la moictie d'iceux fuſeaux faiſans triangles ſur l'equinoctial, la ligne du milieu ſe trouuera touſiours plus courte que les aultres coſtez, laquelle neautmoings doit eſtre egale aux aultres , ar comme demonſtre Theodoſius en ſes elamus ſphericques, tous cercles paſſans par les deux poles ſont egaux ce que ne pourra eſtre en deſcriuans des cartes pour puis apres les appliquer ſur des boules tournées ſi donc elles ne ſont deſueloppees de 3. à 4. & 5. degrez de l'equinoctial par laquelle voye l'erreur pourra eſtre inſenſible.

La practique de ce probleme comprenant la manier de repreſenter les ſuperficies courbes eſtant bien entenduë conduira l'Architecte a beaucoups de traicts neceſſaires a ſon eſtat & profeſſion ſoit pour bien leuer vne cherche, ſoit pour tracer vng cintre, ou traictz non communs a tous ceux qui practiquent les baſtimens en faueur deſquelz ie mettray icy quelques exemples tant de traictz ſurbaſſez, que d'aultres releuez par deſſus leur plaine monté, ce que ſera facile a entendre par le d'eſueloppement d'vn œuf, prins d'vne façon ſuiuant ſa lôgeur, & de l'autre ſelon ſa largeur comme ſe veoit en la figure preſente.

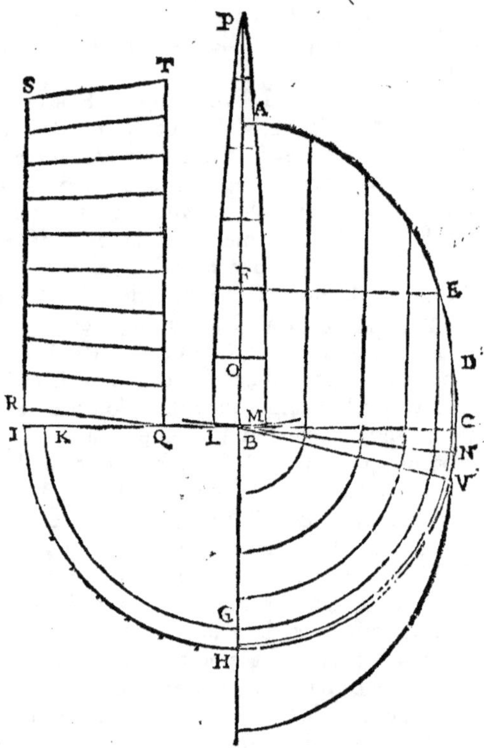

Pour lefquel deuelopement ie trace le quart de l'oual A.B.C. faifant fon profil capable de faire comprendre le refte. Ie meine donc les deux lignes droictes indeterminées
I.C. & P.H. s'entrecoupantes à angles droicts au poinct B. (ce que fe practicque ordinairement ès mechanicques qu'ilz appellent le traict quarré, & par le moyen duquel les ouuriers determinent leurs beueaux pour les cōmiffures, angles biais quelconques & autres
cerches neceffaires aux ouurages que font par deffus les traictz ordinaires de l'Architecture) & forme le quart d'ouale A.B.C. & diuife l'arc *A.C.* en tant de parties que bon me
femble, cōme font C.D. D.E. &c. & n'iṁporte que les parties de diuifion foient egalles,
ou inefgalles pourueu qu'elles foient de tel interual qu'elles femblét eftre lignes droictes,
& par le poincts de diuifion cōme font D.E. & aultres, ie fais tomber les plombs ou perpédiculaires fur B.C. encor par les poincts ou elles tombent ie defcris des cercles du centre B. cōme fe veoit en la figure. Puis ayét porté les interualles C.D. D.E. &c. fur B.P. ie
meine par chacun poinct des paralleles, & fais B.P. egale a l'arc A.C. a la maniere cy deuant dicte. Apres ie meine la ligne *B·N.* & fais *B.*L. ou *B.* M. egale à l'interualle C.N. &
la prochaine vers B. ie porte fur O. & ainfy des aultres tellement que le demy fufeau P.
L.M fe forme, duquel la bafe L. M. eftant pofée fur C.V. & recourbé cōme C. A. cou-
urira le triangle *V.B.C*, comme il a efté monftré cy deuant.
    Pour le defuelopement felon fa largeur, foit propofé de defuelopper le panneau B C.
E.F. ie fais par la practicque precedente que Q.T. foit egal à l'arc *H·I·* & ayant mis l'arc
C.E. en ligne droicte cōme Q.I. ie metz auffy G.K. en ligne droitte faifant R·S. tellemét
que Q.R·S T. eft le panneau de B.C.E.F. eftendu fur l'ouale ou figure folide reprefentant l'œuf. Ie n'ay faict icy les operations que fur vng quart, dautant que le refte fe deue-
loppe de mefme, cōme il eft facile a iuger, foit que le folide foit renflée a vng bout plus
qu'a l'autre ou egal, car la raifon en eft toufiours de mefme.

PRO-

PROBLEME IX.

Defcrire vne ouale fur quelles longueur & largeur qu'on voudra.

LES practiciens defcriuent cõmunement la figure ouale cõme fenfuit. Soit faict le Rhombe A.B.C.D. & chacun cofté d'iceluy produict tant qu'on voudra, puis foit prins le poinct C. pour centre & de quel interualle on voudra foit mené vng arc ou portion de cercle G.H. & de la mefme ouuerture du compas foit de *A.* defcrit l'arc *E.F.* egal au precedent G.H. finalement des poincts D. & *B.* & de l'interualle D.G. foient defcrites aultres portions de cercles r'encontrant les premieres es poincts fufdictz *E.F.G.H.* & ainfy forment l'ouale, & en faifant la mefme operation le compas eftant referré ou eflargy font plufieurs ouales paralleles l'vng a l'autre comme en la figure fuyuant.

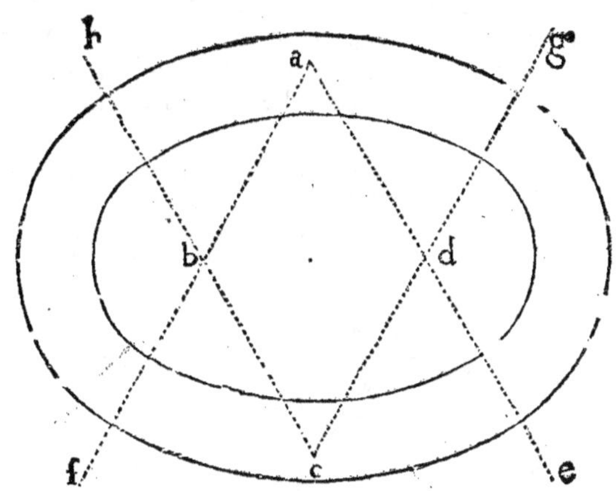

Aultrement ilz forment l'ouale auec certains cercles s'entrecouppans l'vng l'autre de forte que formans ledict oual, la circõference d'iceluy eft toufiours cõpofée de portions de cercles defcrites de certains centres ce qui repune a la nature de l'ouale, cõme il appert par les fections conicques & cylindricques ioinct que la difcription de l'ouale doit generalement s'eftendre fur quelle longueur & largeur qu'on voudra choifir de quoy les difcriptions fufdictes font fort efloignées, & pour ce l'vfage d'icelle eft nul ne fe pouuant deuement practicquer es ouurages efquelz les traict fubaffez font neceffaires fans faire paroiftre vne difformité en iceux, ou que au contraire quand le traict eft obferué felon la conduitte des fections conicques ou cylindricques, ou par regles fondées fur les raifons d'icelles, lefdicts ouurages paroiffent beaucoup plus beaux & addoucis a merueil.

Ceux qui n'ont la Theorie ny practicque defdictes fections conicques voulans bien cõduire leur traict furbaffé tant que l'on veut, vfent d'vng filet ou cordeau comme fenfuit. Ayans mené les deux diametres s'entrecoupans a angles droicts au centre, ils defcriuent vng triangle Ifofceles fur l'extremitez du petit diametre, dont les deux coftez font egaux tombans fur le grand diametre, determinent les poinctz ou endroictz ou fe doibuent ficher des poinctes pour retenir le cordeau auec lequel fe defcrit l'ouale, & les coftez de ce triangle l'vng & l'autre font egaux a la moictie du grand diametre, fi que ces deux coftez auec leur bafe enfemblement prins, font egaux a la longueur du cordeau, la practicque

 que

que de defcrire l'ouale fe veoit au premier liure de la Gnomonicque du Pere Clauius fur
la propofition 8.

Mais d'autant que fur cette practicque ie ne puis fonder ce que ie pretend rapporter
en cét endroit de l'ouale, Ie tire vne autre practicque de defcrire icelle, fondée en demonftration que i'ay tiré en confequence des 17. 18. 20. & vingt vniefme lemmes du 6.
liures des opticques d'Aquilonius, defquelz auant moy Gudus Vbaldus en a tiré la fabricque d'vng inftrument par le moyen duquel auec vng Efquarre on peut defcrire l'o-
uale de quelle longueur ou largeur on veut, Ce que neautmoins fe peut faire fans aucun
inftrument, finon vne regle bien droitte comme fenfuit.

Soient donnez les deux diametres *A.B.* & *C.D.* s'entrecoupans en deux egalement, &
a angles droiĉtz au poinĉt K. & foit vne regle bien droiĉte M.N.O. tãt longue qu'on voudra, ie marque depuis l'extremité d'icelle M. l'interualle M.O. egal au demy diametre
A.K. & M.N. egal a l'autre demy diametre C.K. ma reigle ainfy marquée, ie l'app licque
tellement fur les deux diametres que le poinĉt N. tombant fur A. K. l'autre poinĉt O.
n'abandonne iamais le diametre C. D. Ainfy eftant le poinĉt N. fur Q. & le poinĉt O. fur
R. le poinĉt M. tombera fur P. en la circonference de l'ouale ; le mefme poinĉt N. mis
fur T. & O. fur V. l'extremité de la reigle M. tombera fur S aultre poinĉt de laditte circonference , & ainfy de tous les autres poinĉts , tant qu'on eft paruenu au poinĉt
C. & tant plus on aura prins de poinĉtz tant plus exaĉtement fe conduira par
iceux poinĉt le quart de la circonference de l'ouale , duquel faudra leuer vne
cerche , pour plus facilement la paracheuer, car eftant portée du cofté *B.* auec

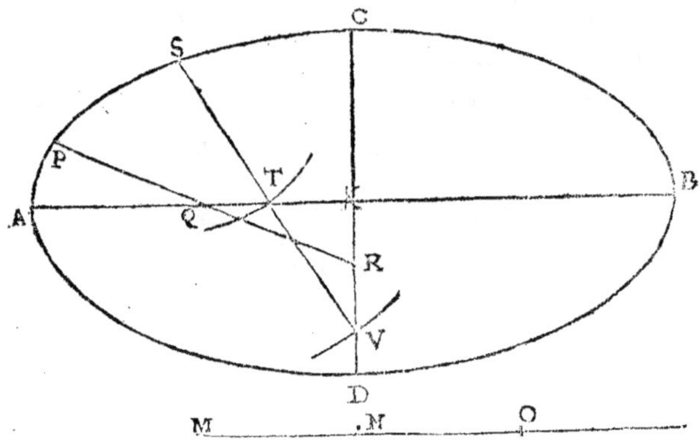

icelle on menera tout d'vng traiĉt l'arc *C. B.* puis *B.D.* & finalement *D.A.* la raifon de laquelle operation eft prinfe de la 21. propofition des elemens ou feĉtions conicques d'*A*-
pollonius Pergæus, fur laquelle Eutocius Afcalonita dit que l'ouale fe peut defcrire auec
vne regle, mais il n'en donne pas la practicque. Et d'autant que pour en faire la demonftration feroit neceffaire de demonftrer plufieurs lemmes defquelz la cõclufion eft au 21.
du fixiefme liures des Opticques dudiĉt Aquilonius, ie l'expiqueray icy renuoyant le le-
ĉteur aux fufdiĉts lammes pour preuue d'iceluy ou il eft diĉt que *Si les deux diàmetres d'vne*
Ouale s'antrecouppent en deux egallement & a angles droiĉts, & que d'vn poirĉt prins au petit dia-
metre comme R. foit menée vne ligne droitte P. R. de laquelle foit recouppée par le grand diametre
vne partie cõme P. Q. egale a la moitié du petit diametre fçauoir C. K. l'extremité de laditte ligne P. R.
fçauoir P. tombera fur la circonference de l'Ouale. D'où fenfuit que *M. N.* eftant egale a *C. K.*
moitié du petit diametre, toutes & quantesfois que N. fera fur A. K. & O fur K. D. que
l'extremité M. tombera en la circonference de l'Ouale A. B. C. D.

Par cefte practique eftant donné l'vng des diametres auec vng poinĉt par lequel deburoit paffer la circonference de l'Ouale, fe trouuera l'autre diametre ; Comme eftant
donné le diametre A. B. & quelque poinĉt de la circonference comme S. on demande la
longueur du petit diametre C. D. Apres auoir meiné vne perpendiculaire quelconque à
A. B.

A.B. comme C.D. paffant par le milieu K. ie prens l'interualle A.K. & auec icelluy ie defcris vne portion de cercle paffant par V. puis ie meine la ligne droitte S.V. laquelle eft recouppée par A.K. au poinct T. dont fenfuit que (par la practicque cy deuant) S.T. eft la moitie du demy diametre C.D. comme pareillement icelle S.V. moictie du grand diametre A.B.

Mais fi on me donne le petit diametre C.D. auec vng point de la circonference de l'ouale comme S. ie deuife C.D. en deux parties egales, & par fon milieu K. ie mene la perpendiculaires quelconque A.B. pour laquelle determiner ie prens l'interualle C.K, auec lequel du poinct dónée S. ie defcris vng arc coupât A.B. au poinct T. par lequel ie meine la ligne S.T.V. tant qu'elle r'encontre C.D. en V. dont ie retranche K.A. egale à S.V. & ainfi A.K. eft la moitie du grand diametre *A.B.* par la raifon fufditte.

PROBLEME, X,

Entre deux lignes droittes données deux moyennes proporſionelles
aſſez preciſes.

Açoit que plufieurs ayant trauaillé a rechercher la refolution Geometricque de ce probleme or neautmoings perfonne iufques a prefent n'en eft venu au bout, comme fe voyant les manieres de *Platon*, Eratoftehenes, Pappe Alexandrin, Sporus, Menechmus, Archite Tarentin, Heron, Apollonius, Pergæus, Philon, Bifantin, Philopone, Diocles & Nicomede, entre toutes lefquelles manieres ie rapporteray icy celle de Heron comme plus commode & plus facile, qu'eft telle.

Soient données les deux lignes droittes *A.B.* & *B.*C. entre lefquelles il faille trouuer deux moyennes proportionnelles, ie defcris vng rectangle comprins foubz A B, & B.C. comme eft A B.C.D. auec les deux diagonales, le diuifant en deux en alement au poinct E. puis ayãt produict les deux coftez C.D. & D.A. tãt que foit affez, ie metz la reigle fur *B.* & la tournoye tant qu'elle couppe D.A. en *F.* & D.C. en G. en telle forte que l'interualle ou diftance E.F. foit egale à E.C. ce que ie fais prefentant plufieurs fois mon compas tournoyant fur *E.* a la maniere d'Apollonius, fi que la ligne G.F. touche le poinct *B.* & les lignes E.*F.* E.G. foñt egales entre foy. Lors ie conclud que A.*F.* & C G. font deux moyennes proportionnelles entre *A.B.* & B.C. ceft a dire que comme A.B. eft A.*F.* ainfi eft A.*F.* à C.G. & C.G. à C.*B.*

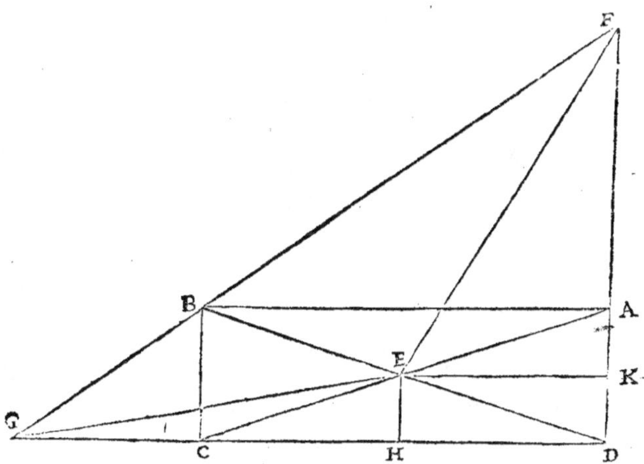

Car eftant diuifées en deux parties egales A.D. & C.D. les lignes E.H. & E.K. feront perpendiculaires à A.D. & C.D. Et dautant que le rectangle foubz D.F. & A.*F.* auec le

quar-

quarré de A.*k*. par la 6. du fecond d'Euclides eft egal au quarré de *k*.F. adiouftât le quarré commun de E.K. le rectangle fouz D.*F*.A,*F*. auec les quarrez de A.*k*.E.*k*. ceft à dire le
quarré E.A, (par la 47. du premier d'Euclides) eft egal aux quarrez de *k*.*F*.E.*F*. ceft à
dire au quarré E.*F*. ou au quarré E.G. egal a icelluy. Et par mefme raifon fera monftré que le rectangle fouz D.G. G.C. auec le quarré de C.E. cêt a dire de E.A. eft egal au
mefme quarré de E.G.

Donc le rectangle comprins fouz *D*.F. A.F. auec le quarré de E.A. fera egal au rectangle fouz D.G. G.C. auec le quarré de E.A. & eftant ofté le quarré commun *E*. A. reftera
le rectangle fouz *D*.G.G.C. egal au rectangle fouz D.*F*. & A.*F*. Pourquoy par la 16. propofitions du 6. liure d'Euclides D G. à A. F. fera comme A.*F*. à C.G. mais comme D.G.
eft à D. *F*. ainfi eft A.B. à A.*F*. par la 4. dudict liure Comme donc A.B. eft à *A*.F. ainfi eft
A.*F*. à C.G. c'eft a dire que A.B. *A*.F. C.G. feront continuellement proportionnelles.
Et de plus comme D. G. eft D.F. ainfi G.C. à C.B. pourquoy C.G. fera à C.B. comme A.
B. à A.*F*. & confequément comme *A*.F. à C G. donc les quattre lignes droictes A.B.A.*F*.
C.G. C.B. font continuellement proportionelles.

DE L'EPIPOLIMETRIE,

LIVRE SECOND.

DE LA METASCHEMATICQVE OV TRANS-
mutation des figures.

VCLIDES en la quattorziefme definition du premier de fes elemens, dit que la figure eft ce qui eft comprins fouz vng ou plufieurs
termes, Celle qui eft comprins fouz vng terme s'entend non feulement le cercle mais toute aultre clofe d'vne ligne non droicte pourueu qu'elle ne face aucun angle, car l'angle naiffant des lignes mifes en telle fituation qu'eftant produictes elles s'entrecouppent, fi la
ligne non droitte bornant vne figure, faict quelque angle, elle ne
fera plus vne, mais plufieurs lignes ou termes. Et dautant que deux
lignes droictes ne comprennent fuperficie quelconque, La premiere des rectilignes fera
le triangle rectiligne par la transfiguration ou tranfmutation de laquelle, ie commenceray cefte partie fur la fin de laquelle fera traicté de la reduction des aultres non rectiligne.

PROBLEME, I.

Sur le cofté d'vng triangle rectiligne donné defcrire vn parallelogrammes rectangle
egal a icelluy triangle.

SOit premierement donné le triágle equilateral A.B.C. fur le cofté duquel B.C. il faille defcrire vng parallelogramme A.B.C.D. egal a icelluy triangle *A.B.*C. ie deuife les
deux coftez A.B. A.C. en deux parties egalles és poincts F. & *H.* par lefquelz ie meine la
ligne droitte D.E. quelconque, & du poinct A. ie fais tomber la perpendiculaire A.G.
le tout par le premier probleme precedent, puis ie recouppe H.E. egale à G.H. item
D.F. egale à F.G. & apres auoir mené les lignes D.*B.* E.C. eft formé le parallelogramme
rectangle *B.*C.D.E. egal au triangle equilateral donné A.B.C.

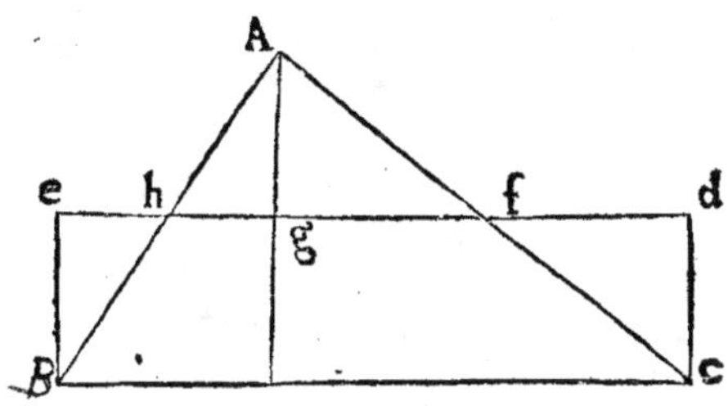

Car les poinctz F. & H. estans egalement esleuez par dessuz la ligne B C. la ligne qui
les ioinct, sçauoir F.H. sera parallele à B C. & consequemment la toute D E. *Puis* estant
D F. prinse egale à F G. item B F. egale à F A. & l'angle *B F D.* egale a l'angle A F G. par
la 15. proposition du premier d'Euclides, le costé *D B.* sera egal au costé A G. & l'angle *B D F.* droit (dautant que par la construction l'angle F G A. est droict) & consequé-
ment tout le triangle B D F. egal à A G F. par la 4. proposition dudict premier des elemens d'Euclides, & par mesme raison sera prouué que le triangle C E H. est egal au triangle A G H. Pourquoy le parallelogramme B C D E. sera egal au triangle equilateral
donnée A B C. ce qu'il faulloit faire.

Cette practicque est vniuerselle pour tous triangles rectilignes, car soit secondement
proposée le triangle Scalene *A B C.* sur la base duquel C B. il faille descrire vng parallelogramme rectangle B C D E. apres auoir diuisé C A. A B. en deux egalement és poincts
H F. ie mene la ligne E D. parallele à C D. & fais F D. egale à F G. & E H. egale à H G.
& forme le rectangle *B C D E.* comme cy deuant, la fabricque & demonstration estant de
mesme que la precedente comme se veoit par la figure suyuante.

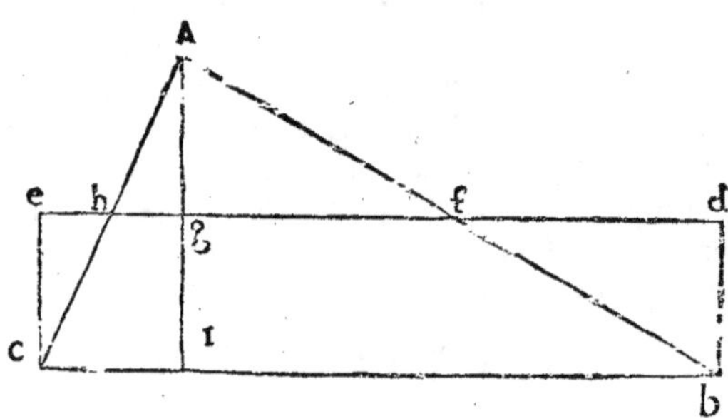

Tiercement se remarquera la mesme practicque auoir lieu, si on descrit vng parallelogramme rectangle sur la moictie d'vng costé triangle rectiligne quelconque, en luy donnant la hauteur de la perpandiculaire tombante de l'angle opposé audict costé, soit qu'i-
celle perpendiculaire tombe au dedans du triangle , ou soit qu'elle tombe dehors, cóme
se veoit en la figure suyuante ou le parallelogramme duquel la diagonale est A H C. *ice-*

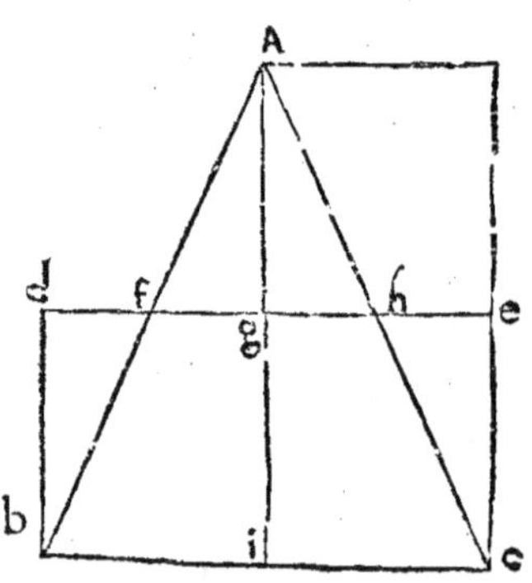

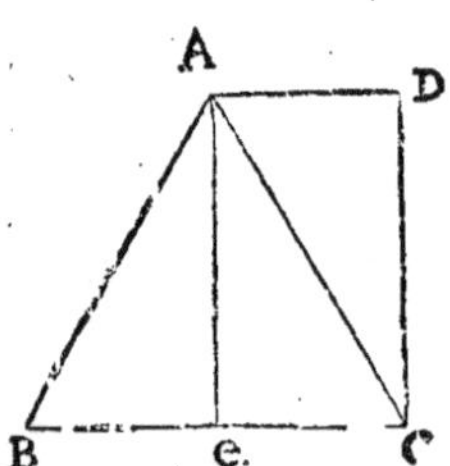

luy est egal au triangle A *B* C. Isosceles comme semblablement le parallelogramme A E
C D. est egal au triangle equilateral A B C.

Et par

Et par raison contraire estant donnée vng parallelogramme quelconque, se pourra
resoudre ou transfigurer en parallelograme. Comme estant donnée le parallelograme
B C D E. si on veut le resoudre en triangle Isosceles il faudra diuiser la base B C. en deux
parties egales, & du poinct du milieu *I*. esleuer vne perpendiculaire double a la largeur
B D. comme I A. puis faut meiner les lignes A B. A C. & ainsy sera formé le triangle
Isosceles demandé.

Que si sur la base BC. en la figure precedente on prend vng poinct hors du milieu de
B C. comme en I. sur lequel on esleue la perpendiculaire I A. se fera de mesme le triangle Scalene A B C. egale au Parallelogramme rectangle B C D E.

Dauantage non seulement sera le rectangle reduict en triangle quelconque, mais tout
parallelograme. Car ayant prins deux fois la hauteur d'icelluy, & mené vne paralle passant par icelle hauteur, il faudra produire le costé du parallelograme iusques a tant qu'il
rencontre ladicte parallele, & vers ce poinct de rencontrement estans menées des lignes
droictes des extremitez de la longueur du parallelogramme sera formé le triangle desiré.

Mais s'il falloit d'vng parallelogramme faire vng triangle equilateral il faudroit que la
largeur du parallelogramme, ait auec sa longueur la raison de la perpendiculaire de l'e-
quilateral a la moitie de son costé, au defaut de laquelle raison se fera vng triangle equilateral egal à vng parallelogramme ou aultre rectiligne quelconque, comme sera amplement deduict cy apres.

<h2 style="text-align:center">PROBLEME. II.</h2>

Faire vng triangle egal a vne superficie rectiligne quelconque.

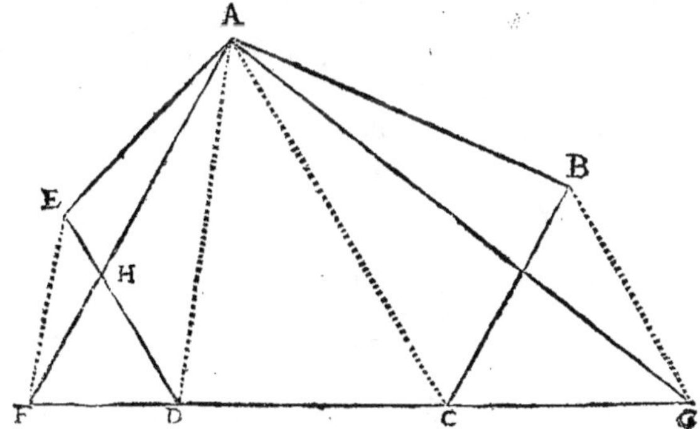

OIT le rectiligne ou superficie quelconque bornée de lignes droictes
A B C D E. a laquelle il faille faire vng triangle egal, ie choisy quel costé
bon me semble, comme C D. que ie produis tant que soit assez de part &
d'autre. Puis d'vng angle du costé choisy, *C D*. comme de D. ie meine vne
ligne occulte vers tel angle que bon me semble comme de D. vers A. que
ie veux estre la cyme de ma figure, & du poinct E. meine *E F*. parallele à
A D. tant quelle r'encontre le costé C. D. produict en F. vers lequel signe, ie meine de *A*.
vne ligne droicte *A F*. laquelle forme le triangle A D F. egal au triangle *D E A* & ainsy au
lieu des deux costez A E. *E D*. de la figure n'est faict qu'vng costé A *F*. & neautmoins A *F*
C B. est egal à A B C D E. d'autant que l'espace D *F* H. est egal à A E H. car par la

construction les lignes occultes A D. & E *F*. sont paralleles, entre lesquelles sont faicts
les triangles D E *F*. & A E F. & sur la mesme base E *F*. c'est pourquoy ilz sont egaux entre
soy, par la 37. proposition du premier d'Euclides, & ostant le triangle *E F H*. commun à
iceux triangles, resteront D *F* H. & *A E H*. egaux entre soy, la ligne donc A *F*. rend autant vers *D F*. qu'elle a osté vers A E. c'est pourquoy le quadrilatere *A F B C*. est egal à
A B C D E.

Ainsy pour en faire vng triangle, ie meine la ligne occulte A C. & par *B*. la ligne *B G*.
parallele a A C. laquelle rencontre le costé C D. produict au poinct G. vers lequel des A.

ie meine la ligne droitte A.G. laquelle ferme le triangle A.F.G. egal au rectiligne donné
A.*B*.C.D.E. car A.G. faict semblable effect vers B.C. comme A.*F*. vers D.E. comme il
appert par la demöstration cy dessus, par laquelle sont prouuées les practicque suyuätes.

Soit pour second exemple proposé de transfigurer la superficie ABCDEF. en triangle.
ie produis le costé DE. de part & d'autre, puis ie meine la ligne occulte AE. & I G. paralle a icelle & la ligne AG. oste vng costé & vng angle, Puis prenant AGDC*B*. comme
vne figure à cinq costez ie meine la ligne occulte *B*G. & AH. parallele a icelle, dont par
mesme raison estant menée la ligne *B*H. elle oste les costez AB. & AG. auec l'angle A.
& faict qu'il n'y a plus que quattre costez en la figure BHDC. laquelle neautmoins est
egale a la superficie donnée ABCDEF. finalement ie mene les lignes occultes & paralleles *B*D. CI. & de B. vers le poinct I. estant meneé BI. est formé le triangle BH*I*. egal a
la superficie propoſée A*B*CD*E*F.

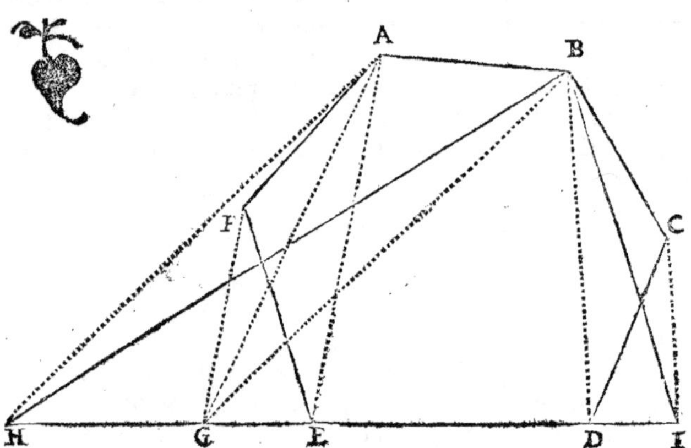

Mais quand quelques costez de la superficie r'entrent dans icelle, il semble y auoir
quelque difficulté, neautmoins il y faut obseruer la mesme practicque, & bien aduiser
aux paralleles occultes car d'elles depend toute l'operation, i'ay encor mis la figure suiuante par la transfiguration de laquelle on pourra entédre la reduction de toutes les aultres; Soit donc le rectiligne ABC*D*E*F*G qu'il faille reduire en triangle sur le costé *FG*.
produict. Premierement par les lignes occultes DF. EK. ie forme le costé D*K*. puis du
poinct C. ie meine C*K*. & *D*L. parallele a icelle, donc apres auoir meiné CL. la partie
C*D*E. est rapporté sur la base GF. produicte. Item ie meine la ligne occulte *B*G. & par
A. la ligne OH. parallele à BG. si qu'estant ioincte la ligne *B*H. la figure n'a plus que quattre costez faisans *B*HLC.

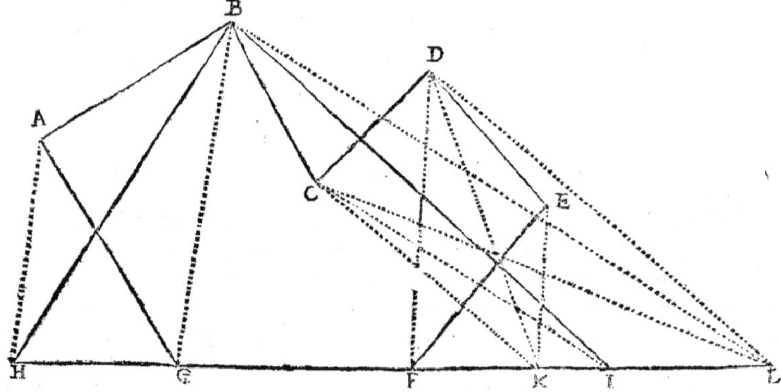

Et pource que ie veux que le poinct B. soit la cyme de mon triägle, il faut encor reduire
les

les deux coftez BC. CL. en vng ie meine donc de B. la ligne occulte BL. & du poinct C.
ie meine fa parallele CI. r'encontrant GF. produitte en I vers lequel ie meine finalemēt la
ligne BI. ferment le triangle BHI. egal a la fuperficie donnée A B C D E F G.

Aultrement fi i'euffe voulu que la cyme du triangle euft efté au poinct C. i'euffe meiné
de C. vne ligne occultes vers H. Puis du poinct B. vne paralle a icelle laquelle eut r'en-
contré GH. produicte en vng poinct vers lequel eftant meiné vne ligne de C. elle eut formé vng triangle egal au mefme BHI. Encor fe pourra facilemēt practicquer cecy par l'e-
leuation des triágles, car la partie CDEF. fe pourra reduire en vng triangle feparé, & icelluy eftant efleué de pareille hauteur que B. fur HI. fe trouuera fa bafe egale à F I. comme
il fera demonftré cy apres.

<h2 align="center">PROBLEME III.</h2>

Efleuer ou abaifer un triangle felon vne ligne donnée.

SOIT premierement propofé defleuer le triangle ABC. felon la longueur
de la ligne donnée HI. il eft euident que pour efleuer le triangle & ne rien
augmenter de fa fuperficie que la bafe fe diminuera comme au cōtraire en
l'abaiffant qu'elle faugmentera. Ie fais tomber de la cyme du triangle
propofé la perpendiculaire fur la bafe, comme AH. laquelle ie produis
tāt quelle foit egale a la hauteur de la ligne propofée HI. & par le poinct I.
ie meine GN. quelconque parallele a la bafe BC. puis ie produis vng des coftez du triangle comme BA. tant quil r'encōtre ladicte parallele au poinct E. duquel ie meine la ligne
occulte EC. & du poinct A. la ligne occulte AD. parallele a icelle EC. finalement du
poinct E. vers D. ie meine ED. formant le triangle ABD. egal a ABC. & efleué felon la
ligne donnée HI.

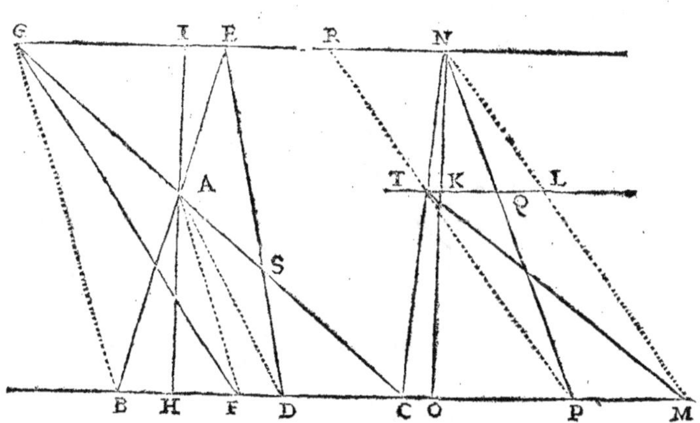

La demonftratiō de cette practicque eft femblable a celle du fecōd probleme precedēt
fondée fur 37. propofition du premier liure des elemens d'Euclides par laquelle le triangle SDC. fe prouuant egale au triangle SAE. le tout BDE fera egal au tout ABC.

Que fi on veut produire le cofté AC. vers A. tant qu'il r'encontre GN. parallele à BC.
fera par mefme raifon formé le triangle CFG. egal a ABC. en laquelle operation fera facilement trouué le poinct F. en prenant BF. egale a DC. car BDE. & CFG. eftans fur bafes
egales & entre mefmes paralleles fōt egaux entre foy, par la 37. dudict premier d'Euclides.

Soit fecondement propofé d'abaiffer le triangle NCP. felon la ligne OK. apres auoir
meiné la perpendiculaire NO. & en recouppé OK. ie meine la ligne KL. parallele a CP.
laquelle r'encontre le cofté NC. au poinct T. duquel vers L. ie meine la ligne occulte TP.
que ie produis tant que bon me femble puis du poinct N. ie meine N M. parallele a T P.

tant qu'elle r'encontre la base C P. produitte au poinct M. vers lequel depuis T. ie meine la ligne TM. formant le tiangle TCM. egal à NCP. & ce par la raison susdicte.

PROBLEME, IIII.

Faire vng Parallelogramme soubs quel angle & quelle longueur ou largeur on voudra.

 E Probleme comprend la quarante quattre & quarante cinquiesme propositions du premier des elemens d'Euclides, lesquelles se peuuent resoudre par le precedent auec plus de facilité que ne font ordinairement les Commentateurs d'Euclides comme senfuit. Soit proposé de faire vn pararellelográme egal au rectiligne donnée A B C D. ayant deux angles opposez egaux a l'angle donnée N. & sur la largeur de la ligne O. Premierement par le 3. precedent probleme ie reduis tous les triangles A B C D. en hauteur egale à la ligne donnée O. & apres auoir meine la ligne droitte quelconque G M. i'esleue sur icelle la perpendiculaire G H. quelconque de laquelle ie recouppo F G. egale à O. & le poinct F. est la cyme de tous mes triangles, car toutes les bases de mes triangles esleuez comme G F. & mises l'vne apres l'autre sur G M. font P Q. dont estant menées F P. F Q. le triangle F P Q. est faict egal aux triangles A B C D. comprins au rectiligne proposée. Car si on imagine vne parallele à P M. passant par F. les triangles susdicts

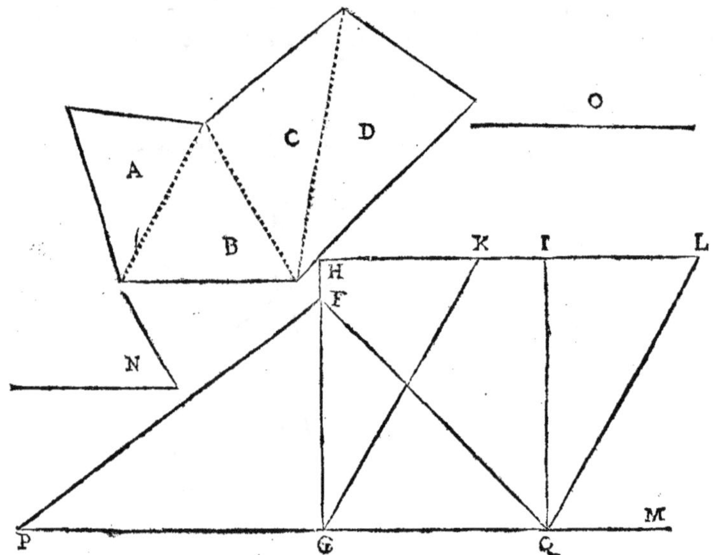

ayans leurs bases sur P Q. seront entre mesmes paralleles & consequemment de mesme hauteur, pourquoy ilz auront la raison de leurs bases par la premiere proposition du sixiesme liure des elemens d'Euclides, &c.

Aultrement par le second Probleme de ce liure, Ie fais vng triangle egal au rectiligne A B C D. & par le probleme precedent ie l'esleue ou abaisse selon la ligne donnée O. & se trouue egal au mesme triangle F P Q. Ie poursuis donc la resolution du probleme, & d'autant que ma largeur est limité par O. ie prens G Q. egal a O. sur laquelle i'esleue les perpendiculaires Q I. G H. egales a la moictie de la base P Q. & apres auoir mené la ligne droitte H L. passant par I. se forme le rectangle G Q H I. egal au triangle F P Q.

par la

par la raifon de la 41. propofition du premier d'Euclides. Finalement ie fais l'angle *KGK.*
egal a l'angle donné N. & apres auoir meiné les lignes paralleles G κ. Q L. eft faict le parallelogramme *QGKL.* ayant le cofté G *Q.* egal à O. & l'angle G. egal à N. comprenãt
autant de fuperficie que le rectiligne propofée A B C D.

Le lecteur iugera de cõmbien cefte practicque eft plus abbregeante que la commune,
car pour aultrement reduire vng rectiligne en parellelogramme ainfi conditionné, il faudroit premierement reduire le rectiligne en triangle, & chacun triangle en parallelogrammes lefquelz il faudroit encor reduire fur vne certaine longueur, & finalemét faire
l'angle defiré, ce qu'attire beaucoup d'operations.

Dauantage de cefte practicque feront facilitées les operations des 18. 25. & 29. propofitions du fixiefme liure d'Euclides comme fera demonftré en fon lieu.

PROBLEME. V.

Eftans donnez plufieurs rectilignes faire plufieurs parallelogrammes fur vne largeur
donné egaux a iceux chacun au fien.

OIENT donnez les rectilignes A B C D E. & K L M N. & vne ligne donnée
F. pour certaine largeur. Il faut faire deux parallelogrammes egaux a ces deux
rectilignes & de mefme largeur qu'eft determinée par la ligne F. Ie reduis les
rectilignes propofez en triangles par le fecond probleme precedent, le premier
defquelz faict A F G. & le fecond K M O. & d'autant qu'il faut les reduire en parallelogrammes fur la largeur de F. ie reduis iceux triangles à vne hauteur double de F. menant
par H *Q.* vne parallele aux bafes F G. & M O. & diftante d'icelles de deux fois la longeur de F. Puis par le probleme troifiefme precedent, ie fais les triangles F *H I.* egal à
A F G. & P *Q* M. egal à K M O. de la mefme hauteur fufdicte ; Et apres auoir meiné la
ligne droicte quelconque T V. i'efleue fur vng poinct d'icelles la perpendiculaire S R.

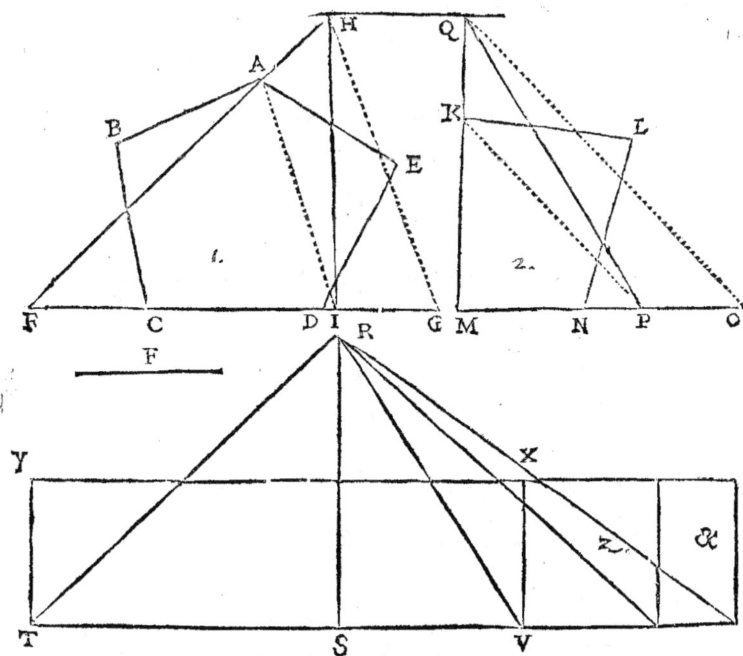

laquelle ie fais double de F. ou egale a la hauteur fufdicte H I. & prens S T. egale a la
bafe

baſe F I. item S V. egale a l'autre baſe M P. & forme le triangle R T V. egal aux rectilignes donnez, car par la premiere propoſition du ſixieſme d'Euclides le triangle R S T.
eſtant de meſme hauteur que F H I. comme auſſy par la conſtruction la baſe T S. egale
a la baſe F I. il ſera egal audict triangle F H I. le meſme ſe monſtrera de R S V. egal à
Q M P.

Finalement par le premier Probleme de ce liure eſtant reduict le triangle R T V. en
parallelogramme il ſera de la haulteur propoſée F. ſur la baſe T V. Et ſi on côçoit R S V.
comme vng triangle particulier le parallelogramme S X. ſera egal a icelluy comme pareillement S Y. ſera egal à R S T. & par conſequent chacun parallelogramme egal a ſon
rectiligne. La meſme practicque s'eſtendra ſur tant de rectilignes qu'on voudra prendre,
car eſtans reduis en meſme hauteur triangulaire & leurs baſes prinſes ſur la ligne T V.
leurs cymes ſeront toutes au poinct R. comme ſont Z. et &.

PROBLEME, VI.

Transfigurer les rectilignes quadrilateres en aultres quadrilateres ſur telle
longueur ou largeur qu'on voudra.

PRemierement ſoit propoſé de reduire vng Parallelogramme en quarré, duquel parallelogramme ſoit côgnuë la ſuperficie, le coſté du quarré egal à icelluy ſera congnu ſans aultre figure que par l'extraction de la racine quarrée du
conteru de la ſuperficie qu'il contient, comme eſtant propoſée vne ſuperficie
en parallelogramme contenant 16. toiſes laquelle il faille reduire en quarré,
ie tire la racine quarrée de 16. ſçauoir 4. d'ou ie conclud que pour faire vng quarrée egal
a icelle ſuperficie, il doit auoir 4. toiſes de chacun coſté. La raiſon eſt que tout nombre
quel il ſoit eſt racine de quelque nombre engendré de la multiplication d'icelluy par ſoy
meſme, appellé nombre quarré par la 19. definition du 7. des elemens d'Euclides, or 4.
multiplié par ſoy produict 16. pourquoy le quarré duquel le coſté ſera de 4. toiſes, ſera
egal au parallelogramme quelconque comprenant 16. toiſes en ſuperficie.

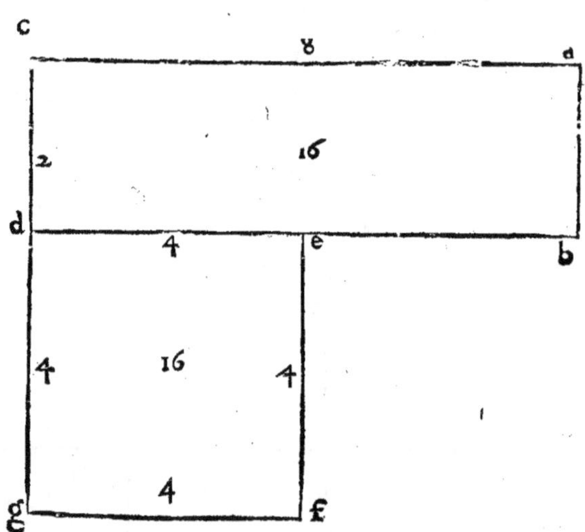

Mais ſi le contenu du parallelogramme propoſé eſt vng nombre ſans racine, qu'on
appelle aultrement irrationnel, comme 60. & prepoſant deuant icelluy le ſigne radical
comme és operations Algebraïques, le coſté de ſon quarré s'appellera racine de 60. ce
que ne ſe pouuant aultrement exprimer par nôbre, ſera iuſtement expoſé par ligne côme
ſenſuit

senſuit; Entre la longueur & la largeur du parallelogramme propoſé ie cherche vne
moyenne proportionnelle, ſur laquelle ie baſtis vng quarré parfaict, lequel eſt egal au parallelogramme propoſé, or ceſte largeur & longueur propoſées ſont indeterminées, d'autant que tout nombre lequel multiplié par vng autre quelconque fera 60. ſe pourra prē-
dre pour longueur ou l'argeur, comme ſi on met ſoixante quarreaux l'vng apres l'autre
chacun comprenant vne toiſe, ilz feront 60. toiſes, & moyenne proportionnelle d'entre
la longueur de 60. toiſes & la largeur d'vne toiſe, ſera le coſté du quarré comprenant 60.
toiſes. De meſme ſi on ſuppoſe que le parallelogramme ait 2. toiſes de largeur il en aura
30. de longueur ſi 4. il en aura 15. de longueur car 4. fois 15. ſont 60, & ainſy des aultres
nombres, ce que ſe doit remarquer pour expoſer en lignes les racines des nombres irrationnaux comme pour expoſer la racine de 80. Ie deuiſe 80. par quelque nombre que
bon me ſemble comme par 16. & le quotient eſt 5. dont ie conclud que le parallelogrāme
ayant 16. toiſes en longueur & 5. en largeur contiendra 80. toiſes (ce que ſe doit entendre lors qu'il y a vne meſure expoſée de meſme nature que ſont les parties de 80.) donc
la moyenne proportionnelle d'entre vne telle ligne de 16, & vne de 5. ſera racine quarré de 80. ſur laquelle eſtant deſcrit vng quarré il contiendra 80. ſçauoir autant que les
parallelogramme poſé de 16. en longueur & 5. en largeur.

En la figure ſuiuante ie ſuppoſe que le parallelogramme A B C D. contient 6. toiſes
en largeur & 10. en longueur, ie prens B. e. egale à *B D*. ſi que la toute A B E. contient la
longueur & largeur du parallelogramme donné & par le 6. probleme du premier liure
precedent ie trouue B G. moyenne proportionnelle entre A B. & B E. ſur laquelle eſtant
deſcrit le quarré B G H I. il eſt egal au rectangle ou parallelogramme A *B C D* par la cō-
uerſe de la premiere partie de la 17. propoſition du ſixieſme liute des elemens d'Euclides.

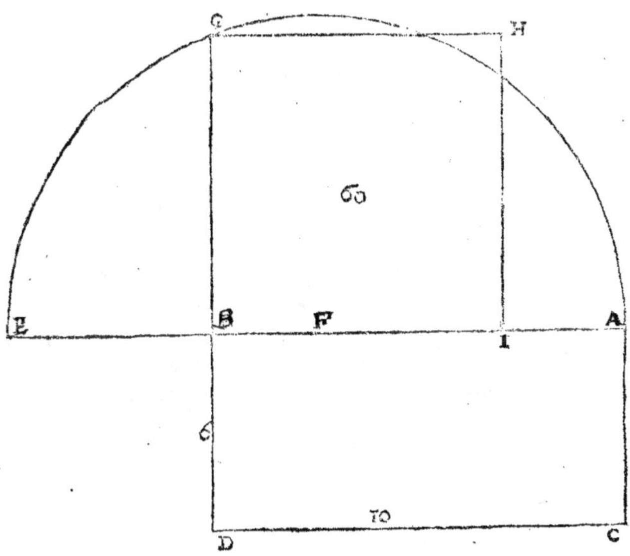

Secondement ſoit propoſé de reduire vng quarré en parallelogramme de quelle longueur on voudra, ſi la ſuperficie eſt cougnuë ie la diuiſe par quel nombre que ie veux pour
longeur ou largeur, comme diuiſant 60 par 6. le quotient 10. ſera la longeur, & 6. la largeur, ſuppoſé que les meſures ou parties de 60. ſoient de nature ſemblable a vne expoſé,
car eſtant propoſé yng quarré de 60. toiſes ſi ie veux

E   faire

faire vng parallelogramme egal a icelluy il faut que la toife me foit congnuë, autrement
en racine de 60. ie ne puis prendre aucune toife comparée a fon tout qu'eft 7. toifes $\frac{11}{13}$
ou 7 toifes $\frac{11}{13}$ defquelz nombres l'vn eft plus grand que le iufte & l'autre eft moins. Ce
que toutesfois fe feroit precifement en nombres rationnaux, comme fil contenoit 64.
le cofté B G. feroit 8. pourquoy BG. diuifé en 8. expoferoit les mefures des coftez du
rectangle qu'on defireroit faire.

Et quand il eft propofé de reduire vng quarré en parallelogramme, ou r'allongir felon
quelque ligne ou raifon donnée, cela fe faict par la raifon de la 44. propofition du premier d'Euclides comme fenfuit. Eftant donné le quarré A B C D. duquel il faille faire
vne parallelogramme de la longueur de B I. ayant produict A B. iufques à I. & les autres
coftez A C. vers E B D. vers F. & C D. tant que foit affez vers H. ie meine I D E. paffant par le poinct D. & rencontrant A C. produict en E. ie dis que B I. eftant prinfe pour
longueur, la largeur fera C E. Pourquoy le rectangle D F G H. faict fur la longueur B I.
& largeur fufdicte D F. cet a dire C E. fera egal au quarré propofé A B C D. Car au parallelogramme A I E G. fe trouuent A B C D. & D F G H. a l'entour du diametrie I E.
pourquoy font egaux entre foy par la 43. propofition dudict premier d'Euclides la mefme
practique s'obferue au r'allongiffement des Parallelogrammes.

16

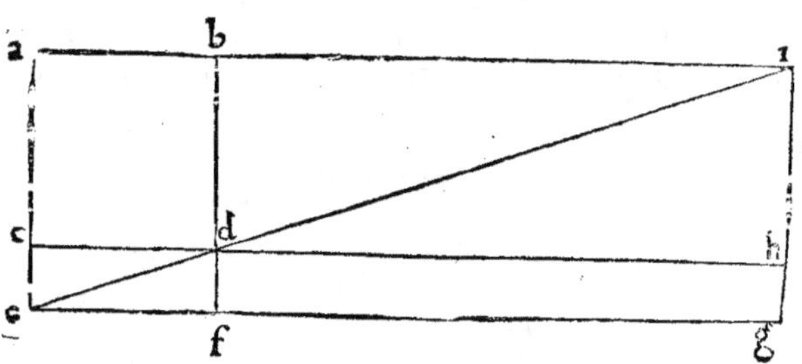

Tiercement foient propofez les Rhombes equilateraux A B C D. ilz fe reduiront en
parallelogrammes felon leur longueur comme la premiere figure fuiuante, ou felon leur
largeur comme la feconde, la practicque en eft facile, car ayant meiné les diagonales
dedans iceux & ioinct des paralleles a icelles touchant leurs extremitéz fera faict ce qu'ő
propofe, la demonftration eftant de foy notoire feroit fuperflu de la rapporter.

Les Rhom-

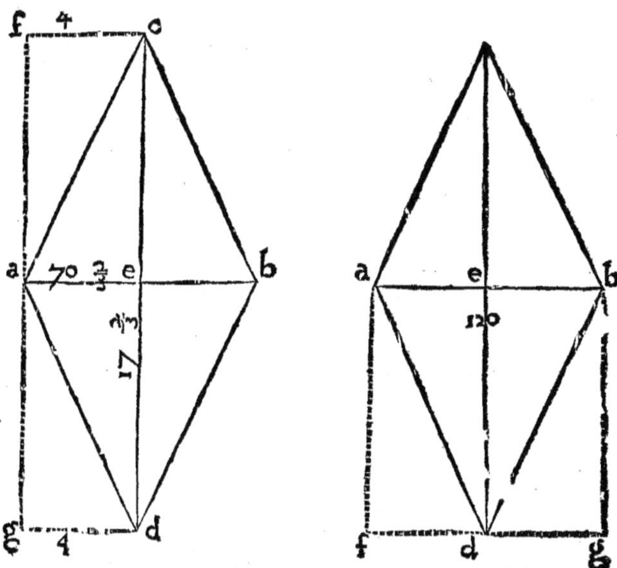

Les Rhomboides auſſi ſe reduiront en quelle longueur on voudra a la maniere du quarré & autres rectangles & ſeront conſeruez leurs angles oppoſez egaux. Mais quant aux
Trapezes ou Trapezoïdes n'eſtans leurs angles & coſtez reglez, ilz pourront bien eſtre
r'allongis en changeant leurs angles & coſtez en quoy faudra vſer des regles de l'homa-
lodeſie, de laquelle ſera traicté cy apres.

PROBLEME. VII.

Reduire vne ſuperficie quelconque en grand ou petit volume ſelon
vne longueur donnée.

SOIT premierement propoſée la figure A B C D E. laquelle il faille reduire en
grand volume tel que le coſté A B. ſoit egal a la longueur donnée κ, & les aultres coſtez ſoient r'allongis en meſme proportion, Ie prepare vng triangle par
le moyen duquel i'augmente ou diminuë les coſtez d'vne ſuperficie propoſée,
en ſorte qu'augmentez ou diminuez ilz gardent la meſme proportion entre leurs angles
& coſtez qu'ilz auoient au parauant. Eſtant donc donnée la longueur κ. a laquelle il faut
faire egal le coſté A *B*. de la figure A B C D E. ie mene vne ligne droitte quelcõque V X.
de laquelle ie recouppe V X. egale à κ. & prens l'eſtenduë du coſté A B. auec laquelle
du poinct X. ie deſcris vng arc par Y. ou autrement a l'entour de V X. ie deſcris vng cercle dans lequel i'applicque X Y. egale à *A B*. & mene la ligne V Y. laquelle faict vng angle droict touchant l'arc ſuſdict au poinct Y. & ainſy eſt preparé le triangle duquel l'vſage
ſera declairé en la fabricque de ce probleme.

E 3　　Ayant

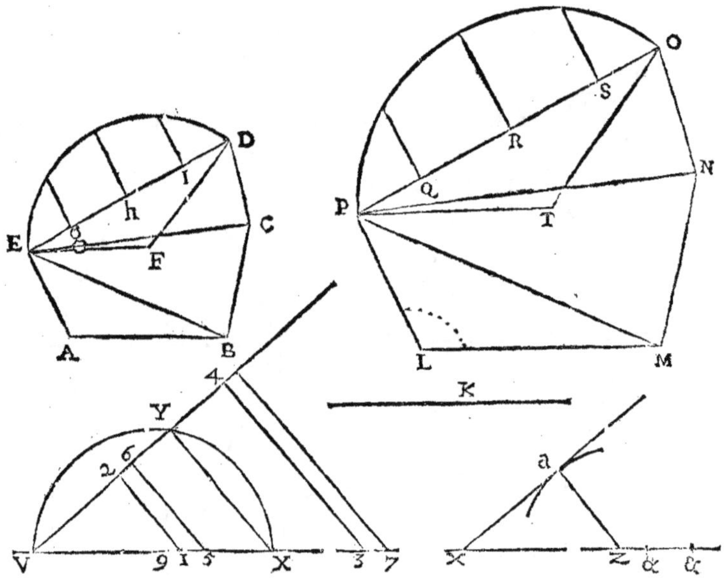

Ayant donc ainſy preparé mon triangle ie reduis la figure propoſée en triangles par
certaines lignes, & ce ſeulement pour pouuoir mieux faire tous les triangles qu'elle côtient, l'vng apres l'autre, car qui ſçaura reduire vng triangle par cette maniere pourra
reduire tout autre rectiligne quelconque, ie prens L M. egale a la longueur donnée K.
puis ie prens auec mon compas la longueur de A E. & porte icelle longueur ſur V X. tant
que tournoyant le compas ſur le poinct 1. il frotte la ligne V Y. lequel poinct I. ſe peut
trouuer Geometricquement par le cinquieſme probleme du liure precedent comme au
triangle x. z. a. car x. z. eſtant egale à X Y. & a. z. egale à A B. & de cét interualle z.
a. ou A E. deſcrit l'arc par a. la ligne x. a. l'attouchant ſoit prinſe x. & egale à V Y. le
compas tournoyant ſur &. lors qu'il touchera la ligne x. a. l'interualle d'icelluy ſera
egal à V 2. pourquoy eſtant menée la ligne 2. 1. parallele à Y X. elle donnera 1. V. la lô-
gueur de A E. r'allongy à proportion du coſté L M. comme il appert par la demonſtration d'icelluy probleme, mais l'operation Geometricque eſtant longue, la voye ſuſdicte
ſera plus prompte pour la practicque.

Auec l'interualle 1. V. ie deſcris vne portion de cercle du poinct L. Puis reprenant la
longueur de B E. ie la porte ſur V X. tant qu'auec icelle ie trouue le poinct 3. ſur lequel
tournoyant mon compas, l'autre poincte frotte contre la ligne V Y. au poinct 4. Ie prés
l'interualle 3. V. & du poinct M. ie deſcris vng arc couppant le premier au poinct P. vers
lequel eſtant mené la ligne occulte M P. elle forme le triangle L M P. r'allongy duquel
les coſtez ont meſme proportion entre eux comme ceux du triangle A B E. Car au triangle Y V X. les lignes X Y. & 2. 1. ſont paralleles entre ſoy, pourquoy par la ſeconde propoſition du 6. liure de elemens d'Euclides comme Y X. c'eſt a dire A B. eſt a X V. c'eſt a
dire à L M. ainſy eſt 2. 1. c'eſt a dire A E. à 1. V, c'eſt a dire L P. donc comme A B. eſt a
L M. ainſy eſt B E. à L P. & en permutant comme A B. eſt à A E. ainſy eſt L M. à L P. &
par meſme raiſon comme A B. a B E. ainſy L M. à M P. Pourquoy les triangles A B E. &
L M P. ſont proportionnaux.

Ainſy ſont r'allongis tous les coſtez des autres triangles & leur quantité marquée ſur
la ligne V X. auec nombres comme ſe trouuera en prenant iceux auec le compas. Mais
quand la ſuperficie propoſée ſera bornée de coſtez non droicts, on pourra prendre au dedans d'icelle des rectilignes auec lignes occultes puis cercher les extremitez auec des
perpen-

perpendiculaires, cõme fe voit en cette figure, en laquelle le coſté E D. eſt renflée d'vng arc, pourquoy ie prens pluſieurs poinſts ſur la chorde E D. comme ſont G H I. ſur leſquelz ie mene des perpédiculaires terminées au bord du r'enflement, & retrouue tous ces poinſts ſur O P. r'allongy, & conſequemment par le meſme triangle Y V X. ie r'allongis leſdiſtes perpendiculaires ſur Q R S. & ſur l'extremité d'icelles, ie conduis l'arc O P. le plus exaſtement que faire ſe peut, comme il a eſté diſt au probleme 7. du premier liure precedent; Et ſi l'arc ſuſdiſt eſt partie de cercle, ayant trouué le centre F. il faudra trouuer celluy de T. en r'allongiſſant les coſtez du triangle D E F. à meſme proportion que les autres, car l'arc deſcrit de T. aura meſme raiſon a ſa ſuperficie ou coſtez d'icelle r'allongis, comme celluy deſcrit ſur F. aux coſtez A B C D E. &c.

Par l'operation contraire, ſe r'accourcira vne figure, ſur quelle longueur on voudra comme ſenſuit, ſoit propoſé de r'accourcir la figure L M N O P. ſçauoir que le coſté L. M. ſoit faiſt egal à A B. & tous les autres diminuez en meſme raiſon. Ayant reduiſt la figure propoſée en triangles, ie prens V X. egale à ſon coſté L. M. & prens l'interualle A B. auec lequel ie deſcris du poinſt X. l'arc X Y. que ie fais toucher par V Y. au poinſt Y. & ainſy eſt faiſt mon triangle de r'accourciſſement Y V X. comme au parauant.

Ayant donc prins A B. pour premier coſté r'accourcy ie prens L P. auec le compas & le porte ſur V X. & trouue V. 1. egal à L P. pourquoy ſur le poinſt 1, ie reſerre mon cõpas tant que le tournoyant ſur 1. l'autre poinſte frotte la ligne V Y. vers 2. lors auec cét interualle ie deſcris du poinſt A. vng arc, puis ie prens M P. que ie porte de meſme ſur V X. duquel ie recouppe V. 3. egal a M P. & tournoyãt mon compas ſur 3. ie le reſerre tãt que la poinſte frotte contre la ligne V Y. au poinſt 4. & de l'interual 3. 4. ie deſcris ſur B. vng autre arc couppant le premier au poinſt E. & ainſy eſtant menée la ligne B E. ſera formé le triangle A B E. r'accourcy & proportionnel au triangle L M P. par la meſme raiſon que deſſus. Et pourſuiuant de meſme l'operation pour les autres triangles cõprins dedans la figure propoſée L M N O P. ie forme la figure A B C D E. r'accourcie ſelon qu'il eſtoit requis ce qu'a auſſy lieu és figures bornées de lignes non droittes. &c.

La practicque de ce probleme eſt neceſſaire non ſeulement a tous ouuriers vſans de compas, mais auſſy au Geometre principalement pour la reduction des cartes vniuerſelles ou topographicques, ceſt pourquoy i'en rapporteray icy vng exemple, auec la maniere d'en vſer eſtant actuellement employé à leuer le plã d'vng payſage ou d'autre choſe quelconque. Soit donc (comme en la figure preſente) propoſée certaine partie d'vne campagne dans laquelle ſe trouue vng lac ou eſtang, qu'il faille reduire en petit volume pour la ioindre dans vng liure ou auec autres cartes.

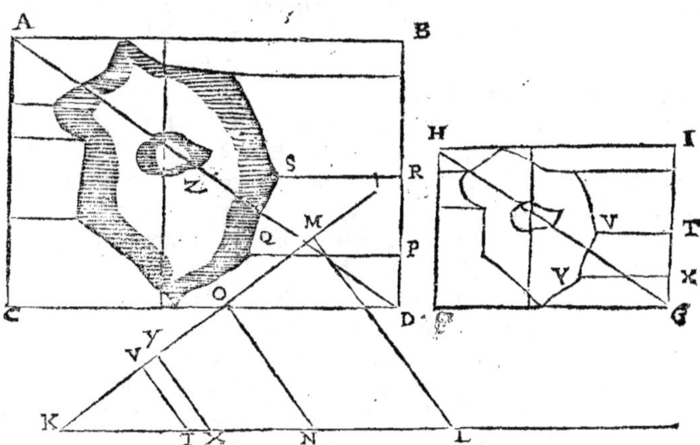

Ie ſuppoſe que la carte propoſée ſoit A B C D. ſi elle n'eſt rectangle ie la reduis en triangles ou l'enuironne d'vng rectangle pour plus commodément prendre mes meſures; voulant la r'açourcir ſelon F G. ie prés K L. egale à C D. & de l'interualle F G. ie deſcris

 vng

vng arc du poinct L. que ie fais toucher par K M. au poinct M. dont eſt formé mon triangle de r'accourciſſement *K* L M. comme cy deuant ; & par les coings du lac Z. ie mene des paralleles aux coſtez de A B C D. Eſtant donc C D. reduict a la longueur de F G.
ie prens D B. que ie porte ſur K L. recoupant K N. egale à D B. & ayant mis vne poincte
du compas ſur N. ie le reſerre tant que tournoyant ſur N. l'autre poincte touche K M. en
O. pourquoy N O. ſera le coſté G I. r'accoursy, ainſy F G H I· eſt de meſme que *ABCD*,
en ſon r'accourciſſement, ie cerche de meſme les poincts P R. que ſont X T. Puis pour
leuer le plan racoursy du lac. Z. ie porte B *Q.* ſur *K L.* qui me donne *K X.* ie reſerre mon
compas comme dit eſt tant qu'il touche *K M.* au poinct Y. & porte l'interualle *X Y.* ſur
G I. & Y. eſt le poinct *Q.* r'accoursy. De meſme K T. eſtant egale à R S. ie porte T V.
ſur G I. & trouue V. pour le poinct S. r'accoursy & ainſy de tous les autres poincts comprins dedans A B C D.

     Pour plus ample declaration de l'vſage de ce triangle K L M. ie ſuppoſe que par le 7.
Probleme du premier liure precedent i'aye leué les meſures d'vng plan ou campagne,

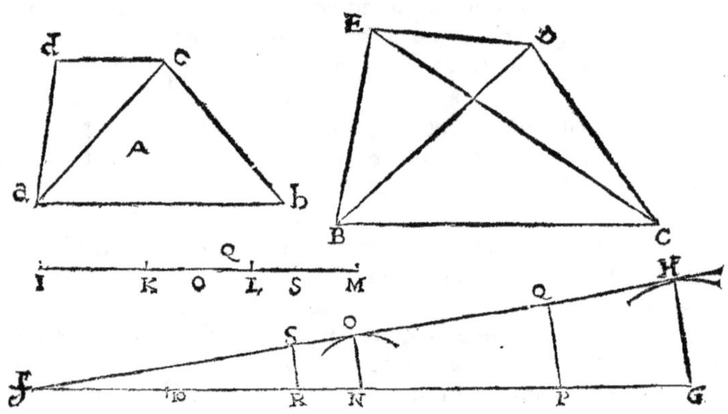

marquée ſur ma tablette comme A. de laquelle les nóbres ſont notez ſur les coſtez, cóme
le grand a. b. eſt de 150. toiſes & b. c. 100. a. c. 120. d. c. 75. & a. d. 90. Ayant faict vne
eſchelle F G. de 50. parties egales n'importe de quelle grandeur. Ie meine vne *ligne*
droitte quelconque I M. en laquelle ie recouppe I K. que ie fais valloir 50. pour *quoy* ie
porte l'interualle I K. ſur G. auec lequel ie deſcris vng arc que ie fais toucher par la *ligne*
F H. dont eſt faict mon triangle de r'acourciſſement F G H. lequel me ſert d'eſchelle
pour dreſſer mon plan, car prenant *B* C. triple de I K. ſeront 150. pour le plus grand coſté de mon plan, puis ie prens I L. double de I K. & ſont 100. auec lequel interual le deſcris vng arc du poinct C. & pource que la diagonale a. c. ſur ma tablette eſt marquée de
120. ie prens l'interual R S. (qu'eſt de 20. a cauſe que comme F G. 50. à G H. ainſi F R.
20. à R S. comme il a eſté demonſtré) & le porte apres I L. faiſant la toute I S. 120. Pourquoy auec l'interual I S. ie deſcris de *B.* vng arc couppant le premier en *D.* vers lequel
eſtant mené la ligne *B D.* eſt formé le triangle B C D. comprenant vne partie de mon plá
en ſes meſures & proportion. Ie pourſuy mon operation & dautant que ſur ma tablette
ie trouue les coſtez d. c. 75. & a. d. 90. ie prens N O. de 25. & le porte apres K. faiſant I K.
50. & K O. 25. que ſont pour la toute I O. 75. donc auec l'interualle *I* O. ie deſcris du
poinct D. vng arc, & ayant prins ſemblablement I Q. de 90. ie deſcris auec cét interual
du poinct *B.* vng arc, coupant celluy que ie viens de deſcrire des D. au poinct E. & apres
auoir ioinct les lignes D E. B E. eſt faict le plan B C D E. proportionnel a celluy duquel
i'ay prins les meſures, & conſequemment toutes les parties de l'vng a toutes les parties
de l'autre. Ceſt pourquoy ſi ie veux ſçauoir combien eſt diſtant ſur le terrain, le poinct
repreſenté par C. de ſon oppoſé repreſente par E. ie porte C E. ſur I M. de laquelle il en
recouppe M T. oultre I M. de 150. l'interualle M T. porté ſur F, & parallele à R S. cóbe

sur 10. cet pourquoy M T. aura 10. toises & la toute I T. cét à dire C E. en aura 160. &
ainsy des aultres parties non mesurées.

PROBLEME. VIII.

Estant donnné vn ou plusieurs rectilignes les reduire en vn aultre semblable
à vn rectiligne donné.

SOIENT donnez les deux rectilignes A. & B. & donné C D E F. qu'il faille faire
vng rectiligne egal a ces deux A. & B. & qu'icelluy soit semblable à C D E F.
Ie reduis chacun rectiligne en vng triangle, selon la maniere cy deuant de-
clairee, & les esleue d'vne hauteur egale, si que H G I. est egal à A. & K L M.
egal a B. comme aussy C F N. egal au rectiligne donné C D E F. par le 5. probleme precedent ie fais O P Q. egal aux trois rectilignes prins ensemble sçauoir O Q R. egal à C
D E F. & O P R. egal aux deux rectilignes A. & B. car la base P R. est egal aux deux bases
H I. & L M. prinses ensemble, & la hauteur O P R. egal a celle des triangles faictz de
A. & de B. pourquoy le tout O P Q. est egal ausdictz trois rectilignes.

Et par le premier probleme de ce liure, ie fais le rectangle P Q. 2. 1. egal a icelluy
triangle O P Q. sur la longueur duquel ie recouppe C T. egale à C D. & ayant produict
le costé Q. 2. ie meine du poinct R. vne ligne droitte par T. laquelle rencontre Q 2. produicte au poinct S. par lequel ie meine vne parallele à P Q tant qu'elle r'encontre P. 1.
produicte en z. vers lequel poinct ie meine de R. vne ligne droicte ou diagonale Z. R. laquelle couppe la ligne 1. 2. au poinct X. par lequel estant meinée la perpendiculaire Y. A.
elle determine la longueur du rectangle R. Y. egal aux deux rectilignes donnez A. & B.
comme pareillement la ligne. V. B. determine la longueur & largeur de l'autre rectangle
egal au rectiligne donné C D E F. dautant que le rectangle R. 2. (qu'est egal a C D E F)
est egal au rectangle R V. car T Q. & C V. estans complemens a l'entour du diametre
du Parallelogramme R S. ilz sont egaux entre eux par la 43. proposiitiõ du premier d'Euclides, donc b. 2. qu'est retranché de la longueur du Parallelogramme R. 2. est rapporté
sur la largeur vers C V. & le mesme se doit entendre du parallelogramme R. Y. Ce faict
ie cerche R. d. moyenne proportionnelle entre b. R. & R. a. sur laquelle estant descritte
(par le probleme precedent ou 18. proposition du 6. des elemens d'Euclides) vne figure
semblable à C D E F. elle sera egale aux deux rectilignes donnez A. & B. Ayant donc
trouué ladicte R. d. moyenne proportionnelle, ie prens E. D. egal a icelle. sur la base du
rectiligne donné C D E F. & par le probleme precedent, ie diminue les autres costéz
d'icelluy en mesme proportion que C D. est à e. D. & forme le rectiligne E F G. D. dans
icelluy C D E F. lequel est egal à A. & B. prins ensemble, & semblable au rectiligne proposé, C D E F.

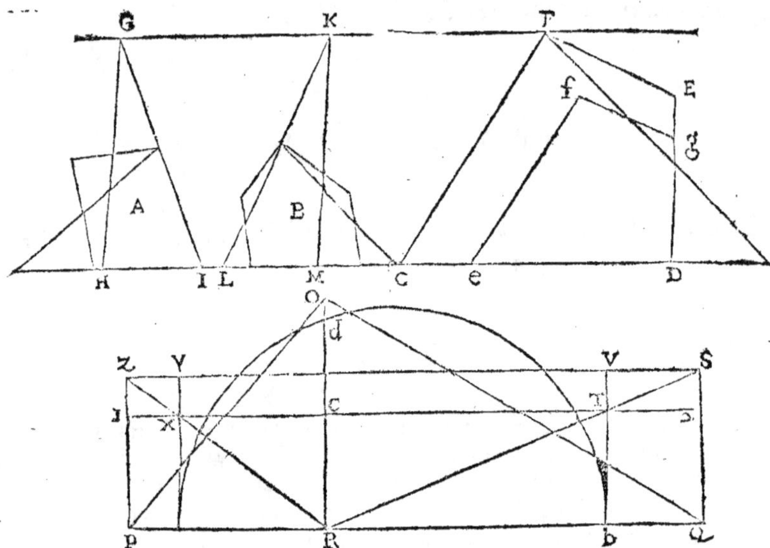

Ce probleme tiré de la vingtcinquiefme propofition du 6. liure d'Euclides fe demonftrera comme fenfuit. Les trois lignes bʀ. ʀd. ʀa font en proportion continuelle dôt par la 10. definition du cinquiefme d'*Euclides*, b R. premiere à auec R . A . troifieme la raifon doublée de la mefme b R. à Rd, & par la premiere propofition dudit 6, liure comme b R. eft à R a. ainfy le rectangle foubz b R. au rectangle foubz R a. donc les rectangles RV. R Y. ont la raifon doublée de b R. aR d. mais C D E F. & f g D E. ont la raifon doublée de b R. à R d. par la 20. dudit fixiefme d'*Euclides*

Pourquoy comme R V. à R Y. ainfy eft C D E F. à f g D E, & en permutant comme RV. à C D E F ainfy R Y. à f g *D* E. (par la 16. du 5. d'Euclides). Or, R V eft egal à C D E F donc R Y. fera egal à f g .*D* E. & R Y. a efté montré egal aux deux rectilignes A. & B. póquoy f g D E. fera egal à A. & B. enfemble

Eftant la maniere de mefurer le cercle de l'inuention d'Archimedes, & les defcriptions des fections coniques d'Apollonius pergaris receuës pour precifes & Geometricques (côme elles fôt és mechaniques) on pôra conclure de ce probleme vne pratique vniuerfelle de tranfmuer tout forte de figures planes tant rectilignes que curuilignes en aultres quel cônques féblables a telles qu'on voudra. Car dans les curuilignes fe prédrôt des rectilignes par le moyen defquelles & felon la raifon defdictes fections conicques fe conduira leur renflement ou finuofité, fuppofé comme dit eft qu'elles fe puiffét mefurer pour eftre reduittes à la façon de ce probleme, en rectilignes fçauoir en triangles puis en parallelogrammes, d'ou fetrouueront des moyennes proportionnelles, par lefquelles feront reglés les lignes droictes comprinfes au dedans defdictes curuilignes, comme fe verra en la figure fuyuante

Soit propofé le rectiligne A. lequel il faille tranfmuer en figure femblable à B C D E. ie reduis les deux figures en triangles rectilignes de mefme hauteur commme *H* O I egal à A & H O K egal à *B C D* E. & fais fur la longeur *B* C. le parallelogramme L H. egal à B C D E. & O N egal. à A. puis entre *H* M. H N. ie cherche la moyenne proportionnelle H Z. & ayant prins P *Q* egale à H Z. ie baftis fur P Q. la figure P Q R S. femblable à *B C D* E. côe en l'operation precedent, mais d'autant que le cofté E *B*. eft courbe i'aduife fi c'eft vne portió de cercle, ce qu'eftant ie cherche fon cêtre, diminuant fon demidiametre a mefme proportion de P Q. à B C. & defcris l'arc S P. fermant P *Q* R S. egale a la figure A. & femblable à B C D E. par la demonftration precedante.

Mais fi l'arc E *B*. n'eftoit partie de circonferance de cercle, ains quelque autre ligne mixte

mixte ou non droitte, ie prendrois plufieurs poincts fur la chorde E B. comme f. g. defquelz ie menerois des lignes a plomb ou perpendiculaires iufques a ladicte ligne non
droitte, & ayant retrouué iceux poincts fur S P. en T V. ie r'accourcirois lefdictes lignes
fuiuant la mefme proportion, par l'extremité defquelles ie conduirois S P, &c.

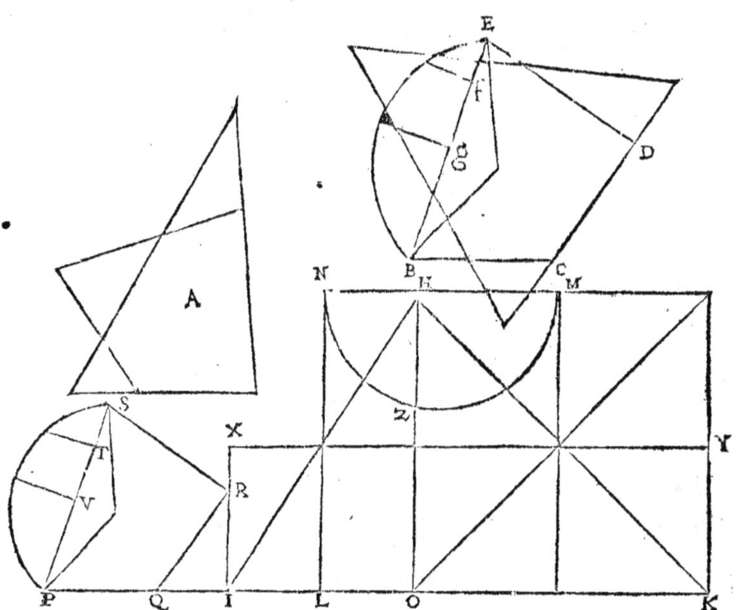

Dauantage comme i'ay commencé ma figure en proportion de la longueur B C. qu'eft
la largeur du parallelogramme L H. egal a la figure B C D E. & ay trouué la moyenne
proportionnelle H Z. entre H M. & H N. *Ie* pouuois prendre ladicte largeur felon le
cofté E B. car ayant paracheué d'autres parallelogrammes fur icelle largeur & egaux aux
precedens O Y. & O X i'euffe trouué de mefme vne moyenne proportionnelle egale à
S P. &c.

PROBLEME. IX.

Eftant donné vng cercle le tranfmuer en vne aultre figure femblable
a vne donnée.

E cercle eftant reduict en rectiligne fera tranfmué en autre figure rectiligne ou
curuiligne par le probleme precedent, mais auant que paffer oultre ne fera
hors de propos de r'apporter en ce lieu la maniere de reduire le cercle en rectiligne felon les maximes d'Archimedes, comme plus commune & receuë des
Geometres il demonftre en fon liure des dimenfions du cercle propofition 3. que tout
cercle a telle proportion au quarré de fon diametre que 11 à 14. prochainement ce pre-
fuppofé foit la ligne A G. diuifée en 14. parties egales a l'entour de laquelle foit
deferis vng cercle A B C K. & de A C. diametre foit recouppée A D. contenant
11. parties de ladicte A C. eftant efleuée la perpendiculaire D B. rencontrant la
circonference du cercle au poinct B. par lequel foit menée la ligne droicte
A B. icelle fera le cofté du quarré prochainement egal au cercle A B C K. Car les

F   lignes

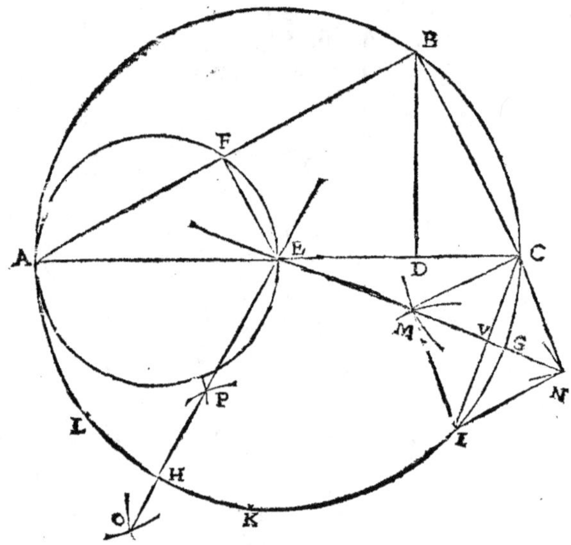

lignes droictes A C. A B. A D. estant en proportion continuelle, le quarré de A C. aura mesme proportion au quarré de A B. que A C. 14. a A D. 11. par les corrollaires de la seconde & 20. proposition du 6. d'Euclides, & dautant que le quarré du diametre est enuiron au contenu du cercle comme est 14. à 11. le quarré de A C. sera au quarré de *A B.* comme le cercle au diametre *A C.* par la 11. du cinquiesme d'Euclides. Pourquoy par la 9. proposition dudict 5. liure d'Euclides le quarré de A B. sera egal au cercle duquel le diametre est A C.

Par ce mesme cercle ou autre semblablement diuisé, sera faict comme vng instrument pour trouuer tout promptement le costé du quarré egal a vng cercle donné, car ayant le diametre, icelluy applicqué sur A C. la circonference recouppera de A B. vne partie egale au costé du quarré egal au cercle proposé comme estant donné le cercle duquel le diametre soit A E. le costé de son quarré sera A F. Aultrement si de l'extremité du diametre donné comme de E. on meine vne perpendiculaire sur A B. elle recouppera A F. le mesme costé du quarré egal au cercle donné.

Et par raison contraire estant donné vng quarré on trouuera le diametre du cercle egal a icelluy en recouppant de ladicte A B. partie egale au costé du quarré donné. Comme soit donné A F. costé d'vng quarré, si de F. on meine vne perpendiculaire à A B. tant qu'elle rencontre A C. elle recouppera A E. egale au diametre du cercle egal au quarré donné.

Et pource que voulant reduire vng cercle en quarré, il faut auoir son diametre, i'ay adiousté a la figure cy dessus la voye ordinaire pe trouuer le centre d'vng cercle proposé, lequel estant trouué se menera par icelluy ledict diametre selon la definition du cercle. Ie prens deux poincts quelconques en la circonference du cercle comme sont G. & H. puis ayant mis le pied du compas sur ladicte circonference de part & d'autre egalement distant de G. ie descris certains arcs s'entrecouppans au poincts N M. par lesquelz ie mene vne ligne droitte quelconque N E. & fais de mesme vers H. meinant pareillement la ligne O E. laquelle r'encontre la premiere en E. ie dis que E. est le centre du cercle, car icelluy estant vng poinct, lesdictes lignes passantes par icelluy s'y entrecoupperont. Or qu'elles y passent, il est euident, car estant menées les lignes droittes C D. CN. MI. IN. elles sont egales, comme demy diametres de cercles egaux, ainsy les costez C D. CN. du triangles C D N. sont egaux aux costez M I. I N. du triangle I M N. & les bases C D. M I. egales, aussi les angles C N D. & I N M. par la 8. du premier d'Euclides sont egaux.

Dauan-

Dauantage eſtant meinée la ligne C I. coupant N M. au poinct V. eſt faict vn triangle Iſoſceles C N I. duquel les angles ſur la baſe C I. ſont egaux entre eux par la 5. dudict premier d'Euclides. Or l'angle C N V. du triangle C N V. eſt monſtré egal a l'angle
I N V. du triangle I N V. dont par la 26. propoſition dudict premier d'Euclides l'angle
I V N. ſera egal a l'angle C V N. ſçauoir droict par la 10 diſinition dudict liure. Et par
la ſixieſme propoſition du meſme liure I V. V C. ſeront egales donc la ligne C I. eſtant
couppée egalement en deux, & la coupante N E. faiſant des angles droictz ſur la ſection
V. icelle paſſera par le centre E. ſelon le Corollaire de la premiere propoſition du troiſieſme liure dudict Euclides.

Dicy ſe conclud la maniere de deſcrire vng cercle par trois poincts donnez pourueu
qu'ilz ne ſoient prins en ligne droicte, qu'eſt ce que les ouuriers appellent tiers poinct, ou
autrement le poinct perdu, qu'eſt le centre, voyez la ſuſalleguée premiere propoſition du
troiſieſme des elemens d'Euclides.

PROBLEME. X,

Eſtant donné vn cercle deſcrire vn' ouale egal a icelluy ſur vne longueur
ou largeur donnée.

SOIT donné le cercle C D E. auquel il faille faire vng ouale egale, ſur la longueur donnée A. ou B. & premierement ſoit donnee la longueur A. il faut
trouuer la largeur que doit auoir l'ouale propoſé a faire. ie meine vne ligne
droitte quelconque D G. de laquelle ie recouppe la partie F G. egale à la lon-

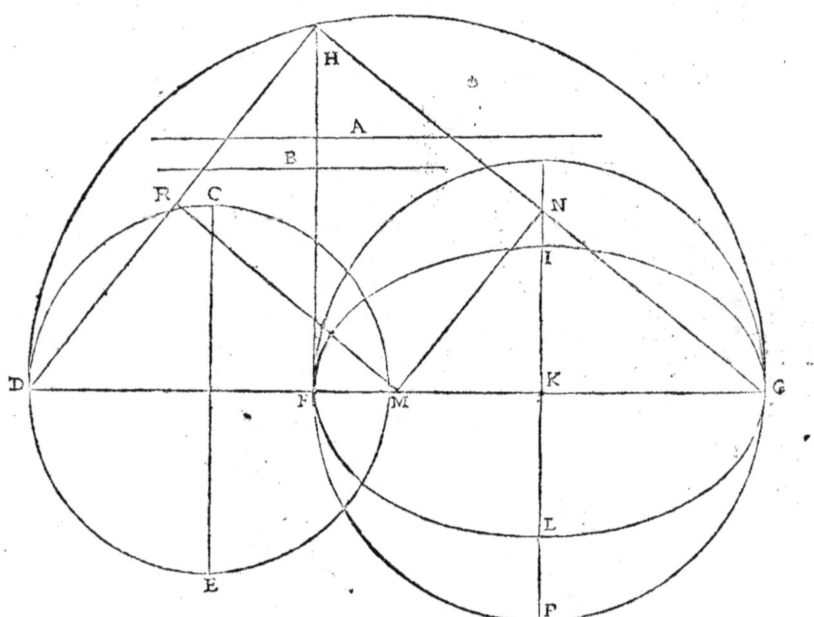

gueur donnée A. & du poinct F. i'eſleue ſur D G. la perpendiculaire F H. egale au
diametre du cercle donné C D E. puis par G, & H. ie deſcris vng cercle ayant
ſon centre en ladicte ligne D G. ſçauoir au poinct M. la circonference duquel
paſſant par D. me donne la partie D F. pour la longueur du petit diametre,
ou largeur de l'ouale propoſé a faire. Mais le centre M. ſe trouue par la demonſtration

precedente car estant menée la ligne H G. & icelle diuisée en deux egallemēt au poinct
N. & d'icelluy estant esleuée vne perpendiculaire, elle passera par ledict centre M. ainsy estant donnez les deux diametres de l'Ouale, se descrira a l'entour d'iceux selon le
probleme 9. du liure premier precedent lequel sera egal au cercle donné comme il est
monstré par les raisons suyuantes.

Archimedes en son liure des Conoïdes & Spheroïdes proposition 5. a demonstré, que
le plus grand diametre de l'ouale a telle proportion au moindre, que le cercle descrit sur
icelluy grand diametre, au contenu de l'ouale. cét a dire que le cercle F O G P. a mesme
proportion a l'ouale F I G L. que la ligne F G. a la ligne I L. Or les lignes F G. F H. F D.
sont continuellement proportionnelles par la 13. proposition du 6. liure d'Euclides dont
par le corollaire de la 20. dudict liure, comme est F G. premiere à F D. troisiesme, ainsy
sera le cercle descrit sur F G au cercle descrit sur *F H*. troisiesme. Mais par ladicte 5.
proposition d'Archimedes la raison du cercle d'alentour de *F H*. sçauoir F O G P. est de
mesme a l'ouale *F I G L*. comme le diametre *F G*. au diametre I L. (egal a F D.) Pourquoy la raison dudit cercle *F O G P*. estant de mesme a l'ouale *F I G L*. qu'au cercle
descrit a lentour de *F H*. cest à dire C E. icelluy & l'ouale seront egaux entre eux par la
9. proposition du cinquiesme dudict Euclides.

Par mesme raison si on donne la largeur de l'ouale comme D F. il faudra recoupper de
D G. la partie D F. egal a la largeur donnée B. puis esleuer la perpendiculaire F H. egale
au diametre du cercle donné, car apres auoir mené la ligne H D. & icelle diuisé en deux
egallement au poinct R. esleuant vne perpendiculaire d'icelluy vers M. elle monstrra
sur D G. le centre M. duquelle estant decrit vng cercle par D H. il determinera le plus
grand diametre F G. &c.

Et par l'operation contraire on pourra descrire vng cercle egal a vn ouale donné, car
la moyenne proportionnelle d'entre le plus grand diametre de l'oualle & du moindre,
sera le diametre du cercle egal a l'ouale, comme facilement on peut conclure de la demonstration cy dessus. Mais dautant qu'il faut auoir les diametres de l'ouale ie mettray
icy vng probleme comprenant les quattre suyuant la 44. proposition du secōd liure d'A-
pollonius Pergæus pour trouuer & le centre & lesdictz diametres.

PROBLEME. XI.

Trouuer le centre & le diametres d'vn Ouale proposé.

Omme au cercle les lignes droittes passantes par le centre sont diametres le milieu desquelz est le centre, & si icelles diuisent quelque ligne
droitte au dedans du cercle en deux parties egales, elles diuiseront aussi
egallement toutes les paralleles à icelles. Ainsy en l'ouale toutes lignes
droictes passantes par le centre, sont diametrales & se diuisent en deux
parties egales au poinct du centre, cōme pareillement si vne ligne droicte

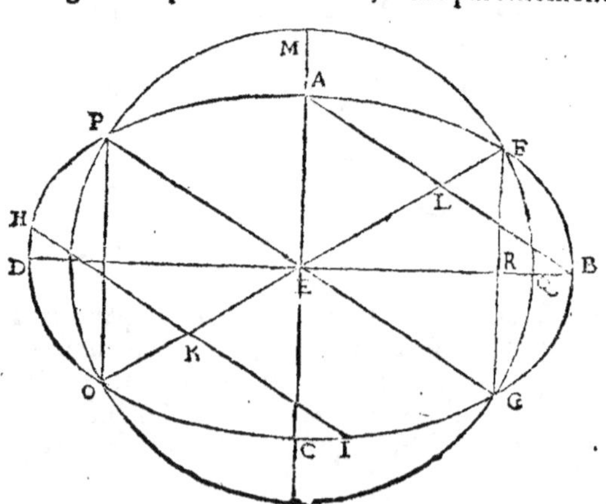

diuifes en deux parties egales deux paralleles au dedans de l'ouale icelle ligne paffera par le centre, ainfy qu'il eft demonftré es fections coniques d'Apollonius d'ou fe conclud la practicque & folution de ce probleme telle que fenfuyt.

Soit donné l'ouale A B C D. duquel il faille trouuer le centre & les diametres d'icelluy, ie meine vne ligne droitte quelconque au dedans de l'ouale comme eft A B. & vne autre ou bon me femble au dedans de l'ouale comme H I. parallele a A B. & diuife tant A B. comme H I. en deux parties egales aux poincts K. & L. par lefquelz ie mene la ligne O F. laquelle ie deuife en deux egalement au poinct E. il eft euident par les raifons fufdictes que E. eft le centre de l'ouale, & que O F. eft diametrale.

Mais il faut auffy trouuer l'axe ou effuë qu'eft le plus grand diametre de l'ouale; du centre E. ie defcris vng demy cercle quelconque couppant l'ouale en deux poinctz cöme en F. & G. puis eftant ioincte la ligne F G. ie mene du centre E. vne perpendiculaire fur F G. ou diuife F G. en deux parties egales au poinct R. par lequel de E. ie meine B R E D. qu'eft l'effuë ou plus grand diametre de l'ouale. Car dautant que par la conftruction le démy cercle M V N. eft defcrit du centre de l'ouale, & la ligne F B. paffant par le cétre tombe perpendiculairement fur la ligne F G. la diuifant en deux parties egales par la 3. propofition du troifiefme liure d'Euclides, Si ledict grand diametre ne paffe par B. qu'il paffe fi poffible eft, tellement que ledict plus grand diametre foit G P. il eft euident par la difinition du cercle que E G. E Q. eftant egales, que la toute E B fera plus grande que fa partie E Q. ainfy tant plus les diametrales approcheront le poinct B. tant plus feront longues comme au contraire approchät les poincts C. & A. fe diminueront iufques a la longueur du plus petit diametre A C. &c.

Par les problemes cy deuant declairez il eft facile de conclure la maniere d'adioufter plufieurs plans ou fuperficies, & en trouuer vne egale a toutes telles qu'on voudra enfemblement prinfes, & icelle faire femblable a vne aultre, Comme pareillement de foubftraire vne ou plufieurs fuperficies d'vne ou plufieurs aultres. Item de les multiplier & en faire vne femblable a vne donnée & egale a vne plufieurs fois prinfe. Auffi de diuifer vne fuperficie en aultres fuperficies données, en quoy eft comprinfe la maniere d'adioufter, foubftraire, multiplier & diuifer, la quantité continuë a l'imitation de la difcontinue, comme fe verra es problemes fuyuans.

PROBLEME. XII.

Adioufter plufieurs fuperficies données en vne laquelle foit
femblable a vne donnée.

C E Probleme fe pourra refoudre par les cinquiefme & huictiefme precedens de ce liure. Car foient donnez plufieurs rectilignes A B C D. & qu'il en faille trouuer vng lequel foit egal a iceux prins enfemble, & qu'il foit quarré, cercle, ouale ou aultre quelconque. Ie fuppofe qu'il foit ou doibue eftre vng quadrilatere fur la longueur de S T. ligne donnée, & faifant vng angle egal a l'angle donné V. Ie reduis premierement par le probleme fecond de ce liure les rectilignes ou fuperficies données A B C D. en triangles, & par le troifiefme probleme ie reduis iceux triangles en mefme haulteur, & par le quatriefme probleme i'acheue l'operation, car ayant prins la ligne F E. egale à la longueur ou largeur propofée, & les triangles egaux aux fuperficies A B C D. ayans la hauteur de E F. ie metz toutes leurs bafes fur F G. tellement que F G. eft egale a icelles bafes prinfes enfemble. Pourquoy eftant menée la ligne E G. le triangle E F G. eft egal aux rectilignes donnez A B C D. prins enfemble, car chacun de ces triangles eftant egal a fon rectiligne par la conftruction & iceux eftans de mefme haulteur, ilz font entre eux comme leurs bafes par la premiere propofition du fixiefme d'Euclides, c'eft pourquoy fe trouuant la proportion d'egalité de partie à partie, elle fe retrouuera du tout au tout, ainfy le triangle E F G. fera egal aux rectilignes propofez A B C D E.

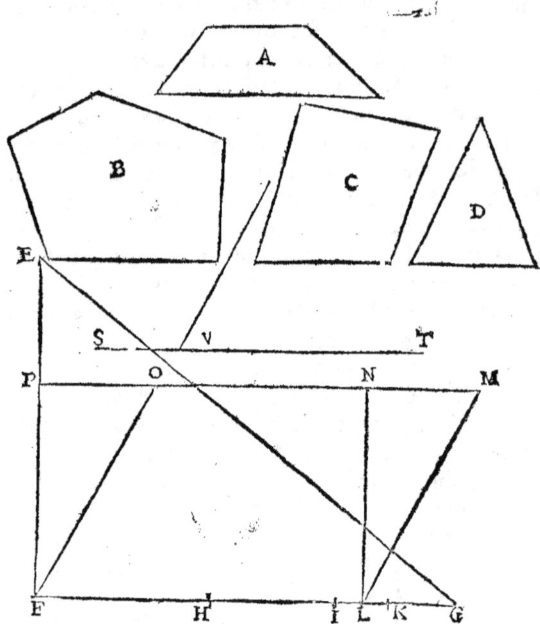

Ce faict ie prens *F* P. egale a la moictie de la base *F* G. & meine la ligne quelconque
P M. parallele à F G. desquelles ie recouppe P N. *F* L. egales à E F. & n'estant menée la
ligne L N. le rectangle F N. est egal au triangle E *F* G. cest a dire aux rectilignes susdicts
A B C D. Mais d'autant qu'on veut que l'angle d'icelluy rectiligne soit egal à langle dóné V. ie fais l'angle O F L. egal à V. & meine la ligne F O. tant quelle r'encontre P M
au poinct O. puis ayant prins O M. egale à F L. & ioincte la ligne L M. est faict le parall-
logramme O *F* L M. sur la longueur O M. (egale a S T.) & ayant l'angle *F*. egal a l'angle donné V. & est egal aux rectilignes proposez A B C D. Car le triangle *E* F G. estant
egal ausdictz rectilignes, le parallelogramme P *F* L N. egal à ce mesme triangle par la 41.
proposition du premier d'Euclides, sera egal aux mesmes rectilignes, aussi O F L M. egal
à *P* F L N. par la 36. proposition dudict premier d'Euclides, sera egal a iceux A B C D.

De mesme si on demandoit que la figure egale aux proposées, soit vng quarré parfaict
apres auoir trouué le parallelogramme P F L N. il faudroit icelluy reduire en quarré,
duquelle le moyenne proportionnelle entre F L. & L N. seroit le costé, comme il a esté
monstré cy deuant. Et si on demandoit vng cercle egal ausdictz rectilignes, estant porté
le costé du quarré egal a iceux, sur A B. de la figure de l'vnziesme probleme precedent,
on y trouuera sur A C. le diametre du cercle proposé, lequel puis apres se pourroit changer en Ouale par le 10. probleme de ce liure, & par le 8. probleme sera mis en quelle forme on voudra.

PROBLEME. XIII.

Soubstraire vne figure d'vne aultre tellement que les reste soit semblable a vne
figure donnée.

SOIT donnée la figure A de laquelle il faille soubstraire la figure B. & que le
reste soit semblable a la mesme figure A. Ie reduis chacune figure A. & B. en
triangles de mesme haulteur, laquelle ie fais double a quelque costé de la figure a laquelle le reste doit estre semblable, comme en ce cas, voulant que le
reste soit semblable a la figure **A.** ie prens la haulteur E H. double du costé C D. pour la
haulteur

haulteur d'iceux triangles & fais I F H. egal à B. & E G H. egal à *B*. Puis ayant recouppé
H L. moictie de E H. icelle H L. eſt egal à *C D*. pourquoy eſtant menée la ligne P T. parallele à F G. ie forme le rectangle H I. egal au triangle E F G. par le premier probleme
de ce liure, ſçauoir F L. egal à A. & H I. egal à *B*. puis ayant recouppé L M. egale à L I.
& mené M O. parallele à L H. il eſt euident que le rectangle O L. eſt egal à H I, pourquoy icelluy O L. ſoubſtraict de *F L*. (egal à A) reſtera *F* M. Mais pour reduire ce reſte
F M. en figure ſemblable à A. ie prens O K egale à F H. & du poinct K. ie meine vne ligne droitte par M. laquelle ie continue tant qu'elle r'encontre F P produicte au poinct
2. & P Q eſt la largeur du parallelogramme egal à *F M*. & ſur la longueur de O K. c'eſt
à dire *F H*. par les 44. & 43. propoſitions du premier des elemens d'Euclides, Finalemét
eſtant paracheué le parallelogramme P R. ie cherche L T. moyenne proportionnelle
entre R L. & L H. ie recouppe de C D. la partie C V. egale à L T. & ſur C V. ie baſtis
vne figure ſemblable à A. par le huictieſme probleme precedent.

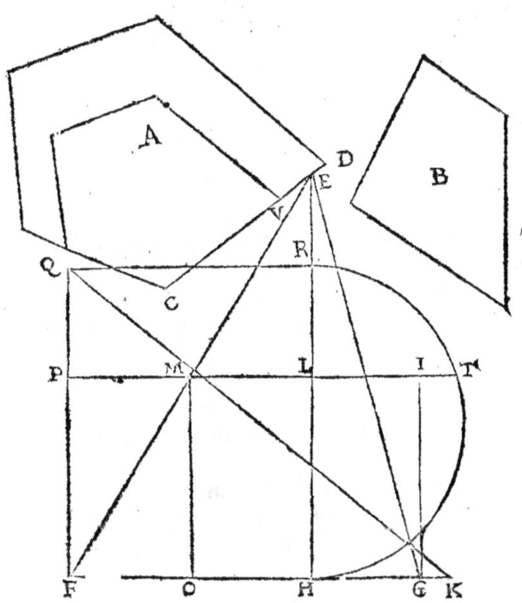

Mais s'il eut fallu faire pour le reſte vne aultre figure non ſemblable à A. i'euſſe reduict
le parallelogramme F M. & la figure a laquelle il euſt deub eſtre ſemblable, en parallelogramme ſur la longueur de quelque coſté de ladicte figure pourſuyuant l'operation de
meſme qu'au ſuſdict huictieſme probleme precedent, ce que ſe peut eſtendre a toutes
aultres figures quelconques ſoient bornées de lignes droictes ou non droictes.

Dauantage ſi vng parallelogramme ſe debuoit ſoubſtraire d'vng aultre il ne faudroit
autre reduction que de les faire degale largeur, comme en l'exemple cy deuant le parallelogramme H I. eſt ſoubſtraict de *F* L. par le retrenchement de L M. & H O. en meinant la ligne M O. parallele a L H. ce que ſe fera de meſme ſur vng autre parallelográme
non rectangle. Auſſy les triangles ſe ſoubſtrairont l'vng de l'autre ſi iceux eſtans reduis
en meſme haulteur, on recoupe la baſe du plus petit de celle du plus grand, comme au
triangle E F G. eſtant recouppée la partie H O. egale à G H. & meinée la ligne O E. ſera
le triangle E G H. recouppé ou ſoubſtraict de *E F G*. dont le reſte ſera E F O.

Quand aux quarrez & cercles ilz ſeront ſoubſtraicts l'vng de l'autre par la raiſon de la
quaranteſeptieſme propoſition du premier liure des elemens d'Euclides comme ſenſuit,
ſoit le quarré A B C D. duquel il faille ſoubſtraire le quarré E F G H. ie recouppe du
coſté

cofté C D. du grand quarré, la partie C I. egale a vng des coftez de E F G H. comme
G H. & ayant prins auec le compas l'eftenduë du cofté A C. & mis le pied du compas
fur I. ie defcris auec cefte eftenduë vng arc couppant A C. au point K. ie dis que C K. fera le cofté du quarré reftant lors qu'on aura fouftraict E F G H, de ABCD.

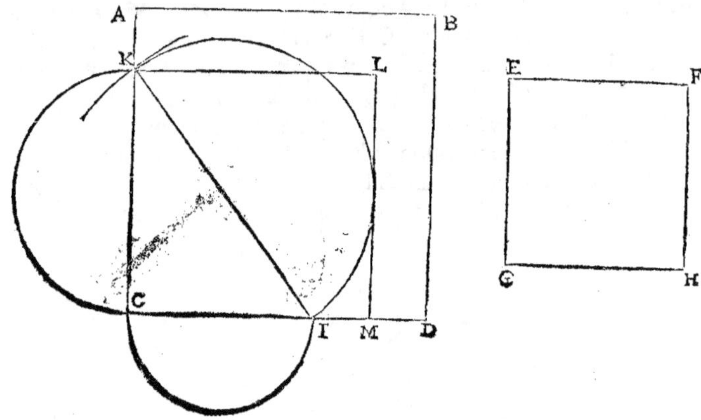

Car les quarrez des coftez *K* C. & C I. prins enfemble, font egaux au quarré de KI.
ceft a dire de A C. par ladicte 47· propofition du premier d'Euclides, & par la conftruction le quarré de C I. eft egal au quarré E *F* G H Or le quarré C *I*. eftant ofté du quar-
ré de K I. ceft a dire de A C. refte le quarré de *K* C. donc le quarré E F G H, eftãt foubftraict du quarré de A C. reftera le quarré C K. ou *K* L C M. Et d'autant que par la feconde propofition du 12. des elemens d'Euclides, les cercles ont mefme raifon entre
eux que les quarrez de leurs diametres, iceux diametres eftans applicquez l'vng a l'autre
a angles droictz comme en C. il eft euident que le cercle duquel le diametre feroit C I.
eftant fouftraict du cercle duquel I K. cét a dire A C. eft le diametre, qu'il refteroit le
cercle duquel C K. feroit le diametre.

Dauantage comme il a efté monftré cy deuant, la fympathie du cercle a l'ouale, on
peut icy conclure la maniere de foubftraire qu'elle partie on voudra d'icelle, & toufiour
rendre le refidu ou refte ouale, ou le transformer en autre figure quelconque.

PROBLEME. XIIII.

Multiplier ou augmenter vne fuperficie felon vne raifon donnée.

S O I T propofé de multiplier la fuperficie A. felon la raifon triple, cét à dire faire
vne figure femblable à A. & comprenant icelle trois fois, ie meine premierement les deux lignes droittes quelconques D E. & I G. s'entrecouppantes a
angles droictz au poinct H. & de D E ie recouppe la partie H E. egale a quelqu'vn des coftez de la fuperficie A. comme B C. & du poinct H. ie porte l'interualle H *E*.
vers *D*. autant de fois que ie veux que la figure augmentée contienne la donnée, comme
en ce cas H D. contient trois fois H *E*, dautant que ie veux tripler la fuperficie A. puis
entre D H. & H E. ie trouue la moyenne proportiõnelle H I. a laquelle ie fais egal le cofté B C. le produifant iufques à *K*, & augmente les aultres coftez de A. en mefme raifon
que

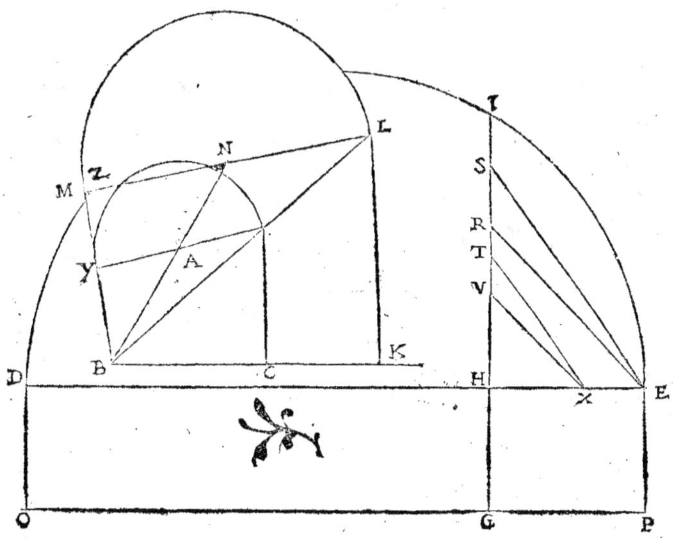

que le cofté B *K*. eft augmenté, & ce par le probleme 7. precedent. Ainfy B K I M. eft
faict triple de la fuperficie donnée A. par le Corollaire de 20. propofition du fixiefme li-
uŗe d'*Euclides*, car les lignes E H. H I. & H D. eftant côtinuellement proportionnelles
comme la premiere H E. a la troifiefme H D. aura mefme raifon que la figure defcritte
fur H E. a la femblable defcritte fur H I. pourquoy eftant H D. par la conftruction triple
de H E. la figure fur H I. femblable à A. fera triple de H E G P. ceft a dire de A.

La practicque de ce probleme fera comme fenfuit. Eftant propofée vne figure a multiplier comme A ie meine deux lignes quelconques comme D E. I G. fentrecouppant a
angles droicts en *H*. puis ie retranche H E. H R. egales a vng des coftez de la figure donnée, comme à B C. & apres auoir mené la ligne R E. icelle fera le cofté de la figure A.
doublée, & prenant auec le compas l'interualle R E. & icelluy porté fur H S. la ligne S E.
ioincte fera le cofté de la figure A. triplée auffy fe trouuera elle egale à *H* I. Ce qui eft
euident, car fi *A*. eftoit vng quarré, les deux quarrez de R H. & H E. prins enfemble fe-
roient egaux au quarré R E. par la 47. propofition du premier d'Euclides; & les lignes
R H. & H E. eftant egales leurs quarrez font egaux fçauoir chacun au quarré defcrit fur
B C. pourquoy le quarré defcrit fur R E. feroit double du quarré defcrit fur *B* C. & ayant prins H S. egal à R E. le quarré de H S. fera auffi double du quarré de *B* C. & H E.
eftant egal au quarré de B C. le quarré qui feroit faict fur S E. feroit triple du quarré B C.
car il feroit egal aux quarrez S H. & H E. par la fufdicte 47. propofition. Or comme le
quarré de B *K*. ceft a dire de S E. au quarré de B C. ainfy le rectiligne femblablement defcrit fur B K. au rectiligne femblablement defcrit fur *B* C. par le fufdict corollaire de la
20. propofition du 6. d'Euclides. Pourquoy le quarré de S E. ceft a dire de *B* K. eftant
triple du quarré de B C. la fuperficie B K L M. fera triple de la donnee A.

Les aultres coftez de la figure faugmenteront de mefme, car voulant augmenter pro-
portionnellement le cofté *B*. y. ie recouppe H X. & H V. parties egales au cofté B. y. puis
ie porte l'interualle V X. fur H T. & finalement T X. eft le cofté B. y. augmenté en mefme proportion vers Z. comme *B* C. vers K.

G   PRO-

PROBLEME. XV.

Diuiſer ou diminuer vne ſuperficie ſelon vne raiſon donnée,

E probleme eſtant oppoſé au precedent , ſe reſouldra & demonſtrera par l'operation oppoſée & raiſon conuerſe d'icelluy. Soit donc propoſé le rectiligne A B C D E F, a diuiſer en trois parties egales ou en trois ſemblables. Ie meine premierement les lignes droittes G I. K H. s'entrecoupantes a angles droicts au poinct H. & apres auoir deuiſé vng des coſtez de la figure propoſée comme A B. en trois parties egales ie retrenche de G I, la partie H I. egale au tier de A B. pour la diuiſer en trois (ou au quart de A B. pour diuiſer la figure deſcritte ſur icelle en quatre parties egales &c.) & retrenche pareillement H G, egale à *A* B. (ou quelque aultre coſté d'icelle diuiſé en trois duquel H I. ſoit vng ti er) & trouue H K. moyenne proportionnelle entre G H. & H I. ſur laquelle ie

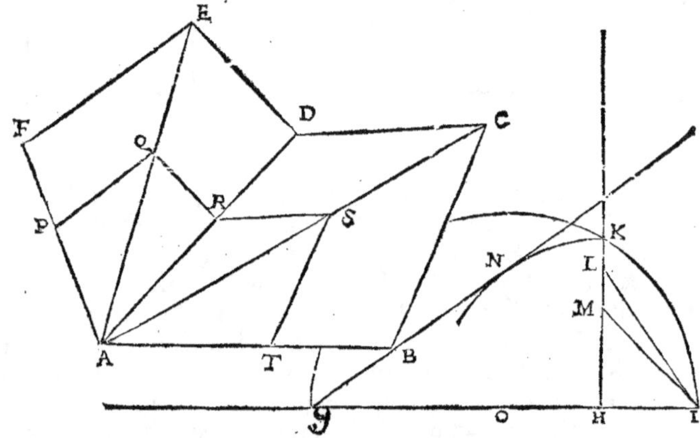

deſcris T A P Q R S. ſemblable à A B C D E F. Aultrement ie trouue par la practicque du probleme precedent la ligne L I. egal à H K. Mais pour plus grande facilité de la côſtruction de ce probleme, ayant trouué la ligne *H K*. ie deſcris vng arc K N. & fais le triangle N G H. comme au ſeptieſme probleme de ce liure, ayant donc porté A F. ſur GO. ie reſerre le compas tant qu'vng pied poſé ſur O. l'autre poincte frotte contre la ligne G N. & cét interualle me donne A P. pour A *F.* r'accourcy, & ayant meiné toutes les diagonales A E. A D. A C. ie les r'accourcy de meſme que A B. & A *F.* le ſont ès poincts P. & T. de ſorte que ſe forme la figure A P Q R S T. comprenant vng tier de la donnée A *B* C D E F G. par la conuerſe de la demonſtration precedente,

DE L'EPIPOLIMETRIE,
LIVRE TROISIESME.

De la Schematholometrie ou art de mesurer les figures planes.

EVCLIDES en la premier definition du second liure de ses Elemens, enseigne que tout parallelogramme rectangle est contenu soubz deux lignes comprenantes vng angle droict, comme si en la figure A B C D. si on conçoit ou imagine que la ligne A B. se meouue perpendiculairement sur la ligne A D. tant que des A. elle soit paruenuë à D. elle descrira par tel mouuement le parallelogramme A B C D. d'ou sensuit que deux lignes droittes estât multipliées l'vne par l'autre, sera produict vng parallelogramme rectangle non plus ny moins que deux nombres se multipliás l'vng par l'autre produisent vng nombre plain ou plat, duquel iceux nombres sont les costez par la 16. definition du 7. d'Euclides, Pourquoy les lignes A B. & A D. estant congnus en nombres sçauoir A B. de 6. toises & A D. de 8. se multipliant l'vne par l'autre, produiront le rectangle A B C D. de 48 toises car 6. fois 8. font 48. Et comme tout le nombre qui est multiplié par soymesme produict vng nombre quarré, ainsy vne ligne multipliée par soymesme produira vng quarré, c'est pourquoy estant proposé vng rectangle duquel les costéz sont egaux, comme D E G H. il suffira de multiplier D E. par soy, ou vng autre costé quelconque pour auoir le contenu d'icelluy, car chacun costé contenant 4. toises en longueur le tout D E G H. contiendra 16. toises car 4. fois 4. font 16.

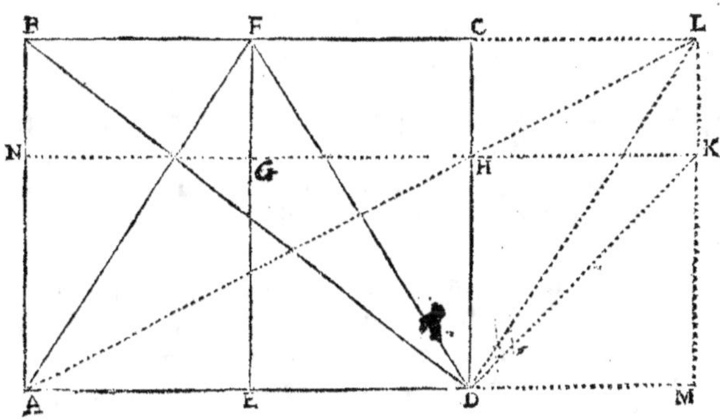

 Dauan-

Dauantage faut remarquer que par la cinquiefme definition du premier d'Euclides la fuperficie eft ce qui à longueur & largeur tant feulement, & que fa largeur ou haulteur, eft determinée par la perpendiculaire tombant du poinct plus efloingné du cofté fur lequel elle tombe, lequel cofté eft prins communement pour la longueur : Ainfy le Geometre Euclides, voulant eftablir l'art de mefurer fur fondement folides & immuables, prend la perpendiculaire entre tous les autres lignes, pour mefurer les chofes mefurables, les aultres lignes eftant infinies & indeterminées, & celle cy vnicque, partante de fon poinct, & faifant vng angle droict, auffy vnicque en fa quantité eftans tous angles droicts egaux entre eux, & les aultres infinies, tant furpaffans le droict comme font les angles obtus comme defaillans d'icelluy comme font les angles aigus.

Donc il s'enfuit qu'eftant multipliée la bafe de quelque triangle par la perpendiculaire tombant de langle oppofé a icelle, foit qu'elle tombe au dedans ou au dehors dudit triangle, ce que fera produict fera vng parallelogramme rectangle, lequel fera double de la fuperficie ou contenu dudit triangle par la 41. propofition du premier des elemens d'Euclides, & fe demonftre ainfy.

Soit premierement le triangle rectangle B A D. la ligne A B. eftant pofée de 6. toifes & A D. 8. par la multiplication de A B. par A D. eft produict le rectangle A B C D. de 48. toifes. Or la diagonale B D. diuifant icelluy rectangle en deux egalement par la 34. propofition du premier liure d'Euclides. Pourquoy le triangle A B D. côtiendra la moitie de A B C D. 48. fçauoir 24.

Soit fecondement le triangle F A D. duquel la perpendiculaire F E. foit egal à A B. fçauoir de 6. toifes, icelle multipliée par A D. 8. produira auffi 48. qu'eft le double du triangle F A D, car A F. diuifant B F. A E. en deux egalement, faict la partie F E A egale à F B A. comme auffi F D. faict F E D. egale à F C D. Pourquoy le triangle F A D. eft egal a la moictie de A B C D. comme cy deuant.

Tiercement foit que la perpendiculaire fufdicte tombe hors du triangle, comme au triangle A L D. fur le cofté A D. produict en M. ie dis qu'icelle multipliée par A D. produira le double du triangle A L D. Car premierement la ligne C D. eftant egale à L M. & icelle multipliée par A D. produict le rectangle C D B A. dans lequel eft côprins deux fois la partie A H D. du triangle A L D. & encor le parallelogramme B C H N. double de la partie H L D. car les triangles L H K. & L D K. eftans entre mefmes parallelés font egaux entre eux, par la 37. du premier d'Euclides, pourquoy eftant ofté L I K. commun les reftes H I L. & I K D. feront egaux, donc H D K. eft egal à H L D. le double duquel H K D M. eft egal au rectangle ou complement B C H N. par la 43. propofition du premier dudict Euclides, pourquoy ladicte perpendiculaire tombant hors du triangle, & icelle multipliée par la bafe d'icelluy produict vng rectangle double du triangle.

D'icy fe conclud vne regle generale pour mefurer tous triangles rectilignes la bafe d'iceux & la perpendiculaire tombant fur icelle eftans congnués ; car fi on multiplie la bafe par la perpendiculaire, la moictie du produict fera le contenu ou fuperficie du triangle comme il a efté demonftré. Aultrement la moictie de la bafe multipliée par toute la perpendiculaire produict le contenu du triangle ; Comme auffi la moictie de la perpendiculaire par tout la bafe, produict le mefme, ce qu'a efté demonftré par le probleme premier du fecond liure precedent.

Ayant efté cy deuant monftrée la maniere de tranfmuer tous rectilignes en vng triangle, iceux eftans reduictz, le triangle fe mefurera tant felon les regles fufdictes que felon les fuyuantes, & fe trouuera egal aux rectilignes defquelz ilz feront iffus, c'eft pourquoy ie deduiray cy apres plufieurs manieres de mefurer les triangles, comme feruans à trouuer les mefures de toutes fuperficies.

PRO-

PROBLEME. I.

Estans donnez les costez d'vn triangle trouuer sa perpendiculaire.

S I le triangle proposé est rectangle, l'vng des costez comprenans l'angle droict, sera la perpendiculaire, & l'autre sera la base d'icelluy: Mais s'il n'est rectangle elle se trouuera comme sensuit. Soit le triangle proposé A B C. duquel il faille trouuer la perpendiculaire A D. les costez d'icelluy estans congnus A B. 34. A C. 20. & B C. 42. Ie dis que comme le plus grand costé B C. 42. est a l'aggregat ou somme des aultres deux costez A B. & A C. 34. & 20. c'est a dire 54. Ainsi la difference de 34. à 20. sçauoir 14. à vng aultre nombre qui sera partie de la base B C. laquelle estant ostée d'icelle base, restera l'autre partie sur le milieu de laquelle tombera la perpendiculaire A D. Ie dis donc par la reigle de trois; Si 42. me donnent 54. combien me donneront 14. & se trouueront 18. pour quatriesme nombre proportionnel & partie B E. de la base B C. laquelle estant ostée de 42. resteront 24. pour E C. dont la moictie sera 12. pour les parties E D. & D C. d'entre la perpendiculaire.

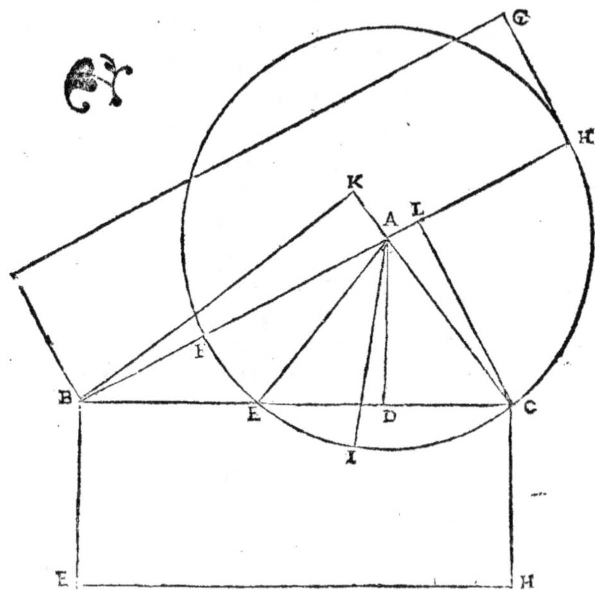

Car du poinct A. soit descrit vng cercle par C. coupant A B. & B C. és poincts F. & E. le costé B A. produict iusques à H. la toute B H. sera l'aggregat ou somme des deux costez A B. & A C. car A H. est egale à A C. par la definition du cercle, pourquoy la differéce des deux costez A B. & A C. sera cognuë B F. comme aussi B E. ie dis que comme C B. à B H. ainsy est B F. à B E. car les rectangles B H. & B G. estans egaux, ilz ont leurs costez reciproques, par la 16. proposition du 6. d'Euclides; qu'ilz soient egaux, il appert, car les choses egales a vng tiers, sont egales entre elles, or tant le rectangle B G. que B H. est egal au quarré de B I. pourquoy B G. & B H. egaux entre eux, car que B G. soit egal au quarré B I. se conclud par la 6. proposition du second liure d'Euclides, la ligne F H. estant couppée egalement en A. & a icelle estant adioustée B F. le rectangle comprins souz la toute composée & adioustée, est egal au quarré faict sur la moictie & l'adioustée, moing le quarré de ladicte moictie, c'est a dire que le rectangle B G. est egal au quarré de B A. moing le quarré de A F. Or A I. & B I. se rencontrant au poinct de l'attouchemét I. font vng angle droict par la 18. proposition du troisiesme d'Euclides, & pour les quarrez de *B* I, A I. enfemble font egaux au quarré A *B.* eftant donc ofté le quarré A I. ceft a dire A F. du quarré de A B. reftera le quarré B I. egal au rectangle *B G.*

Par la mefme raifon fe prouuera le rectangle *B* H. egal au quarré *B I.* Car icelluy *B* H. eft egal au quarré de *B D.* moing le quarré de *D E.* Pourquoy fi a icelluy rectangle on adioufte les quarrez E D. & D A. il eft euident par la 47. du premier d'Euclides , que les quarrez *B* D. & D A. enfemble font egaux au quarré A *B.* & le quarré E A. eft egal a ce qu'aura efté adioufté, oftant donc de A B, le quarré A I. egal a l'adioufté A E. reftera le quarré de B *I.* egal au rectangle *B* H. dauantage le triangle A C E. eftant Ifofceles , la perpendiculaire A D. couppera la bafe C E. en deux egalement par la 7. propofition du premier des elemens d'Euclides, & fera icelle congnuë par la fufdicte 47. propofition car le quarré de C D 144. foubftraict du quarré de *A* C. 400. laiffera 256. pour le quarré de ladicte perpendiculaire la racine duquel monftrera fa quantité de 16. &c.

Eftant congnuë la perpendiculaire, les parties de la bafe feront pareillement cõgnues, la mefme regle fe practicquera fur les aultres coftez des triangles, car fi le quátriefme nombre proportionnel fe trouue plus grand que la quantité du cofté qu'on aura choify pour bafe , fera figne que ladicte perpendiculaire tombera hors du triangle , auquel cas faudra foubftraire ledict cofté d'icelluy nombre, & la moitie du refte, fera l'interualle d'entre ladicte perpendiculaire & le cofté prins pour bafe. Comme en la figure cy deuát prenant A C. pour bafe, ie dis. Si *A* C. 20. donnent *A* B. & B C. 76. combien me donneront 8 ? difference d'entre A *B*, & B C.& trouue 30.$\frac{2}{5}$ pour le quatriefme nombre proportionnel, duquel ie foubftrais *A* C. 20. & refte 10 $\frac{2}{5}$ dont la moitie 5 $\frac{1}{5}$ eft la partie K *A.* tõbant hors du triangle, & la perpendiculaire demandé eft B K. de 33. $\frac{1}{5}$. Item prenant A *B.* pour bafe, ie dis fi 34. donnent B C. & C *A.* 62. combien donnera leur difference 22 ? & trouue 40. $\frac{2}{17}$ defquelz foubftrayant 34. reftent 6. $\frac{2}{17}$. dont la moictie eft 3. $\frac{1}{17}$ pour la quantité de A L. & ainfy C L. fera 19. $\frac{13}{17}$.

Autrement les deux quarrez de A C. & B C. en la figure fuyuante font egaux au quarré de A B. auec le rectangle fouz B C. & *D* C. prins deux fois ; eftans donc les quarrez AC. 676. & B C. 784. ioincts enfemble font 1460. defquelz eftant ofté le quarré A B. de 900. reftent 560. pour le double du rectangle comprins fouz B C. & C D. Pourquoy la moictie de 560. fçauoir 280. diuifée par B C. donnera au quotient 10. pour la partie C D. d'entre la perpendiculaire & le poinct C.

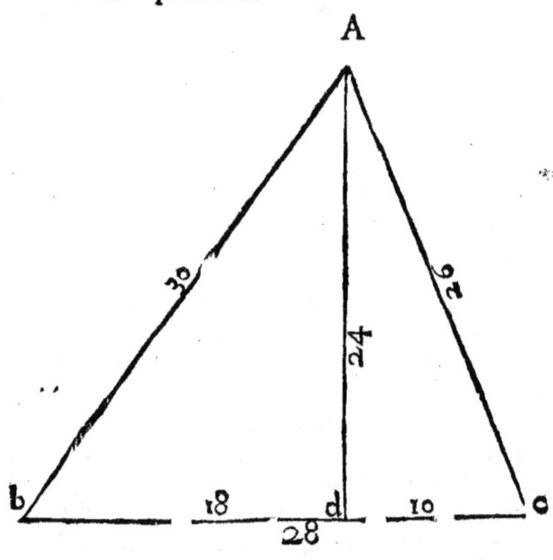

Or le quarré de C D. 100. foubftraict du quarré de A C. 676. laiffe pour refte 576. dont la racine quarrée 24. eft la quantité de la perpendiculaire A D. & C D. eftát foubftraict de de B C. 28. reſtent 18. pour l'autre partie de la baſe ſçauoir B D.

Que leſdictz quarrez de *A* C. & *B* C. prins enſemble ſoient egaux au quarré de *A B.* & deux fois le rectangle ſoubz *B* C. & C D. ie le demonſtre ainſy. Le quarré *A B.* eſt egal aux deux quarrez de *B D.* & D *A.* item le quarré de *A* C. egal aux deux quarrez de C *D.* & D *A.* par la 47. propoſition du premier d'*Euclides*, eſtant oſté le quarré commun *A* D. ne reſtera plus d'vng coſté ſinon le quarré *B* D. & de l'autre coſté le quarré D C Mais par la 4. propoſition du ſecond d'*Euclides*, le quarré de toute la ligne B D. & D C. eſt egal au quarré de B D. auec le double du rectangle comprins ſoubz B C. & C D. eſtant donc oſté de part & d'autre le quarré de B D. le reſte ſera egal au double du rectangle comprins ſouz B C. & C D. qu'eſt l'excés duquel le quarré du coſté A B. eſt excedé des quarrez de A C. & C B. ce qu'il faulloit demonſtrer.

Par la meſme voye ſe trouuera la partie de la baſe B D. Car prenãt enſemble les deux quarrez de A B. 900. & B C. 784. ilz feront 1684. deſquelz eſtant ſoubſtraict le quarré de A C. 676. reſteront 1008. dont la moictie 504 eſtant diuiſée par la baſe B C. (qu'eſt 28:) viendront 18. au quotient pour la plus grande partie de la baſe B C. que ſera *B D.*

Ainſy eſtans donnez les coſtez de tous triangles quelconques on pourra faire tomber la perpendiculaire au dedans d'iceux, car aux triangles amblygones on la fera tomber ſur le plus grand coſté & ſera la baſe au quarré, laquelle eſtant adiouſté le quarré de l'vng des aultres coſtez, & de la ſomme des deux eſtant oſté le quarré du troiſieſme coſté , la moitie du reſte diuiſé e par laditte baſe ou plus grand coſté, monſtrera au quotient la partie de laditte baſe ſur laquelle tombe la perpendiculaire vers le coſté duquel le quarré aura eſté ioinct a celluy de la baſe, laquelle practicque s'eſtend ſur tous triangles rectilignes, comme apparoiſtra és exemples ſuyuans.

Soit premierement propoſé le triangle rectangle E F G (encor qu'il ne ſoit beſoing de trouuer aultres perpendiculaires que E F. ou F G. pour trouuer ſõ air ou ſuperficie) duquel les coſtez ſoient E F. 12. F G. 16. & E G. 20. & qu'il faille trouuer la partie G H. de la baſe E G. i'adiouſte le quarré de F G. 256. au quarré de E G. 400. & leur ſomme eſt 656 de laquelle ie ſoubſtrais le quarré du coſté E F. 144 & reſtent 512 dont la moictie eſt 256. que ie diuiſe par la baſe E G. 20. & le quotient 12. & $\frac{4}{5}$ eſt la quantité de la partie G H. Mais pour trouuer la quantité de la partie E H. i'adiouſte le quarré de E F. 144 au quarré de E G. 400. & eſt faicte la ſomme de 544 de laquelle ie ſoubſtrais le quarré de

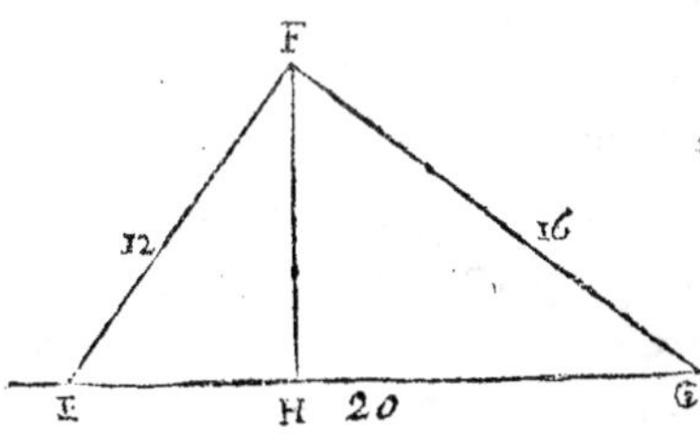

F G. 256. & reſtent 288. dont la moitie eſt 144. que ie diuiſe par E G. 20. & le quotient 7. $\frac{1}{5}$ pour la moindre partie de la baſe, ſçauoir E H. Puis par la 47. propoſitiõ du premier liure d'*Euclides* ie trouue la perpendiculaire F H. de 9 $\frac{3}{5}$ Or ſi on multiplie la baſe E G. par la moitie de F H. ou la toute F H. par la moictie de la baſe E G. ſe trouuera le meſme produict, que ſi on multiplioit E F. par la moictie de F G. ou la toute F G. par la moictie de E F. car viendront touſiours de telles multiplications 96. pour la ſuperficie ou contenu du triangle E F G. comme il a eſté demonſtré cy deuant.

Soit ſecondement le triangle Scalene acutangle A B C. duquel les coſtez ſoient donnez A B. 6. $\frac{1}{12}$ B C. 7. & C A 7. $\frac{1}{2}$ (I'ay prins cét exemple de nombres entiers & rompus pour monſtrer la practicque d'en tirer les racines quarrées)
le quarré

le quarré du costé A C. est $\frac{225}{4}$ lequel nombre est produict de la multiplication
de $7\frac{1}{2}$ par soy, ainsy la racine quarrée de $\frac{225}{4}$ est $\frac{15}{2}$ c'est a dire $7\frac{1}{2}$ car la racine
du numerateur 225. est 15. & celle du denominateur est 2. Ainsy se practicque
la regle de l'extraction des racines eõn nbres rõpus, sçauoir qu'il faut extraire
les racines tant des numerateurs que des denominateurs, & icelles mises l'vne
sur l'autre font vne fraction pour la racine comme sont $\frac{15}{2}$ Mais il faut noter
que si quelque nombre est faict d'entier & fraction comme seroit $6.\frac{2}{3}$ dont le
denominateur de sa fraction 3. n'est poinct nombre quarré, icelluy nombre
est sourd n'ayãt aucune racine. Pourquoy faudra chercher sa racine plus prochaine selon qu'auons dict en la regle des extractions d'icelles. Mais si ledict
nombre est tel que le denominateur de sa fraction soit nombre quarré, il faut
esprouuer s'il a racine en le reduisant en sa fraction Comme si on demandoit
la racine quarré de $6.\frac{1}{4}$ d'autant que le denominateur 4. est nombre quarré, ie
reduis tout le nombre en sa fraction & sont faictz $\frac{25}{4}$ dont la racine quarré est
$\frac{5}{2}$ c'est a dire $2\frac{1}{2}$ ie dis donc que la racine quarrée de $6.\frac{1}{4}$ est $2.\frac{1}{2}$ Toutesfois il ne
s'ensuit pas que toutes & quantesfois que le denominateur de la fraction de
quelque nombre est quarré qu'icelluy nombre soit aussy, car pour exemple
$5.\frac{1}{4}$ n'est pas nombre quarré car estant icelluy reduict en sa fraction faict $\frac{21}{4}$ dõt
le numerateur 21. estant sourd le tout aussi sera nombre sourd n'ayant aucune
racine precise,

Pour reuenir a nostre triangle Scalene acutangle ABC. le quarré de A C.
$\frac{225}{4}$ adiousté au quarré de C B. 49. faict $\frac{421}{4}$ de laquelle somme estãt osté le quarré
de A B $\frac{169}{4}$ restent $\frac{252}{4}$ dont la moictie est $\frac{252}{8}$ laquelle diuisée par la base B C. 7.
le quotient sera $4.\frac{1}{2}$ pour la partie C D. pourquoy l'autre partie D B. sera de
$2.\frac{1}{2}$ Pour la quantité de la perpendiculaire elle se trouuera par la 47. du pre-

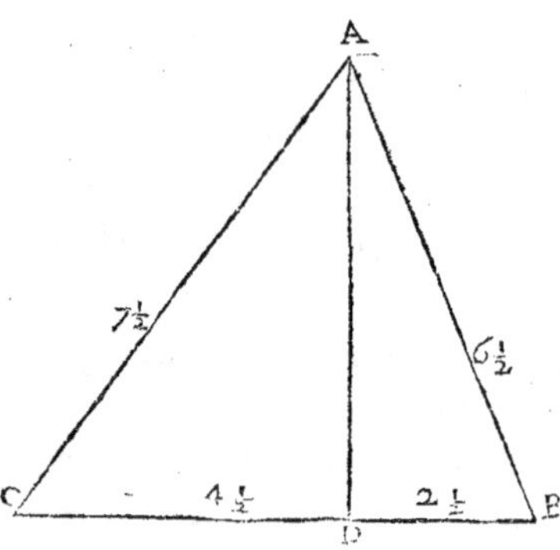

mier des elemens d'Euclides, le quarré dõc
de C D. $\frac{81}{4}$ osté de $\frac{225}{4}$ qu'est le quarré de AC.
laissera $\frac{144}{4}$ dont la racine est $\frac{12}{2}$ c'est a dire 6,
pour ladicte perpendiculaire A D.

Soit tiercement le triangle amblygone
B A C. & que de l'angle obtus A. il faille
faire tomber la perpendiculaire sur le plus
grand costé ou base B C. & soient les costez donnez A B. 7. AC. 17. & B C. 21. le
quarré de A C. est 289. lequel adiousté au
quarré de B C. 441. faict la somme de 730,
de laquelle estant osté le quarré de A B 49. restent 681. dont la moictie est
$\frac{681}{2}$ icelle diuisée par la base B C. 21. le quotient se trouue de $16.\frac{3}{14}$ pour la partie
C D. & consequemment B D. se trouue de $4.\frac{11}{14}$ Mais pour la perpendiculaire
A D. elle sera de nombre sourd sçauoir la racine de $\frac{1115}{196}$ laquelle ne se peut exprimer par nombre precis. C'est pourquoy il faut prendre le quarré de 21. sçauoir 441. pour trouuer le contenu d'icelluy triangle, car icelluy multiplié par
$\frac{1115}{196}$ (qu'est le quarré de la perpendiculaire A D) sera produict vng nombre duquel

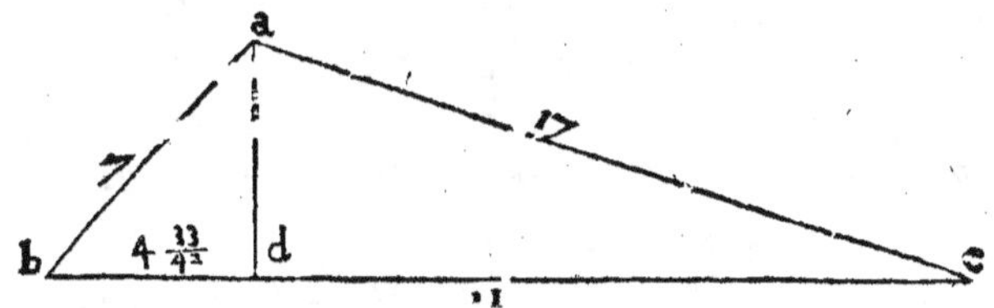

quel faudra prendre la moitie, c'est a dire le quart (a cause que les multiplians
sont plans quarrez, comme se practicque es operations desnombres irration-
naulx) & la racine quarrée de cette moitie sera la superficie du triangle proposé *A B C*. laquelle façon d'operer i'explicque par exemple comme sensuit.

Ayant esté cy deuant demonstré que la perpendiculaire multipliée par
la moitie de la base des triangles sur laquelle elle tombe, ou la moitie
de la perpendiculaire par toute laditte base, le produict de la multiplication est egal au contenu d'iceux. Soit le triangle susdict A B C. duquel les costez soient mesurez par toises, la perpendiculaire tombant
au dedans d'icelluy ayant esté trouuée racine de $\frac{5115}{196}$ pour trouuer l'aire
ou superficie qu'il contient, il faut prendre le quarré de la base BC. 21.
sçauoir 441. duquel la moitie (cét a dire le quart) est $\frac{441}{4}$ se multiplie
par $\frac{5115}{196}$ & sont produictz $\frac{2255715}{784}$ dont la racine quarrée exprime le contenu du triangle proposé A B C. Mais le numerateur de ce produict estant
nombre irrationnel, & le denominateur rationnel duquel la racine est
28. Ie cerche la racine plus prochaine de 2255715. auec l'addition de six
zero, comme il a esté dict en l'extraction des racines quarrées, & trouue
1501. $\frac{223}{1000}$ assez prochaine de la vraye racine desirée, laquelle diuise par 28.
& viennent au quotient 53. toises & $\frac{17903}{28000}$ parties de toises, que montent
a 63. piedz quarrez, & 135. poulces quarrez & encor 35. lignes & $\frac{1}{35}$ partie de lignes, la practicque & commun vsage des mesures ne receuant
parties au dessouz des lignes, la fraction derniere se peut obmettre sans
erreur notable, ioinct que procedant vers l'infiny, les parties naissantes
des fractions ne pourroient estre exprimées par noms & termes congnus.

Or pour trouuer les parties denommées cy dessus, est a noter qu'vne toise
en superficie contient 100. (car ayant 10. piedz en longueur son quarré est
de 100.) c'est pourquoy la fraction restant de la premiere diuision comprenant certaines parties de toises, ie multiplie le numerateur 17903. par 100.
& le produict 1790300 diuise par le denominateur 2800. d'ou viennent
au quotient 63. piedz restant encor $\frac{26300}{28000}$ parties de piedz, qui se reduisent
à $\frac{263}{280}$. Et d'autant que le pied se diuise en 12. poulces de longueur, vng pied
quarrée contient 144 poulces, ie multiplie 263. par 144. & le produict 37872.
diuise par 280. d'ou viennent 135. poulces, & encor $\frac{2}{35}$ parties de poulces ;
Et le poulce se diuisant pareillement en 12. lignes de longueur, le quarré d'vng
poulce sera de 144. pourquoy multipliant 144. par 9. denommez de 35. sont
produictz 1296. que ie diuise par 35. & se trouuent au quotiét 35. lignes & $\frac{1}{35}$ partie de lignes.

                                                            H   C'est

Cefte maniere de fupputer les fuperficies par les quarrez des lignes, fe demõ-
ftera facilement par les nombres rationnaux en prenant des lignes defquelles
les longueurs foient congnuës en nombres, cóme au triangles precedent duquel la bafe CB. eft de 7. toifes & la perpendiculaire AD. de 6. Car les quarrez
eftans 49. pour CB. & 36. pour AD. iceux multipliez l'vng par l'autre produi-
fent 1764 dont la moitie (cét a dire le quart) eft 441. duquel nombre la racine
quarré 21. exprime le contenu ou aire dudict triangle de 21. toifes quarrés Aultrement prenant le quarré de toute ladicte perpendiculaire fçauoir 36 icelluy
multiplié par le quarré de la moictie de la bafe, fçauoir par $\frac{49}{4}$ le nombre prouuenant de la multiplication fera $\frac{1764}{4}$ que font toufiours 441. comme au parauant. De mefme le quarré de la moictie de la perpendiculaire fçauoir 9 mul-
tiplé par le quarré de toute la bafe fçauoir par 49. produira pareillement 441.
dont la racine quarrée fera toufiours 21. pour la fuperficie ou contenu du triangle fufdict.

Refte a monftrer comme par cette mefme practic que la perpédiculaire des
triangles Ifofceles & Equilateraux tombera au dedans d'iceux ; & dauantage
que fi elle tombe de l'angle comprins des deux coftez egaux du triangle Ifofceles, elle diuifera la bafe ou cofté oppofé en deux parties egales, d'ou fenfui-
ura qués triangles equilateraux elle tombera neceffairement de l'angle oppofé fur le milieu du cofté d'iceux. Soit donc le triangle Ifofceles ABC, ayant les
coftez AB, 13. AC. auffy 13. & la bafe BC. 12. les deux quarrez de AB, 13. & BC.
12. font 169. & 144. lefquelz ioincts enfemble font la fomme de 313. de laquelle
eftát ofté le quarré de l'autre cofté AC. 169. reftent 144. dót la moitie 72. diuifé
par la bafe BC. 12. viennent 6. au quotient pour la moitie de laditte bafe, fçauoir la partie BD. Et le triangle eftant oxigone on pourra faire tomber laditte
perpendiculaire fur lequel cofté on voudra, comme de langle C. fur le poinct
G, & feront congnuës les parties AG. de 7. $\frac{6}{13}$. & BG. de 5. $\frac{7}{13}$.

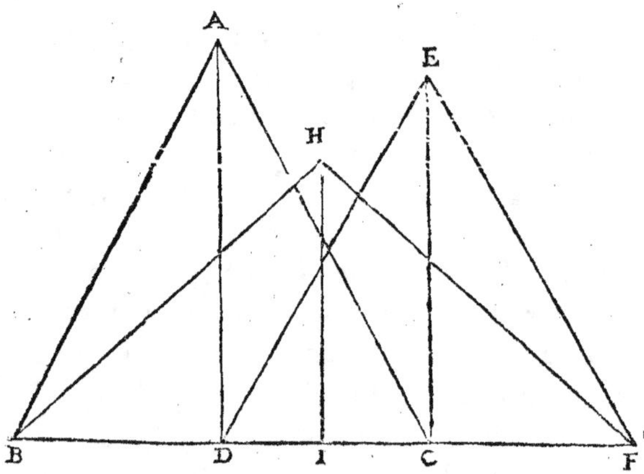

Mais le triangle Iſoſceles eſtant rectangle ou amblygone la perpendiculaire
tombant au dedans ſur le plus grand coſté elle le diuiſera touſiours en deux
parties egales comme ſe veoit au triangle B H F. les parties de la baſe B F. ſçauoir B I. & I F. eſtant egales. Ce qu'appert par la conſtruction, car les angles
H I F. & B I H. eſtans droictz, & les angles ſur la baſe B F. egaux par la cinquieſme propoſition du premier des elemens d'Euclides ; les angles F H I. & B H I.
ſeront auſſy egaux par la 32. propoſition & troiſieſme commune ſentence dudict premier d'Euclides. Pourquoy aux triágles B H I & F H I. le coſté H I. eſtát
commun les coſtez B I. & B F. ſeront egaux par la quatrieſme propoſition dudict premier d'Euclides, ainſy BF. eſt diuiſee egalement au poinct I. ſur lequel
tombe la perpendiculaire de l'angle oppoſé H. le meſme ſe doit conclure des
triangles equilateraux.

  Dauantage ſoit propoſé le triangle equilateral D E F. Ayant pour la lógueur
de chacun coſté vne toiſe, les quarrés des coſtez ſe trouuerót tous egaux eſtás
1. Pourquoy les quarrez de ED. 1. & DF. 1. ioincts en ſemble ſeront 2. & eſtant
oſté le quarré de EF. 1. reſtera 1. la moitie duquel ſçauoir $\frac{1}{2}$ diuiſé par DF. 1. dó-
nera au quotient $\frac{1}{2}$ pour la quantité de D C. Mais celle de la perpendiculaire
EC. ſera la racine de $\frac{3}{4}$ car le quarré de D C. $\frac{1}{2}$ qu'eſt $\frac{1}{4}$ eſtant ſoubſtraict du
quarré de ED. 1. cét a dire $\frac{4}{4}$ reſtent $\frac{3}{4}$ pour le quarré de EC. par la penultieſme
du premier d'Euclides. Et pource que la moictie de la baſe multipliée par la
perpendiculaire produit la ſuperficie du triangle en multipliant le quarré de
DC. $\frac{1}{4}$ par le quarré de EC. $\frac{3}{4}$ ſeront produictz $\frac{3}{16}$ que ſeront racine de $\frac{3}{16}$ pour
la ſuperficie deſirée.

  Mais le numerateur de cette fraction ſçauoir 3. n'ayant racine, ie luy adiouſte ſix zero pour faire 3000000. dont la racine plus prochaine eſt $\frac{1732}{1000}$ que ie diuiſe par 4 racine du denominateur 16. & viennent au quotient $\frac{1732}{4000}$ parties de
toiſes. Pourquoy multipliant le numerateur par 100. pour les raiſons ſuſdictes,
ſont produictz 173200. pieds que ie diuiſe par 4000. & le quotient 43. & $\frac{3}{10}$ me
donne la ſuperficie prochaine du triangle propoſé.

  Aultrement ſi on veut diuiſer la toiſe en 10. piedz de longueur, le coſté ED.
ſera de 10. piedz, ſon quarré de 100 la partie DE. ſera de 5. piedz & ſon quarré
de 25. En oſtant 25. de 100. reſteront 75. dont la racine, ſera racine quarrée de
75. pour la valeur de la perpendiculaire EC. laquelle multipliée par racine 25.
moitie de la baſe, produira 1875 dont la racine quariée ſera 43. & enuiron $\frac{13}{43}$
different de la fraction cy deuant, de $\frac{1}{430}$ Que ſi au double de la racine de 1875.
on adiouſte 1. lors on aura 43. $\frac{26}{87}$ nombre plus grand que 43. $\frac{3}{10}$ ainſy ſe trouue
moyen entre 43. $\frac{13}{43}$ & 43. $\frac{26}{87}$ Et a l'imitation de ces practicques ſe pourront
ſupputer tous aultres triangles rectilignes deſquelz les perpédiculaires ſe trouueront racines de quelque nombre.

PROBLEME, II.

Estans donnez les coſtez d'vn triangle quelconque trouuer ſa ſuperficie.

Oit le triangle A B C. duquel les coſtez ſoient congnus A B. 15.
B C. 14. & C A. 13. i'adiouſte tous les coſtez enſemble, leſquelz
font la ſomme de 42. Ie prens la moiȼie d'icelle ſomme, ſçauoir
21. & en ſouſtrais tous les coſtez l'vng apres l'autre pour auoir les
differences d'entre iceux & ladiȼte moitie, que ſont 6.7.8. car la
difference de 15. à 21. ſont 6. & celle de 14. ſont 7. comme celle de 13. ſont 8.
Ce faiȼt ie multiplie 21. moiȼie de la ſomme des coſtez par qu'elle des differences que bon me ſemble, cóme 7. par 21, & ſont produiȼt 147. Puis ie multiplie les aultres deux differences ſçauoir 8. & 6. l'vne par l'autre, & ſont pro-
duiȼts 48. par leſquelz ie multiplie finalement le premier produiȼt 147 & de
cette derniere multiplication viennent 7056. dont la racine quarré eſt 84. pour
la ſuperficie du triangle propoſé, A B C.

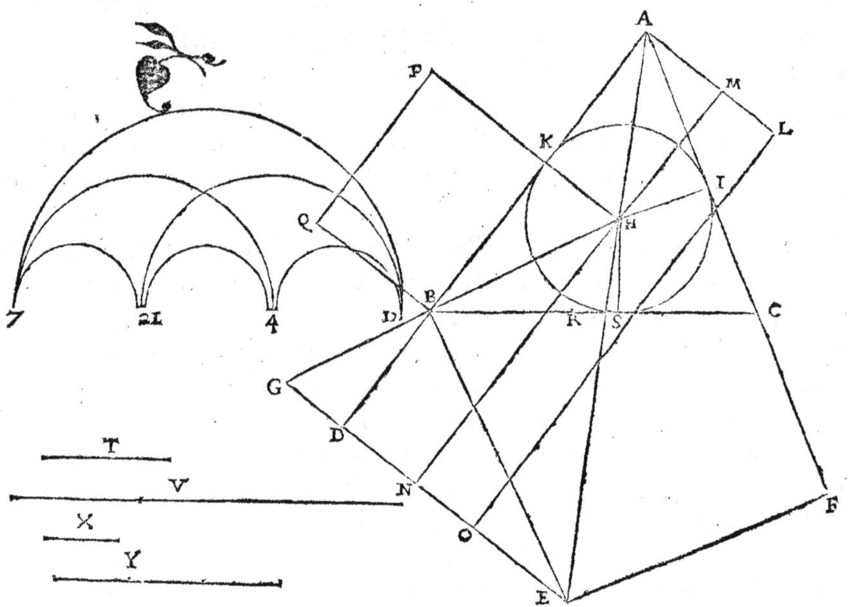

La raiſon de cette operation eſt que le rectangle comprenant la ſuperficie
d'vng triangle, eſt moyen proportionnel, entre le rectangle comprins ſouz la
moitie de la ſomme des trois coſtez & vne des differences quelconque, & celluy rectangle qui eſt comprins ſouz les aultres deux differences ; Comme ſoit
la ſuperficie du triangle propoſé ABC de 84. & ſoit premierement la moitie
de la ſomme des trois coſtez 21 & icelle multiplée par la difference 7. qu'eſt
entre BC. 14. & AD. 21. le produiȼt ſera vng rectangle, par la premiere definition du ſecond d'Euclides contenant 147 Item ſoient les aultres differences
6. & 8. multiplié l'vne par l'autre, ſera pareillement produiȼt vng rectangle
con-

contenant 48. Or entre ces deux rectangles 147.& 48. le moyen proportionnel
est 84. que nous auons dict estre egal au côtenu du triangle proposé, car côme
147. à 84. ainsy 84. à 48. veu que 147. 84. & 48. sont en proportion continuelle
supertriparticnte quartes.

Soit secondemét ladicte moictie de la somme des trois costez 21. multipliée
par la difference 8. laquelle se retrouue entre A C. 13 & A D. 21. le produict
sera pareillement vng rectangle contenant 168. puis soient multipliées les autres deux differences 6 & 7. l'vne par l'autre le produict sera vng rectangle cô-
tenant 42. dont les trois rectangles 168. 84 & 42. se retrouueront aussy en proportion continuelle ditte double. Pourquoy 84. estant egal a la superficie du
triangle susdict est moyen proportionnel entre lesdictz rectangles 168. & 42.
la superficie dudit triangle sera aussy moyenne entre iceux.

Finalement soit ladicte moitie de la somme des trois costez 21. multipliée
par 6. le produict ou rectangle prouuenant de cette multiplication sera 126.
& soient aussi les aultres deux differences 7. & 8. multipliées l'vne par l'autre, le
produict sera de 56 Pourquoy les trois rectangles 168. 84 & 56. seront aussy
proportionnaux, gardans entre eux continuellement la proportion sesqui-
altere. D'où vient que les Arithmeticiens ont conclu par la 21. definition du
7. & premiere proposition du neufiesme liure des elemens d'Euclides, que le
nombre faict des deux extremes comme de 147 par 48. ou de 168. par 42. & de
126. par 56. qui se retrouue tousiours 7056. estoit nombre quarré duquel la racine quarré estoit la superficie du rectangle egal au triangle proposé, car ces
nombres plans ayans leurs costez proportionnaulx, comme se verra en la demonstration suiuante, ilz sont semblables par la susdicte 21. definition,
c'est pourquoy par la premiere proposition du neufiesme d'Euclides le produict d'iceux est nombre quarré. Ce qu'estant receu par les Arithmeticiens
est reietté par les Geometres, d'autant que la demonstration ne peut s'estendre aux nombres irrationnaux, estant conceuë pour les nombres quarrez seulement c'est pourquoy il est necessaire de bastir vne aultre demonstratiô pour
preuue de cette practicque, & monstrer comme elle se peut estendre aux nôbres irrationnaux, pour la construction de laquelle il faut demonstrer pour
principe le lemme qui sensuit.

LEMME. I.

Si quattre lignes sont continuellement proportionnelles, les rectangles soubz la premiere &
seconde, soubz la seconde & troisiesme, soubz la troisiesme & quatriesme sont
continuellement proportionnaulx.

SOient en la figure suiuante les lignes T. V X. Y. continuellement proportionnelles, le dis que les rectangles souz T. & V. & souz V & X. item souz
X. & Y. sont continuellement proportionnaux. Car soit T. 7. toiles & V.
21. le rectangle faict souz icelles sera 147. & soit X. 4. le rectangle soubz la seconde V. 21. & la troisiesme X. 4. sera 84. Item soit Y. 12. le rectangle faict

foubz la troifiefme X. 4. & quatriefme Y. 12. fera 48. Ie dis que comme 147. eft a 84. ainfy eft 84. à 48. car ilz font en proportion continuelle fupertripartiéte quartes,

Au triangle A B C. les coftez A B. A C. eftans produicts tant que foit affez. Soient diuifez chacun des angles en deux egalement & par le milieu foient meinees des lignes droittes quelconques comme G B H. A H E, &c. elles s'entrecouperont au poinct H. centre du cercle infcriptible audict triangle par la 4. propofition du quatriefme des elemens d'Euclides, & icelluy cercle eftant defcrit, foient du centre H. menées des lignes droittes vers les poincts d'attouchement I K S. icelles tomberont perpendiculairement fur les coftez du triangle A B C. & feront egales entre elles par la definition du cercle, & dixhuictiefme propofition du troifiefme defdictz elemens. Et dautant que la moitie de la fomme des coftez eft 21. foit le cofté A C. produict en F. tellement que C F. contienne 8. parties de la bafe B C. la toute A F. aura en longueur 21 a laquelle foit faicte egale A D. & pource que A B. eft de 15. la partie B D, fera de 6. egale à C R. l'autre partie de la bafe B C. ainfy la fomme des trois coftez du triangle fera comprinfe en ces deux lignes A D, & A F, dont l'vne d'icelles eft la moitie de laditte fomme. Puis foient menées les perpendiculaires D E. F E. & finalement la ligne E B. Ie dis premierement que A K. K B. & B D. font les trois differences d'entre chacun cofté, & la moitie de la fomme d'iceux.

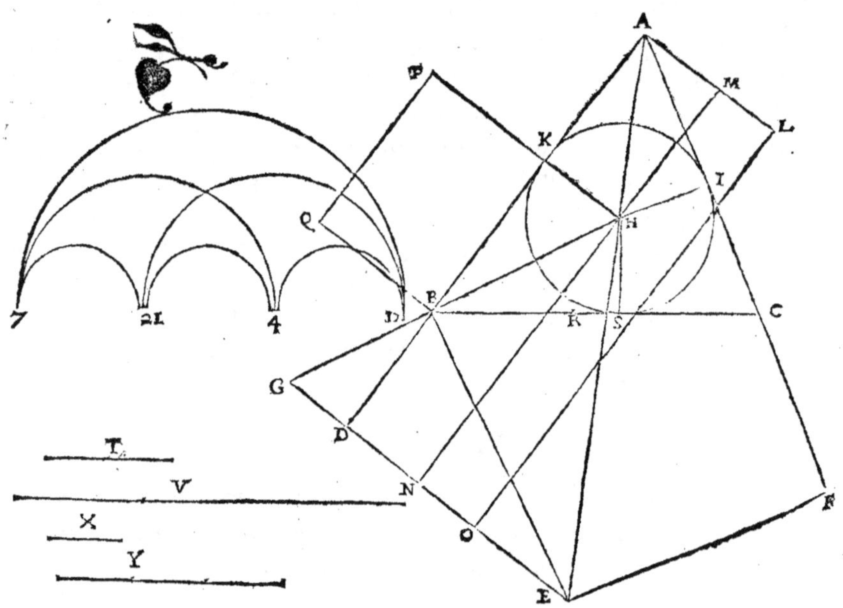

Car aux triangles H K A. & H I A. les angles tant H K A. H I A. que les angles K A H, & I A H. eftans egaulx par la conftruction, les angles K H A. & I H A. feront auffy egaux entre eux, par la 32. propofition du premier d'Euclides : & par la mefme conftruction ou definition du cercle, les coftez K H. &

HI

H I. eſtans egaux & le coſté A H. commun a iccux triangles, les coſtez A I. &
A K. feront egaux, par la 4. & 6. propoſitiõs dudict premier d'Euclides, Pourquoy en oſtant A B. 15. de A F. 21. reſtera I C. de 6. car la partie A K. eſtant egal
à A I. K D. fera egale à I F. par la troiſieſme commune ſentence. Or C F. a eſté
prinſe egale à C R. 8. & C D. egale à B R. 6 donc K D. fera egale à I F. & la partie I C. egale à D B. 6. & conſequemment B K. egale à C F. ſera de 8. laquelle
B K. 8. oſtee de B A. 15. reſtera K A. 7. ainſy A D. moitie de la ſomme des coſtez du triangle contiendra les trois differences d'entre iceux coſtez & laditte
moitie.

Cette partie eſtant demonſtrée, ſoient faictz les rectangles A L D O. comprins ſouz A D. moitie de la ſomme des coſtez & vne des differences A K. lté
K B P Q. comprins ſoubz les aultres deux differences K B. & B D. Et ſoit faict
pareillement le rectangle A M D N. comprins ſouz laditte moitie de la ſomme
des coſtez & demidiametre du cercle inſcriptible audict triangle, lequel rectangle ſera egal a la ſuperficie du meſme triangle (car les trois perpendiculaires H I. H K. H S. multipliées chacune par la moitie des coſtez ſur leſquelz
elles tõbent produiſent la ſuperficie de trois triangles deſquelz la cyme eſtans
en H. font enſemble le triangle A B C.) Ie dis ſecondement que les rectágles
A L D O. A M D N. & K B Q P. ſont continuellement proportionnaux.

Car les triangles A D E. & A K H. par la conſtruction ſont rectangles, les lignes H K. & E D. tombantes perpendiculairement ſur le coſté A D. ſont conſequemment paralleles, pourquoy iceux triangles A K D. & A D E. ſont equiangles, & par la quatrieſme propoſition du 6. des elemens d'Euclides leur coſtez ſont proportionnaux, donc comme A K. à K H. ainſy A D. à D E. & en
permutát, comme A K. à A D. ainſy K H. à D E. pourquoy A K. A D. K H. D E.
ſont continuellement proportionnelles d'ou ſenſuit par le lemme precedent
que comme le rectangle comprins ſouz la premiere & ſeconde A K. A D. cét a
dire à A L D O. au rectangle ſouz la meſme ſeconde A D. & troiſieſme A K.
(c'eſt à dire A M D N.) au rectangle comprins ſouz K H. troiſieſme & D E. quatrieſme (auquel eſt egal K B Q L. comprins ſouz les aultres deux differences)
donc le rectangle A M D N qui a eſté monſtré egal a la ſuperficie du triangle
propoſé, eſt moyenne proportionnel entre le rectangle comprins ſoubz la
moitie de la ſomme des trois coſtez, & vne des differences, & celluy qui eſt cõprins ſoubz les deux aultres.

Que le rectangle comprins ſoubz B H & D E. ſoit egal au rectangle K B Q P.
comprins ſoubz les aultres deux differences K B & B D. il eſt euident, car aux
triangles H K B & G D B. les angles en K & D. ſont droictz. & l'ágle K B G. egal
a l'angle G B D. par la quinzieſme propoſition du premier d'Euclides. lté eſtant
produict le coſté Q B vers T. les angles K B T. & D B T. ſont egaux par la 10.
commune ſentence, & par la conſtruction l'angle K B C. eſtant diuiſé en deux
egalement l'angle H B C. luy eſt egal & conſequemment à G B D. Eſtant donc
adiouſté D B G. à D B T. & oſté K B G. de K B T. les angles G B E. & H B E. ſeront
egaux. Pourquoy la ligne E B. eſt perpendiculaire à G H. dont par la 13. du ſixi-

eſme

esme dudict Euclides les triangles DBG, & DEB. sont equiangles ; or DBG. a
esté monstré equiangle à KBG. donc DEB. est equiangle au mesme triangle,
& par la susdicte quatriesme du 6. d'Euclides comme HK. à KB ainsy BD, à
DE. pourquoy par la 16 proposition dudict sixiesme, le rectangle comprins
souz les deux extremes HK. & DE. est egal au rectangle comprins soubz les
deux moyennes KB. & BD. que sont les differences susdictes. Le rectangle
donc comprenant la superficie d'vng triangle est moyen proportionnel entre le rectangle comprins souz la moictie de la somme des costez dudict triágle & vne des differences desditz costez a la moitie, & le rectangle comprins
soubz les aultres deux differences, ce qu'il faulloit demonstrer.

PROBLEME. III.

Estant donné vn rectiligne quelconque trouuer sa superficie.

E Probleme estant proposé en termes generaux doict côtenir la
practicque vniuerselle de mesurer tous les rectilignes tant reguliers qu'irreguliers que nous auons definy triangles, quarrez, parallelogrammes trapezes & trapezoïdes, & toutes les aultres figures a plusieurs costez qu'auons appellez polygones ou multilatere ; Nous venons de mesurer les triangles, les parallelogrammes & quarrez
sont mesurez ainsy qu'il a esté dict au commencement de ce liure, les aultres
non rectangle se mesureront selon les regles que sensuyuent.

Premierement les trapezes telz que sont ABCD. ayant deux costez paralleles bornez de lignes egales AC. BD. Item HK. IL. ayant deux costez paralleles, bornez de lignes inegales HI. KL. seront mesurez en adioustant les costez paralleles ensemble & multipliant la somme d'iceux costez par la largeur
desdictz trapezes, car la moitie du produict sera le contenu ou superficie cô-
prinse dans iceux : Aultrement la moitie de la somme desdictz costez paralleles multipliée par ladicte largeur, ou la moitie de la largeur multipliée par
toute la somme desdictz costez paralleles produira la superficie ou contenu
desdictz trapezes. Comme soit le trapeze ABCD. duquel les costez paralleles
AB soit de 5. toises & CD. de 9. iceux mis ensemble font 14. & soit la largeur
CG. de 4. le costé AB. ioinct en ligne droitte à CD. le tout sera CF 14. Et CG.
4. multipliant 14. faict le parallelogramme rectangle CFGE. de 56. dont la
moitie 28. est la superficie ou contenu du trapeze ABCD. car si du poinct B.
on esleue vne perpendiculaire sur AB. sera faict sur GB. & largeur CG. vng
rectangle egale au trapeze proposé, que sera la moitie de CF. GE. comme il
est euident par les raisons deduittes au commencement de ce liure. Pareillement la ligne GB. moitie de la somme desdictz costez multipliée par CG.
produict

produict le mefme rectangle CB. Auffi la moitie de la largeur CG. fçauoir 2.
multipliées par la toute CF. 14. fomme des deux coftez paralleles, produict 28.
comme auparauant pour la fuperficie du trapeze ABCD. l'autre trapeze HK
IL. fe mefurera par la mefme raifon & maniere, & auffy tous aultres quelconques ayans deux coftez paralleles.

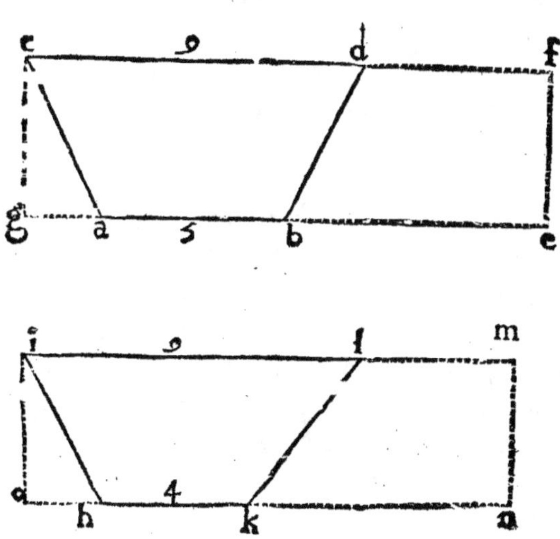

La practicque de mefurer les trapezes fufdictz, a caufé vng erreur trefno-
table que i'ay veu commettre a plufieurs Arpenteurs, car ceux qui ont ignoré
la Geometrie ont receu cette regle comme vniuerfelle pour mefurer tant les
trapezes que traperoïdes, cét pourquoy leur eftant propofé vng plan comme
feroit ABCD. trapezoïdes ilz adiouftoit les coftez oppofez comme AB. 15.
& CD. 10. enfemble que font 25. item les aultres coftez BC. 14. & AD 10 que
font 24. puis multiplient la moitie de 25. par la moitie de 24. & prennent le
produict pour la fuperficie dudit trapezoïdes fçauoir 150. ce que ne peut eftre,
car le trapezoïde eftant reduict en triangle ABC. & ACD. & iceux triangles
eftans mefurez felon les regles cy deuant declairées fe trouueront contenir
149 ½ qu'eft moing que la fomme prouuenant de la multiplication faicte par
la moitie de la fomme des coftez oppofez l'vng par l'autre, & dauantage de
tant plus que femblables trapezes s'eflongneront du quarré ou rectangle l'erreur en croiftera toufiours, cét pourquoy ladite regle s'eftend feulement fur
les trapezes aians leurs coftez oppofez paralleles.

Les trapezoïdes donc fe mefureront comme tous aultres rectilignes ou par reduction en quarrez ou en triangles quelconques; Auant
quoy faire fera neceffaire de diuifér quelqu'vng des coftez cougnus en
les parties données pour feruir d'efchelle, petit pied ou mefure commune aux

                                                          I   lignes

lignes qui viendront de la reduction d'iceux en aultre forme , comme
estant proposé le trapezoïde A B C D. que i'ay supposé estre la forme
ou figure d'vng plan que i'ay leué, duquel les costez me sont congnus,
icelluy estant reduict en triangles , il est besoing (pour le mesurer par
cette maniere) de congnoistre les quantitez des lignes tombante au
dedans C F. C A. & D E. le costé donc A B. estant de 15 ie le diuise en
ses parties 15. & trouue par le 5. probleme du premier liure precedent
que C F. contient enuiron 12. parties $\frac{1}{4}$ de celles de A B. & C A, 16. la perpendiculaire D E. 6. $\frac{3}{4}$ & ne faut faire aucune difficulté d'admettre cette
diuision mechanicque des lignes dautant qu'elle est necessaire à la practique de mesurer tant les superficies, plans & campaignes que pour les longueurs. car ors que la mesure Geometricque des lignes se puisse trouuer ce
neautmoins en les pratiquant se retrouuent tousiours des operations mechanicques, soit auec les instrumens comme toises , chaines , cordeaux,
ou aultrement; & qui ne voudroit admettre ces dimensions il osteroit totalement la practicque d'arpenter ou mesurer les plans car on ne peut trouuer
le contenu de quelque plan sur terre ou aultre superficie, que par le moyen
de quelque instrument materiel, c'est pourquoy la practicque & mechanicque defaillant peu du vray & receuë pour mesurer les lignes tombantes
au dedans des figures se doit admettre sans contredict.

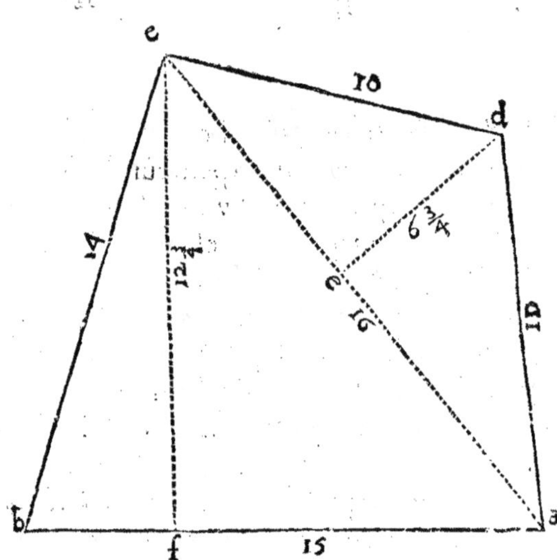

La superficie des trapezoïdes se peut trouuer par vne seule multiplication car ayant mené vne diagonale au trauers d'iceux, on peut des
angles opposez faire tomber la perpendiculaire des deux angles opposez sur ladicte diagonale , car estant adioustées lesdictes perpendiculaires
& multipliées par la moitié de la base ou diagonale sur laquelle
                                                                        elles

elles tombent, elles produirốt le contenu ou superficie du trapezoide proposé,
Comme soit le trapezoide IKLM. duquel les costez sont congnus, & soit menée la diagonale KL. contenant 14. toises $\frac{3}{4}$ en lốgueur & les perpendiculaires
menées des angles I. & M. soient 6. $\frac{3}{4}$ & 7. $\frac{3}{4}$ icelles adioustees ensemble font
la somme de 14. $\frac{1}{2}$ soient donc multipliez 14. $\frac{1}{2}$ par la moitie de 14. $\frac{3}{4}$ cét assça-
uoir 7. $\frac{3}{8}$ le produict sera de 106. $\frac{11}{16}$ pour la superficie du trapezoide IKLM. Car
il a esté monstré cy deuant, que la perpendiculaire tombante de l'angle I. sur
la diagonale KL. multipliée par la moitie de ladicte KL, produict la superficie du triangle IKL, & consequemment aussi l'autre perpendiculaire tombâte
de l'angle M. multiplée par la moitie de KL, produict la superficie du triangle KLM. desquelz deux triangles est faict le trapezoide IKLM. Pareillement
il a esté demonstré que lesdictes perpendiculaires multipliées par la toute KL.
produisent le double du trapezoide IKLM. comme lesdictes perpendiculaires
faisantes ensemble 14. $\frac{1}{2}$ & toute la diagonale 14. $\frac{3}{4}$ iceux nombres multipliez
l'vng par l'autre produisent 213. $\frac{7}{8}$ dont la moitie 106. $\frac{11}{16}$ est la superficie du trapezoide proposé,

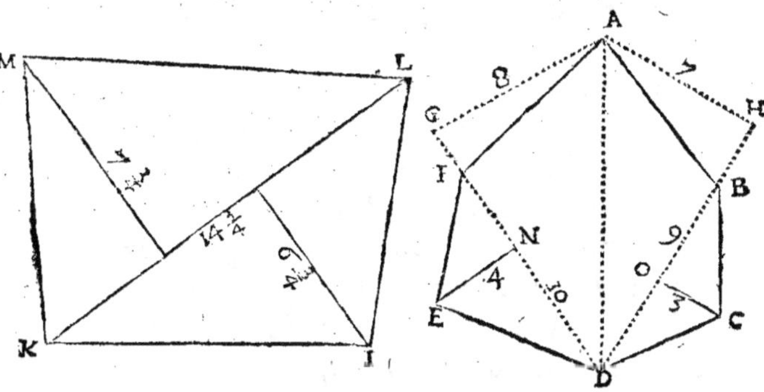

Par la mesme voye se mesureront toutes aultres figures polygones, ou
multilateres rectilignes, car estans iceux reduictz en triangles, il faudra
tellement produire les bases sur lequelles on veut faire tomber les perpendiculaires qu'il en puisse tousiours tomber deux sur vne mesme base,
soit au dedans ou soit au dehors du triangle ou rectiligne, car lesdittes
perpendiculaires ioinctes ensemble & multipliées par la moitie de la partie
de la base comprinse au dedans du rectiligne, produiront la superficie
des deux triangles ausquelz laditte base est commune. Comme en l'hexagone irregulier ABCDEF. iceluy estant reduict en quattre triangle ABD.
BCD, ADF, & DEF. Ie produis les bases DB. en H. & DF. en G. tant que
du poinct A. puissent tomber des perpendiculaires AH. & AG. la
quantité desquelles, ie trouue ainsy qu'il a esté dit A H. 7. & BD. 9.
item la perpendiculaire CO. 3. laquelle ioincte auec A H. faict 10.

I 2　　Ie

73

Ie multiplie donc la moitie de BD. 4. $\frac{1}{2}$ par 10. & prouiennent 45. pour la superficie des deux triangles ABD. & BCD. Puis i'adioufte AG. 8. à EN. 4. & font 12. que ie multiple par 5. moitie de la bafe DF. d'ou me viennét 60. pour la fuperficie des aultres deux triangles ADF & DEF. & finalement en adiouftant 60. à 45. eft faicte la fomme de 105. pour toute la fuperficie du rectilignes ABCDEF. la raifon en eft de mefme que de l'operation precedente.

Dauantage la fuperficie de tous rectilignes quelcóques, fe peut trouuer par vne feule multiplication de deux quantitez l'vne par l'autre, lefquelles quantitez fe trouueront par la reduction defdictz rectilignes en triágles ou en quarrez, car iceux eftans rendus triangles en prenant vng cofté, & le multipliant par la moitie de la perpendiculaire, ou ladicte perpendiculaire par la moitie du cofté fur lequel elle tombe, foit au dehors foit au dedans fera produitte la fuperficie du rectiligne. Soit pour exemple en la figure fuyuante le rectiligne ABCD. par le fecond probleme du liure fecond precedent reduict en triangle AHD. & foit congnuë en mefures communes la diagonale AC. 12. prenant AH. pour bafe elle aura 15. $\frac{1}{2}$ parties telles que celles de AC. & la perpendiculaire DG. fera de 7. $\frac{3}{4}$ fa moitie eft de 3. $\frac{7}{8}$ que ie multiplie par 15. $\frac{1}{2}$ d'ou prouiennent 60. $\frac{1}{16}$ pour toute la fuperficie de AHD. cét a dire du rectilgne ABCD.

De mefme eftant reduict en quarré, le cofté d'icelluy eftans congnu en mefures telles que font le parties de AC. fe multipliera par foymefme , dont le produict fera la fuperficie du quarré egal au mefme rectiligne ABCD. Car comme il a efté demonftré que le rectangle faict ou comprins fouz les deux perpendiculaires enfemble & la moitie de la bafe oppofé aux angles defquelz elles tombent fur icelle, eft egal aux triangles aufquelz ladicte bafe eft commune, le quarré defcrit fur la moyenne proportionnelle entre les coftéz dudict rectangle fera egal à icelluy par la 17. propofition du 6. des elemens d'Euclides. Ayant donc prins DO. egale à DE. & continué OP. egale à BF. item PQ. egale à la moitie de la diagonale AC. ie trouue la moyenne proportionnelle PS. de 7. $\frac{3}{4}$ (parties telles que AC. en contient 12.)pour le cofté du quarré egal au rectiligne ABCD. Auffy multipliant 7. $\frac{3}{4}$ par foy ie trouue 60. $\frac{1}{16}$ comme au parauant.

Aultrement ayant trouué HI. moyenne proportionnelle entre DE. & la moitie de AC. Item IK. moyenne entre ladicte moitie de AC. & la perpendiculaire BF. fur l'extremité de HI. i'efleue perpendiculairement la ligne IK. puis ie meine la ligne HK. le quarré de laquelle eft egal aux deux quarrez de HI. & IK. prins enfemble par la 47. du premier d'Euclides, pourquoy iceux quarrez de HI. & HK. eftans egaux aux deux triangles ACD.& ABC. le quarré de HK. fera egal au rectiligne ABCD. par la 9. propofition du cinquiefme dudict Euclides.

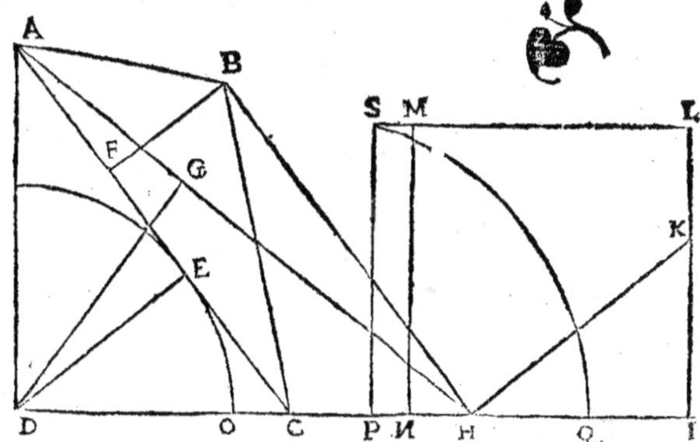

Mais ſi la quantité des lignes, des rectilignes ainſy reduictz en triangles ou quarrez, comme de AH. & DG, ou bien PS, & HQ. ne ſont congnuës en parties de *AC.* il faudra les examiner par le cinquieſme probleme du premier liure precedent, lequel eſtant bien entendu & conſideré on pourra par la raiſon d'icelluy approcher autant proche de leur vraye quantité comme par le ſinus, ce que ſuffit a la practicque des meſures pour les cauſes cy deuant deduittes,

PROBLEME, IIII,

Eſtant donnée la ſuperficie d'vng Polygone & la proportion de ſes coſtez a ceux des ſemblables a iceluy trouuer leurs ſuperficies,

A practicque de ce probleme eſt tirée des 19. & 20. propoſition du 6. des elemens d'Euclides, ou il eſt demonſtré que les polygones ſemblables ont entre eux la proportion doublée de leurs coſtez, ce qu'eſtant demonſtré par les commentateurs d'Euclides ſeroit ſuperflu de r'apporter icy la demonſtration. Ceſt pourquoy m'arreſtant a la practicque ie dis que pour trouuer l'aire ou ſuperficie d'vng polygone ſemblable à vng aultre duquel la ſuperficie eſt congnuë, Il faut premierement trouuer le denominateur de la propoſition de leurs coſtez, en diuiſant le plus grand coſté par le plus petit, car le quotient ſera le denominateur de ladicte proportion, & ayant ce denominateur, il faut multiplier ou diuiſer l'aire du polygone congnu, par icelluy denominateur & le produict ou quotient encor multiplier ou diuiſer par le meſme denominateur, & ce dernier produict ou quotient donnera la ſuperficie qu'on demáde.

Soient pour premier exemple propoſez les deux triangles ſemblables ABC. & EBD. dont la ſuperficie de EBD. ſoit congnuë de 6. toiſes, le coſté BD. de 3. & BE. 4. en longueur. Item au triangle ABC. ſoit BC. de 6. & BA. de 8. ie diuiſe BC. 6. par BD. 3. ou AB. 8. par EB. 4. & vient au quotient 2. pour denominateur de la proportion des coſtez ; ie multiplie donc 6. ſuperficie du

I 3   trian-

triangle congnu EBD, par 2. & le produict 12. encor par le mesme 2. denominateur de la proportion de leurs costez, & prouiennent 24. pour la superficie
du triangle ABC, semblable au donné EBD. Pareillement si on donne la superficie du triangle ABC, de 24. & le triangle EBD. a luy semblable dont le
denominateur de la proportion de leurs costez soit congnu de 2. ie diuise 24.
par ledict denominateur 2. & viennent au quotient 12. que ie diuise de rechef
par le mesme denominateur 2. & le dernier quotient 6. me donne la superficie de EBD. semblable au triangle donné ABC.

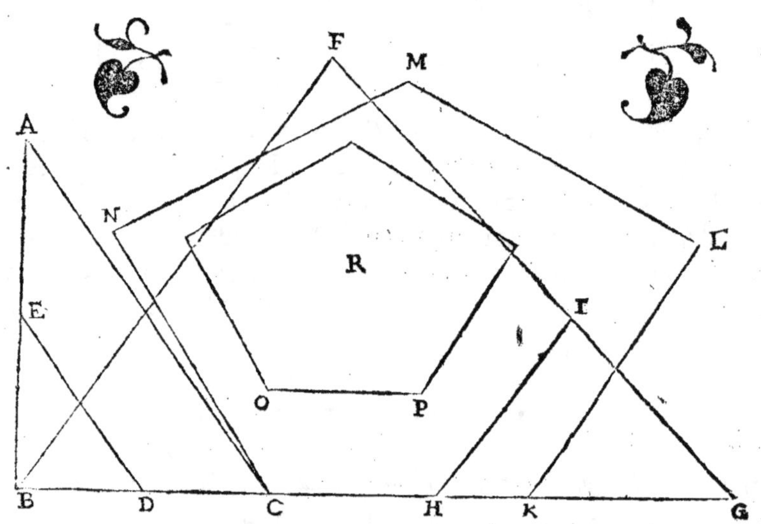

Secondement soit donné le triangle GHI, contenant en superficie 14. toi-
ses & $\frac{70}{189}$. partie de toises, auquel triangle soit faict semblable BFG. & le costé
GH. soit en proportion double supertripartient septiesmes comme GH. 7. &
BG. 17. le denominateur de la proportion des costez sera $\frac{17}{7}$. Ayant reduict 14.
$\frac{70}{189}$. en sa fraction sont faictz $\frac{4116}{289}$. que ie multiplie par $\frac{17}{7}$. d'ou sont produictz $\frac{69972}{2023}$.
que ie multiplie encor par $\frac{17}{7}$. & de ceste multiplication viennent $\frac{1189524}{14161}$. ie diuise
finalement le numerateur de la fraction 1189524. par le denominateur 14161. &
le quotient 84. me donne la superficie de BFG.

Aultrement si on me donne la superficie de BFG. 84. & qu'on demáde celle
de GHI. a luy semblable & duquel le costé GH. est en proportion auec BG.
comme dict est denommée par $\frac{17}{7}$. Ie diuise premierement 84. par $\frac{17}{7}$. d'ou me
vient au quotient $\frac{588}{17}$. que ie diuise de rechef par $\frac{17}{7}$. & viennent finalement $\frac{4116}{289}$.
c'est a dire 14. $\frac{70}{189}$. pour la superficie de GHI. qu'on demande.

De cette practicque sensuit que menát vne ligne droitte parallele a vng des
costez d'vng triangle quelconque, on trouuera la superficie qu'elle separe du
triangle, icelluy estant cógnu auec la proportion du costé du triangle qu'elle
fera à celluy qu'elle recouppe, comme en l'exemple cy dessus la ligne HI. estát
parallele à BF. elle faict le triangle GHI. semblable à GFB. par la seconde &

quatri-

quatriefme propofition du 6.des elemens d'Euclides.Pourquoy diuifant la fuperficie de BFG. par le denominateur de la porportion de BG. à HG. le quotient donnera vng nombre, lequel diuifé par le mefme denominateur donnera finalement au quotient la fuperficie recouppée GHI. &c.

Soit pour exemple troifiefme, propofé le polygone R. comprenant 28. toifes $\frac{7}{12}$ en fuperficie auquel foit faict femblable CKLMN. & que la proportion
du cofté CK. à OP. foit fuperquintupartiente feptiefme, le denominateur fera $\frac{12}{7}$ pour trouuer le contenu de CKLMN. Apres auoir reduict 28. en fa fra-
ction faifant $\frac{343}{12}$ ie les multiplie par $\frac{12}{7}$ d'ou font produictz $\frac{4116}{84}$ que ie multiplie
encor par le mefme denominateur de la proportion des coftez, fçauoir par $\frac{12}{7}$
& font finalement produictz $\frac{49392}{588}$ ceft à dire 84. pour la fuperficie de KCLMN.
Comme au contraire eftant donnée la fuperficie de CKLMN. 84. toifes, ie
trouue celle du rectiligne femblable R. par la diuifion, car ie diuife 84. par ledict denominateur de la proportion des coftez $\frac{12}{7}$ d'ou me viennent au quotient $\frac{588}{12}$ que ie diuife encor par ledict denominateur $\frac{12}{7}$ & trouue finalement
au quotient $\frac{4116}{144}$ ceft a dire 28. toifes $\frac{7}{12}$ pour la fuperficie du rectilignes ou polygone R. & ainfy des autres plans femblables.

Dauantage admettant la dimenfion mechanicque des lignes (ce que doit
auoir lieu aux operations & ouurages qui fe font par la raifon des nombres &
proportions, car il eft neceffaire de trauailler auec quelque inftrument comprenant ou diftinguant les quantitez des chofes propofées) on pourra faire
vne figure femblable a celle qu'on voudra mefurer, icelle comprenant certaine quantité fuperficielle, & de laquelle les coftez auront certaine proportion
a ceux de la figure propofée a mefurer. Comme au triangle BFG. la bafe eftãt
congnuë de 17. eftant prins le quart de la bafe, & menée de la cyme F. vne ligne vers icelluy quart, fera faict vng triangle comprenant le quart de BFG.le-
quel triangle eftant mefuré & rendu femblable a BFG. on examinera la quã-
tité de fon cofté en parties telles que BG eft 17. & fe pourfuiura loperation cõme dict eft cy deuant.

Encor par les fufdictes 19. & 20. propofitions du 6. des elemens d'Euclides,
fe peut conclure cefte regle pour mefurer les polygones femblables , par la
regle de proportion ditte autrement de trois.Il faut affeoir pour premier nõbre en laditte regle, le quarré du cofté de la figure de laquelle la fuperficie eft
congnuë , & pour fecond nombre le quarré cofté de la figure qu'on veut mefurer ; & le troifiefme nombre la fuperficie de la figure congnuë.   Comme
foient en la figure precedente les triangles ABC. & EBD. femblables defquelles EBD. foit congnuë de 6. le quarré de BD. 3. eft 9. & celluy de BC. 36. Ie dis
par la regle de trois. Si 9. donnent 36. combien donneront 6 ? & ayant multiplié 6. par 36. felon la regle & le produict 216. diuifé par 9. viennent au quotient 24. pour la fuperficie de ABC.

Semblablement le cofté du Polygone R. foit OP. 3. $\frac{1}{2}$ fa fuperficie 28. $\frac{7}{12}$ auquel foit femblable CKLMN. duquel le cofté proportionnel à OP. fçauoir

CK

C K. foit 6. les quarrez des coftez OP. & CK. font $\frac{49}{4}$ & 36. Ie dis par laditte regle de trois. Si $\frac{49}{4}$ donnent 36. combien donneront 28. $\frac{7}{11}$ & eftant l'operation paracheué fe trouuent 84 pour la fuperficie de CKLMN. Que fi la fuperficie de CKLMN. eft donnée de 84. & on demande celle du rectiligne R. a luy femblable tranfpofant mes nombres. Ie dis, Si 36. donnent $\frac{49}{4}$ combien donneront 84 ? & pourfuyuant les operations ie trouue 28. $\frac{7}{11}$ pour la fuperficie de R, & ainfy des aultres femblables,

Les figures regulieres fe pourroient mefurer Geometricquemét par la mefme raifon fi on auoit trouué la fcience de les conftruire & former precifémét, d'autant que cougnoiffant vng cofté d'icelles en parties quelconques, on cougnoiftroit pareillement tant les perpendiculaires tombant fur les coftez defdictes figures, que les demidiametres des cercles qui les enuironnét, lefquelles lignes ne fe pouuant trouuer par voye plus precife que par les fuius, tangentes & fecantes, l'angle du centre de la figure reguliere eftant limité par certains degrés, ou degrez auec minutes par le mipartinant d'icelluy en r'apportát les parties proportionnelles lors que fy trouuent des fecondes ou eft contrainct iufques a prefent de fy arrefter, a la recherche defquelles lignes, plufieurs grádi perfonnages ont trauaillé, & fe trouuent les tables de Ludolphe de Collögne, par lefquelles font cougnus les coftez defdictes figures ors que les angles fouftenuz d'iceux, contiennent degrez, minuttes, fecondes tierces & quartes &c, en parties des diametres des cercles qui les enuironnent.

Les tables du fuius, tangentes & fecantes eftant commune a tous, ie r'apporteray icy vng exemple de la fupputation de la quantité des lignes tombantes au dedans d'vng Pentagone regulier, d'ou on pourra conclure la maniere de fupputer l'aire ou fuperficies de toutes les aultres regulieres par l'vfage defdittes tables. Soit donc le Pentagone regulier A B C D E. duquel chafcun cofté foit de 6. parties cougnuës en mefure communes, icelluy eftant diuifé en cinq triangles Ifofceles, ayans leurs cymes au centre du cercle qui l'enuirône, chafcun angle du centre G. fera de 72 degrez, car l'arc A B. eftant la cinquiefme partie dudit cercle de 360. degrez, fera de 72. fi donc on faict vng triangle G A B. il fera Ifofceles dont les angles fur la bafe A B. feront egaux par la cinquiefme propofition du premier d'Euclides, & par la 32. dudict premier d'Euclides, chacun defdictz angles fur la bafe A B contiendra 54. degrez, & eftant menée la perpendiculaire GH. elle diuifera l'angle G. en deux parties egales, pourquoy l'angle BGH. contiendra 36. degrez, & GHB. 90. & pource que la ligne HB. eft de trois parties cougnuës, & eft oppofée a l'angle HGB. duquel le fuius eft 5877852. (le total ou demy diametre de ABCDE. eftant de 10 000. 000.) Ie dis par la regle de trois. Si 5877852. me donnent 3. combien me donneront 8090170 ? & trouue 4. $\frac{759101}{5877852}$ pour la quantité de la perpendiculaire GH. la fraction fe pouuant reduire à moindre nombre la toute fera 4. $\frac{7591}{58779}$. Et d'autant que le rectangle comprins fouz la perpendiculaire tombante du centre des figures regulier fur le cofté d'icelles, & fouz la moitie de la fomme de leurs

coftez

eſt egal a la ſuperficie deſdittes figures, la ſomme des coſtez eſtant 30. la
moitie ſera quinze, pourquoy ie multiplie 4. $\frac{7591}{58779}$ par 15. & le produict eſt le
contenu ou ſuperficie de la figure regulier propoſée, c'eſt aſçauoir 61. toiſes 93.
piedz, 81. poulces & 31. lignes encor $\frac{40103}{58779}$. parties de lignes,

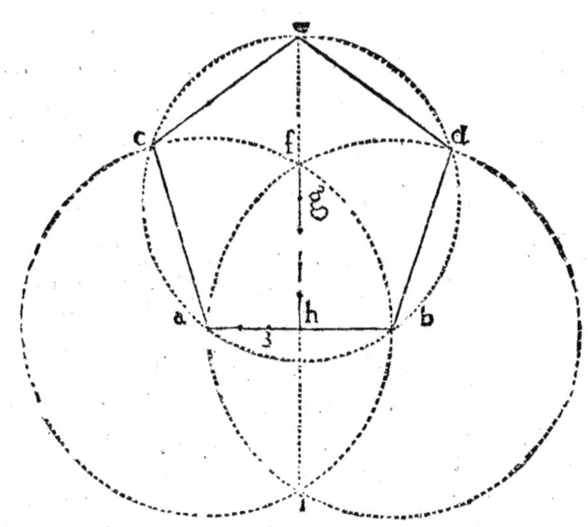

Que le rectangle comprins ſouz la perpendiculaire GH. & la moitie de la
ſomme des coſtez du Pantagone ſoit egal à icelluy, il eſt euident car s'il eſtoit
faict vng triangle AGB. la moitie de AB. multipliée par la perpendiculaire
GH. produiroit la ſuperficie d'icelluy triangle. Pourquoy ladicte perpendiculaire multipliée par la moitie de tous les coſtez produict la ſuperficie de
toute la figure ABCDE.

Eſtant ceſte meſure du Pentagone ABCDE, receuë pour iuſte, on pourra
meſurer tous aultres a luy ſemblables, comme il a cy deuant eſté declairé, car
comme le quarré de AB. 36. au quarré d'vng coſté d'vng aultre Pentagone
regulier quelconque, ainſy 61. toiſes 93. piedz 81. poulces 31. lignes & $\frac{40103}{58779}$ parties de lignes a vng autre nombre quelconque, que ſera la ſuperficie de l'autre
a luy ſemblable,

K   PRO-

PROBLEME. V.

Trouuer la superficie des plans mixtes ou bornez de lignes non droittes.

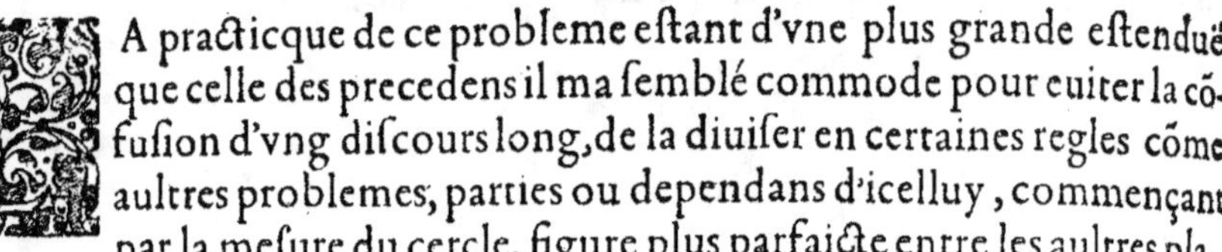

A practicque de ce probleme estant d'vne plus grande estenduë
que celle des precedens il ma semblé commode pour euiter la cō-
fusion d'vng discours long, de la diuiser en certaines regles cōme
aultres problemes, parties ou dependans d'icelluy, commençant
par la mesure du cercle, figure plus parfaicte entre les aultres planes, les surpassant en sa simplicité, car il comprins souz vng terme, en ses parties, icelles estant toutes semblables, en egalité & identité de lieu, car estant
meu a l'entour de son milieu ou centre, il occuppe tousiours vng mesme espace, en sa force, comme il se veoit és mechanicques, ou les mouuemens les
plus violentz & plus forts se font par le moyen des machines circulaires, ou
prenantes forces sur quelque piuot, dont le mouuement se faict tousiours par
quelque portion de cercle, encor en sa capacité, surpassantes toutes le figures
a elle Isoperimentres, cét a dire ayant vng circuit egal au sien son extremité
ne pouuant toucher les autres qu'en vng poinct, comme il est demonstré par
les 2. & 16. proposition du troisiesme liure d'Euclides ; en fin elle est sans fin &
sans commencement, approchant en similitude l'infiny, qui n'a aucune proportion a ce qui est finy & determiné.

Ces considerations ont tousiours trauaillé les beaux esprirz, desquelz Archimedes a esté le premier qui a osé reduire par escrit ce qu'il luy sembloit de
la capacité de cette figure tant admirable, lequel neautmoins n'en a rien determiné au iuste, car ce qu'il escrit en son liure de la dimension du cercle comprins en quattre propositions, il conclud finalement que la proportion du
cercle au quarré de son diametre, est enuiron comme de 11. à 14. laquelle proportion estant par luy demonstrée audit liure, a esté receuë iusques a present
par les Geometres, non toutesfois telle. que par icelle on puisse trouuer precisément la superficie des cercles, mais bien approcher de la vraye, excedant neautmoins ou defaillant de quelque peu, qui n'est considerable sinon és cercles
d'vne grandeur excessiue, soubz laquelle condition les regles suyuantes sont
receuës pour trouuer la superficies de tous cercles & parties d'iceux.

I.

Estant donné le diametre d'vn cercle trouuer sa circonference.

A Rchimedes en la troisiesme proposition de son liure de la dimension
du cercle, demonstre que la circonference de tout cercle a son diametre est en proportion triple & encor contient quelque partie
laquelle est moindre que $\frac{10}{70}$ ceste a dire $\frac{1}{7}$ partie de son diametre, & toutesfois plus grande que $\frac{10}{71}$ d'ou sensuit que multipliant le diametre d'vng
cercle

cercle par 3. $\frac{1}{7}$ le produict fera plus grand que ladicte circonference. Comme foit donné le diametre d'vng cercle de 28. par la multiplication de 28. par 3. $\frac{1}{7}$ prouiennent 88. pour la circonference dudict cercle, excedant la iufte. Au contraire fi on multiplie le diametre 28. par 3. $\frac{10}{71}$ le produict fera de 87. $\frac{67}{71}$ pour ladicte circonference laquelle fera moindre que la vraye, & i'açoit que plufieurs auant les liures d'Archimedes & depuis luy, ayent trauaillé a la recherche de la vraye proportion de ladicte circonference a fon diametre, perfonne neautmoins ne l'a encor trouuée geometricquement, au defaut de laquelle les Geometres ont employé les tables du fuus & aultres plus grandes fupputations redigées en tables, tant pour la mefure du cercle que des figures regulieres & autres polygones & lignes tombantes au dedans d'icelluy.

I I.

Eftant donnée la circonference d'vn cercle trouuer fon diametre:

PAr la raifon de la regle precedente, & operation contraire eftant donnée la circonference d'vn cercle fera trouué fon diametre excedant du vray ou defaillant. Car foit donné la circonference de 88. ie diuife 88. par 3. $\frac{10}{71}$ cét a dire par $\frac{223}{71}$ & viennent au quotient 28. $\frac{4}{223}$ pour le diametre excedant le vray diametre de $\frac{4}{223}$ car il a cy deuant efté pofé de 28. precifément. Mais fi on diuife la mefme circonference par 3. $\frac{1}{7}$ cét a dire $\frac{22}{7}$ le quotient fera precifément 28. defaillant du vray par la fufditte troifiefme propofition d'Archimedes. Et dautant que par la premiere propofition du mefme liure de la dimenfion du cercle, il demonftre que l'aire ou fuperficie comprinfe au dedans du cercle eft egale au rectangle comprins fouz le demidiametre & la moitie de la circonference, felon la proportion fufdicte, le rectangle prouuenant de la multiplication du demidiametre par la moitie de la circonference excedera la iufte fuperficie du cercle, ou fera moindre qu'icelle.

III.

Eftant donné le diametre d'vn cercle trouuer fa fuperficie.

SOit donné vng diametre de cercle comprenant 14. en longueur par la premiere regle fe trouuera la circonference par la multiplication de 14. par 3. $\frac{1}{7}$ & fera de 44. excedant la vraye, dont la moitie 22. multipliée par 7. moitie du diametre de 14. produira le rectangle ABCD, de 154. plus grand que ladicte fuperficie.

 Mais

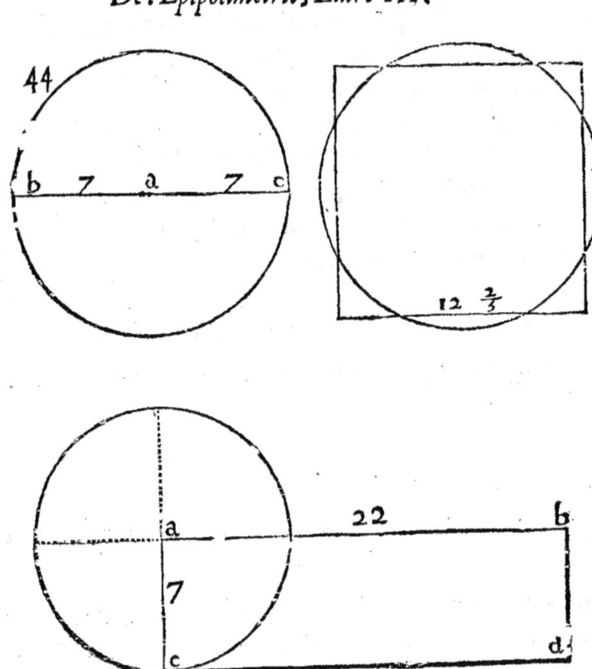

Mais ſi ledict diametre eſtant de 14. & par la ſeconde partie de laditte regle
on trouue la circonference de 43. $\frac{66}{71}$ en multipliant 14. par 3. $\frac{10}{71}$. Alors prenant
la moitie du diametre de 14. ſçauoir 7. & la moitie de 43. $\frac{69}{71}$. pour la moitie de
la circonference qu'eſt en ſa fraction $\frac{3185⁴}{142}$ & multipliant ces nombres l'vng par
l'autre, le produict ne contiendra que 153. $\frac{118}{142}$. pour le rectangle comprins ſoubz
le demidiametre & la moitie de la circonference, lequel ſera moindre que le
iuſte par la ſuſditte troiſieſme propoſition d'Archimedes.

IIII.

Eſtant donnée la circonference d'vn cercle trouuer ſa ſuperficie.

Soit donnée la circonference d'vng cercle de 44. la proportiõ d'icelle a ſon
diametre prinſe triple & ſuperdecupartiente ſeptante vnieſme dont le de-
nominateur eſt 3. $\frac{10}{71}$. le diametre ſera de 14. $\frac{1}{71}$. Ayant multiplié la moitie de
la circonference 44. ſçauoir 22. par 7. $\frac{1}{142}$. moitie du diametre le produict ſe
trouuera de 154. $\frac{7}{142}$. pour la ſuperficie du cercle excedant la iuſte meſure pour
les raiſons ſuſdictes.

Au contraire eſtant donnée la circonference d'vng cercle de 44. Si on préd
la proportion du diametre a la circonference ayant pour denominateur d'i-
celle 3. $\frac{1}{7}$. le diametre ſe trouuera de 14. preciſément, ceſt pourquoy la moitie
de la circonference 44. ſçauoir 22. multipliée par 7. moitie du diametre produira 154. pour la ſuperficie dudict cercle defaillante de la iuſte,

Les regles precedentes de l'inuention d'Archimedes i'açoit qu'elles defail-
lent quelque peu du vray, fondées fur la proportion de la circonference au
diametre triple fuperpartiente dix feptante vniefmes ou fefquifeptiefmes, neautmoing font receuës des practiciens, le default eftant fort petit principalement és cercles qui n'ont vne grandeur exceffiue, aultrement ledict default fe
deburoit fuppléer par vne pofition du diametre & circonference en tant de
paries que la deffaillante foit totalement inconfiderable, telle que pourroit
eftre celle qui refte du fuius, le rayon ou dimidiametre, qu'ilz appellent fuius
totus, eftant mis de 10,000,000,000. &c. auquel cas le default du vray fe trouueroit encor moindre que celluy qui fe trouue fuyuant la proportion d'Archimedes,

V.

Trouuer la fuperficie des fegmens ou parties des cercles.

Estant receuë la doctrine d'Archimedes fuyuant les regles precedentes, fera
trouuée la fuperficie des parties du cercle par mefme raifon qu'on trouue
celle du tout, comme eftant donné le fecteur GDE. duquel le demidiametre
eft 6. & l'arc DE. 5. en multipliant le demidiametre GD. 6. par la moictie de
l'arc DE. fçauoir par $\frac{5}{2}$ feront produictz 15. que ie dis eftre le côtenu du fecteur
G D E.

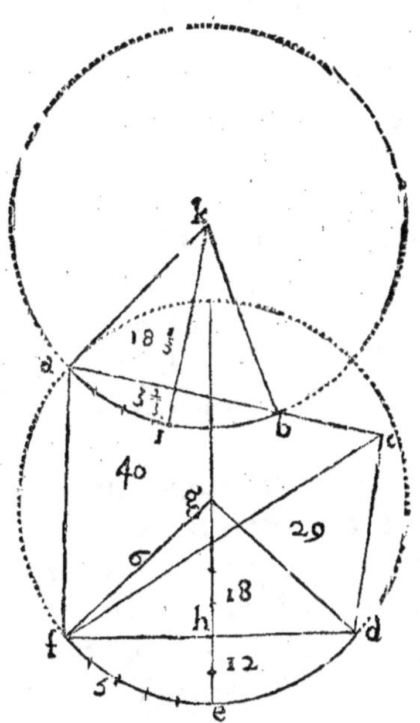

Que multipliant le demidiametre par la moitie de l'arc du fecteur eft produicte la fuperficie d'icelluy fecteur il eft euident. Car foit prins DEF. pour le
quadrant ou quart du cercle, & DG. produict vers A, foit DFA. le demicer-

cle ; Par la 33. propoſition du 6. liure des elemens d'Euclides , comme l'arc
DE. à DF. ainſy le ſecteur GDE. au ſecteur GDEF. dont par la propoſition 22. du 5. dudit Euclides comme l'arc DE. au quadruple du quadrant
DF. cét a dire a toute la circonference, ainſy le ſecteur GDE. au quadruple du
ſecteur GDEF. Or par la 15. propoſition dudit cinquieſme d'Euclides, côme
l'arc DE. a toute la circonference, ainſy la moictie de l'arc DE. à DFA. moitie de toute la circonference. Pourquoy comme la moitie de DE. à DFA.
ainſy le ſecteur GDF. a tout le cercle,

Mais comme la moitie de l'arc DE. à DFA. ainſy le rectangle comprins ſouz
GD. & ſouz ladicte moitie de DE. au rectangle comprins ſouz GD. & DFA.
Pourquoy comme le ſecteur GDE. a tout le cercle, ainſy le rectangle comprins ſouz GD. & la moitie de l'arc DE. au rectangle comprins ſouz GD. &
DFA. Or puiſque le cercle eſt egal au rectangle comprins ſouz GD. demidiametre & DFA. moitie de la circonference par la 14. propoſitiõ dudict 5. d'Euclides le ſecteur GDE, ſera egal au rectangle comprins ſouz GD. & ſouz la
moitie de l'arc DE.

Semblablement eſtant propoſé le ſegment ou partie de cercle DEF. comprins ſouz l'arc DEF. & la chorde FD. car ayant trouué le centre G. & la
quantité de FG. par les regles & raiſons cy deuant deduittes, ſe meſurera le
ſecteur DEFG. puis apres le triangle DFG. la ſuperficie duquel eſtant oſtée
de celle du ſecteur DEFG. le reſte ſera la portion de cercle FDE, comprins
ſouz l'arc DEF. & la chorde DF. Comme eſtant GH, de 4. la partie FH. ſera
racine quarrée de 20. & eſtant multipliée GH. par HF. ſera produicte racine
de 320. pour la ſuperficie de DFG. cét a dire enuiron 17. $\frac{177}{100}$ laquelle eſtât oſtée
de 30. qu'eſt la ſuperficie de GDEF. reſteront 12. $\frac{23}{200}$ pour la ſuperficie de la
portion de cercle DEF.

Ainſy eſtant propoſé le mixtiligne ABCDEF. r'enflé d'vne portion de cercle vers E. & r'enfoncé d'vne aultre portion de cercle vers I. ayant trouué la
ſuperficie du ſecteur DEFG. & mené la ligne AC. ſe meſurera le rectiligne
FGDCA. duquel il en faudra ſoubſtraire la portion de cercle AIB. & le reſte
eſtant adiouſté au ſecteur FGD. le tout ſera la ſuperficie du mixtiligne propoſé.

Par la meſme raiſon ſe meſureront toutes figures mixtilignes bornées de
lignes droites & portions de cercles exprimées en la figure ſuyuante , en laquelle ſoit premierement propoſé le plan GIC. borné de la ligne droitte GI.
& des deux lignes courbes ou portions de cercle GC. IC. ie cherche le centre
d'icelles portions en E. & F. & meſure les deux ſecteurs FIC. & EGC, auſquelz
ie fais egaulx les deux rectangles, ſçauoir QT. à FCPI. & TV à EGOC. &
eſtans faictz les rectangles E. egal au triangle EGC & F. egal à FGC. Ayant
premierement oſté le rectangle E de TV. reſte T. z. egal a la portion GOC.
du ſecteur EGOC. & d'icelluy meſme ayant oſté b. y. egal à F. ceſt a dire au
triangle GFC. le rectangle T. y. ſera egal à FGOC. Pourquoy le meſme re-

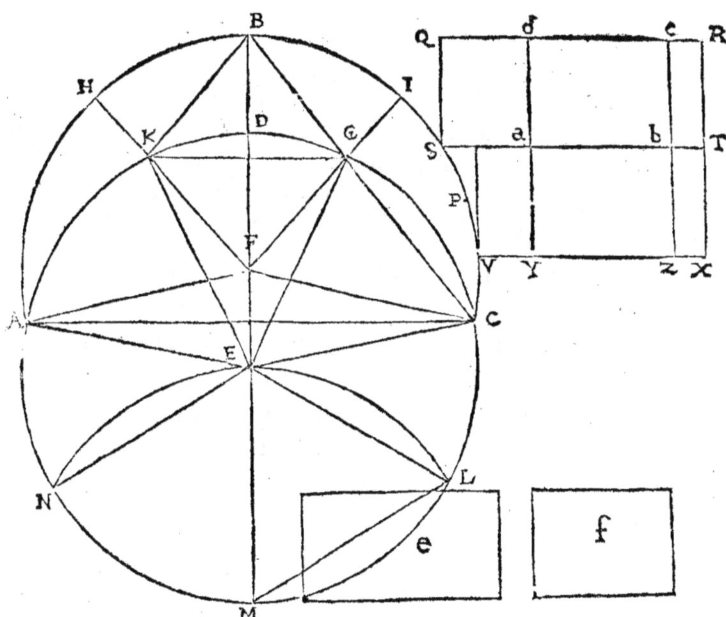

ctangle T. y. eſtant oſté de R S. egal au ſecteur FIPC. reſtera le rectangle d.S.
egal au plan GIC. Ayant donc trouuée la ſuperficie dudict rectangle d S. ſelon la practicque de meſurer les rectilignes icelle ſera egale a la ſuperficie du
plan propoſée GIC.

Secondement ſoit propoſé de meſurer le croiſſant ABCGDK. ayant trouué les centres des lignes AHBI. & AKDG.C. il faudra meſurer le ſecteur AB
CF. item le ſecteur ADCE, lequel eſtant cognu en faudra oſter premieremét
le Rhombe AFCE, & le reſte ſera ADCF. que finalement il faudra oſter du
premier ſecteur ABCF. & le reſte ſera le contenu ou ſuperficie du croiſſant
ABCGDK.

Tiercement ſoit propoſé de meſurer le triangle curuiligne concaue ELM.
du ſecteur ELM. faudra ſoubſtraire le triangle rectiligne ELM, pour auoir la
portion LM. laquelle eſtant adiouſtée deux fois audict ſecteur, le tout ſera la
ſuperficie du triangle curuiligne, ce qu'eſt euident. Auſſy le triangle curuiligne ENM. ſera egal au ſecteur ENM. d'ou ſe conclud auſſy la meſure du curuiligne conuexe, d'autant qu'en oſtant d'icelluy ſecteur trois fois la portion
LM. le reſte ſera egale a la ſuperficie du triangle curuiligne conuexe equilateral, & leſdictz triangles ayans leurs coſtez inegaux par la meſme raiſon ſe
trouueront leurs ſuperficies.

Finalement ſe meſurera le quadrangle GDKHBI. car le ſecteur FHI. eſtant
cougnu, ſe trouuera celluy de EKDG. puis les triangles KGE. & KFG. lequel
auec la portion KDG. oſté du ſecteur, FHI. reſtera la ſuperficie du quadrangle GDKHBI. & ainſy des aultres,

VI.

VI.

Eftant propofée vne Ellipfe ou Ouale trouuer fa fuperficie.

IL faut premierement trouuer les diametres de l'Ouale, par l'vnziefme propofition du liure precedent, puis trouuer vne moyenne proportionnelle
entre iceux diametres, a l'entour de laquelle eftant defcrit vng cercle il fera
egal a l'ouale. Pourquoy eftant cougnuë la fuperficie dudict cercle, par les regles cy deuant dictes, fera confequemment cougnuë celle de l'ouale propofé. Soit pour exemple l'ouale de la fufdicte 11. propofition, propofé a mefurer,
duquel le grand diametre foit de 32, & le moindre de 18, Ie multiplie ces deux
diametres l'vng par l'autre & font produict y 586. dont la racine quarrée eft 2 4,
pour le diametre du cercle egal à l'ouale, pourquoy ie trouue par les regles precedentes la fuperficie d'icelluy cercle de 452 $\frac{4}{7}$ qu'eft la fuperficie de l'ouale
propofé. La demonftration fe veoit en la difcription de l'ouale par la 10. propofition du liure precedent.

VII.

Eftant propofée vne parabole trouuer fa fuperficie.

SOit propofé la parabole ABC, de laquelle la bafe foit AC. au milieu de laquelle foit efleuée la perpendiculaire DB. pour l'arc de la parabole, & en
icelle foit infcript le triangle ABC. ayant mefme bafe & fommet que la
parabole, Puis foit produitte la bafe AC. vers E. en telle forte que AC, foit en
proportion fefquitierce auec AE cét a dire que AE. contienne AC. vne fois &
fon tier pourquoy faire, il faudra diuifer AC. en trois parties egales & en adioufter vne pour CE. en forte que AE, contienne quattres parties de celle de
AC. 3. ainfy AE. & AC. feront en proportion fefquitierce puis foit mefuré,
par les voyes cy deuant demonftrées, le triangle ABE. ie dis que la fuperficie
eft egale à la parabole propofée ABC.

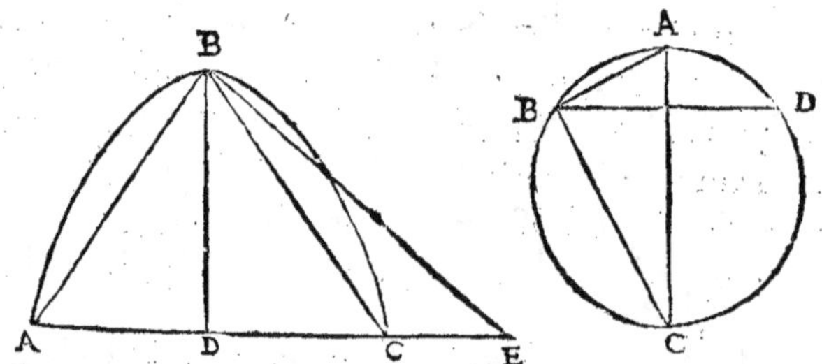

Car comme la bafe AE. a la bafe AC. ainfy le triangle ABE. au triangle ABC.
par la premiere propofition du 6. des elemens d'Euclides, or par la conftruction AE. eft en proportion fefquitierce à AC. pourquoy le triangle ABE.
fera fefquialtere au triangle ABC. Et d'autant qu'Archimedes en fon liure de

la qua-

la quadrature de la parabole, a demonſtré que la parabole ABC. eſt ſeſquiti-
erce au triangle ABC. la parabole ABC. & le triangle ABE. auront meſme
proportion au triangle ABC par la 11. propoſition du cinquieſme deſditz ele-
mens.Pourquoy, par la neufieſme dudict cinquieſme d'Euclides le triangle
ABE.ſera egal a la parabole ABC.

VIII.

Eſtant propoſée vne Sphere trouuer ſa ſuperficie conuexe , concaue & celle de
ſes portions ou ſegments.

Archimedes en ſon premier liure de la Sphere & du Cylindre ,propoſition
a demôſtré que la ſuperficie côuexe de la Spere eſt quadruple de celle
du plus grand cercle de la meſme Sphere.Pourquoy ayant trouué la ſuperficie dudit plus grand cercle, ſi on multiplie icelle par 4. le produict de la
multiplication donnera la ſuperficie conuexe de la Sphere propoſee.Comme
ſoit en la figure de la regle precedête ABCD. le plus grâd cercle d'vne Sphere,
la ſuperficie duquel cercle ſoit de 154. Ie multiplie 154.par 4.d'ou me ſont produicts 616. pour la ſuperficie conuexe de la Sphere propoſee.

Mais comme il a eſté môſtré cy deuant que la ſuperficie dudit grand cercle
ſe trouuera moindre ou plus grande que la iuſte ſelô la proportiô de la circô-
ference au diametre inuentée par Archimedes, il ſenſuit que le quadruple de
la ſuperficie dudit grand cercle ne contiendra preciſément la ſuperficie conuexe de ſa Sphere, cauſe pour laquelle me ſemble ſuperflu de demonſtrer(côme font aucuns) que le rectangle comprins ſouz le diametre & circonference
dudit grand cercle, eſt egale a la ſuperficie conuexe de la Sphere , car cela ne
prouue point que la ſuperficie dudit grand cercle ſoit iuſte, pour icelle eſtant
prinſe quattre fois eſtre egale a ladicte ſuperficie conuexe. Ce manquement
toutesfois n'eſtant conſiderable és petites Spheres,ſe pourra aucunement corriger en prenant pour les grandes Spheres vne proportion de la circonference
dudit grâd cercle a ſon diametre aultre que celle de 3. $\frac{1}{7}$. ou de 3. $\frac{10}{71}$. par les raiſons du ſinus ou aultres tables faictes pour ce ſubiect,auquel cas eſtat trouuée
la ſuperficie du grand cercle de la Sphere ſe trouuera aſſez preciſément la cô-
uexité d'icelle.

Semblablement ſe trouuerôt les ſuperficies côuexes des portions de Sphere,
Car ſoit en la ſuſditte figure precedéte ABCD, vng grâd cercle d'vne Sphere,
de laquelle les deux portions ſoient ABD & BCD. ayant leur baſe commune
BD la ligne ou diametre AC. paſſera par les cymes d'icelles portions; Soient
ioinctes les lignes AB. & BC. Puis ſoit deſcrit vng cercle duquel le diametre
ſoit double de AB. la ſuperficie d'icelluy ſera egale a la ſuperficie conuexe de
la portion de Sphere BAD. Comme pareillement ſoit deſcrit vng cercle
duquel le diametre ſoit double de la ligne BC. la ſuperficie de ce cercle ſera
egal a la ſuperficie conuexe de la portion de Sphere BCD. comme demonſtre
Archimedes en la propoſition 40. du liure ſuſdict. Quant a la ſuperficie concaue elle ſe trouue par meſme raiſon tant de la totale que de ſes parties.

L   IX,

X.

Trouuer la superficie conuexe des Cones & Cylindres droicts.

PAr la proposition quatorziesme du premier liure d'Archimedes de la
Sphere & du Cylindre, la superficie conuexe d'vng cone droict quelconque est egal a la superficie du cercle duquel le demidiametre est moyenne proportionnelle entre le costé du cone & demidiametre de la base du mesme cone. Que si le cone droict est couppé par vng plan parallele a la base; la superficie de la partie recoupée (la base non comprinse) est egal au cercle auquel le demidiametre est moyenne proportionnelle entre le costé du cone r'accourcy, & la ligne droitte composée des demidiametres des deux bases par la seiziesme proposition dudit liure d'Archimedes. Encor par la quinziesme proposition du mesme liure, la superficie conuexe du cone droict à mesme proportion a sa base que le costé dudit cone au demidiametre de sa base, par lesquelles proportions est facile a trouuer la superficie demandée.

Finalement la superficie conuexe du Cylinde droict (les bases deduictes) est egal au cercle duquel le demidiametre est moyenne proportionnelle entre le costé du Cylindre & du diametre de la base d'icelluy. Car si on l'imagine estre desuelopé il sera vng rectangle, dont la moyenne proportionnelle entre sa longueur & largeur sera le costé du quarré egal a icelluy rectangle par la derniere proposition du second des elemens d'Euclides.

X.

Mesurer les superficies conuexes par deuelopement.

LEs superficies conuexes des corps tant reguliers qu'irreguliers, n'ont besoing d'estre desuelopées pour trouuer leurs quantitez en mesures congnuës, d'autant que par les regles precedentes elles peuuent estre mesurées lors que lesdictz corps sont bornez de superficies planes où sont du nombres de celles qui sont declairees en ce probleme. Mais quand lesdites superficies sont gibbeuses ou non planes, il faut les deueloper côme il a esté dict au 8. probleme du premier liure precedent, auquel desuelopement se trouuent ordinairement des lignes non droittes lequelles ne pouuant tomber soubz les regles de Geometrie, il faut auoir recours aux mechanicques. Comme soit en la figure suyuante ABCD. le plan d'vng bastiment quarré duquel la couuerture soit à quattre pans couchez en rondeur, par le susdict probleme 8. sera trouué le desuelopement d'vng d'iceux pans rendant la figure ABF. en laquelle la ligne courbe BF, representant l'angle des arestiers

de la

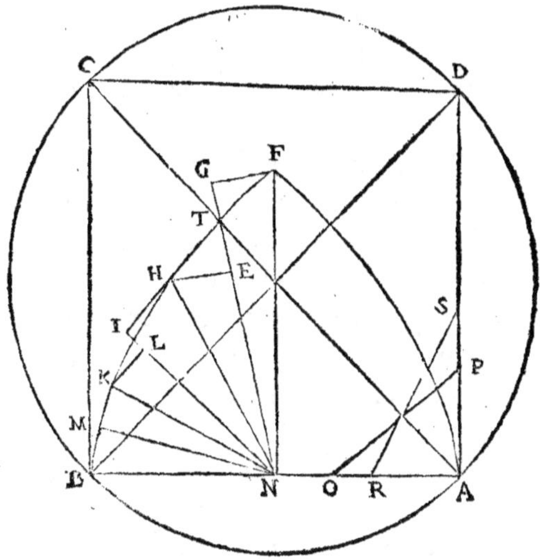

de la toicture n'eſtant ny circulaire ny ellipticque ferme le triãgle mixtiligné
BFN. ie le meſure mechaniquement par l'aide neautmoins de la Geometrie,
reduiſant icelluy triangle en pluſieurs aultres triangles tous aboutiſſans ſur laditte ligne AB. en emportans telles portions que comparées a quelque ligne
droitte elles ſemblent eſtre droittes comme eſt la portion FT. laquelle ne
differe perceptiblement d'vne ligne droicte tellement que ſans erreur conſiderable le triangle FTN. peut eſtre prins pour rectiligne, comme auſſy THN.
IKN. HIN. KNM. & MNB. ſe peuuent pareillement prendre pour triangles
rectilignes. Ce faict ie produis tellement les lignes NT. & HI. qu'elles puiſ-
ſent ſeruir de baſes communes, chacune a deux triangles les enuironnans, &
dautant que les deux perpendiculaires FG. & HE. tombent ſur vne meſme
baſe NT. produitte en G. ie metz FG. & EH. en vne meſme ligne & par la 13.
propoſition du 6. liure des elemens d'Euclides ie trouue vne moyenne proportionnelle entre NV. (moitie de la baſe NT.) & leſdittes deux lignes EH.
& FG. ioinctes enſemble, laquelle eſt AO. coſté d'vng quarré egal aux deux
triangles BTN. & THN. prins enſemble; & pourſuyuant de meſme ie fais
tomber les perpendiculaires LK. & HI. ſur NI. produitte en I. entre leſquelles, ioinctes enſemble, & NY. ie trouue AP. moyenne proportionnelle, le
quarré de laquelle eſt pareillement egal aux deux triangles HIN. & ILN. par
la derniere propoſition du ſecond deſdicts elemens. Puis ayás prins l'interual
OP. ie le porte ſur AS & finalemét ayãt trouué de meſme AR. coſté du quarré
egal à LMN. & MBN. ie ioincts la ligne SR. laqlle eſt le coſté du quarré egal au
triãgle mixtiligne FBN. ſuppoſé que NA. & AS. facét vng angle NAS. droict.

L 2   Car

Car le quarré de PO. estant egal aux quarrez de PA & AO. par la 47. du premier desdictz elemens, cét a dire aux triangles FTN. THN. & HIN. ILN le
quarré de AS egale à OP. sera pareillement egal aux triangles susdictz: &
AR faisant le costé d'vng aultre quarré egal aux triangles LBN estant ioincte
la ligne RS. le quarré descrit sur icelle sera egal aux quarrez de SA. & AR.
prins ensemble (par ladicte 47. dudit Euclides) cét a dire au triangle mixtiligne FBN Pourquoy ayant trouué les parties de RS semblables a celles de
AB en mesure commune comme toise, pied, poulce &c. & icelles multipliées
par soy le produict donnera la superficie du quarré de RS. & consequemmét
celle du mixtiligne FBN. lequel prins huict fois sera toute la superficie de la
toicture du bastiment quarré ABCD. Ainsy par la mesme voye de deuelopement se pourront mesurer toutes superficies irregulieres gibbeuses ou bom-
bées, assez precisément.

Pour la conclusion de ce liure le lecteur remarquera la practicque vniuerselle de mesurer tous plans & trouuer leur contenu ou superficie par vne multiplication seulement Car iceux plans se pourront reduire en vn seul quarré,
dont l'vng des costez multiplié par soy donnera le contenu ou superficie demandée. Aultrement les mesmes plans estans reduicts en vn triangle selon la
maniere cy deuant declarée, se trouuera son aire ou contenu par vne multiplication seule comme il a esté demonstré au commencement de ce liure, laquelle practicque seruira pour abbreger & euiter les fractions lesquelles se retrouuent ordinairement en mesurant lesdictes superficies auec plusieurs multiplications.

DE L'EPIPOLIMETRIE,
LIVRE QVATRIESME.

De l'Homalodesie ou maniere de diuiser les plans rectilignes.

HOMALODESIE est l'art ou doctrine de diuiser les plãs, laquelle est aultrement appellee Geodesie, en tant que sõ vsage s'estend a la practicque actuelle des partages & diuisions des pieces de terre ou heritages a diuiser entre plusieurs personnes, soit en parties egales où inegales. Et cõme le but principal de la Geometrie est de mesurer les plans & corps solides, bastir ou former iceux, les comparer l'vng a l'autre, & les diuiser : la maniere de les former transmuër considerer & mesurer ayant esté cy deuant deduicte par ordre, reste presentement a donner les moyens par lesquelz ilz se puissent Geometricquement diuiser. Mais comme il ne se peut quasi rien dire qui n'ait esté dict au parauant par noz deuanciers en quelle maniere ce puisse estre, ioinct qu'il est facile d'adiouster aux choses inuentées. Ie deduiray ceste partie a ma façon, laissant au lecteur bening le iugement de ce que ie pourray y auoir apporté du mien tát pour l'ordre que pour la facilité de la practicque de ce subiect, laquelle r'açoit quelle puisse estre comprinse en vng seul probleme, neautmoins pour dõner plus grande, claire & facile intelligence d'icelle, ie la diuiseray en plusieurs, rapportant en chacun les cas que peuuent estre proposez sur chacun plan selon la varieté des figures exposées. Et pource que le triangle est le premier entre les plans rectilignes, ie commenceray par icelluy poursuyuant aux quadrilateres & d'iceux, a la diuision ou partition des multilateres & polygones, par la solution desquelz problemes, celuy qui entendra bien ce qu'a esté cy deuant demonstré pourra facilement resoudre de tous cas qu'õ sçauroit proposer sur ce mesme subiect.

PROBLEME. I.

Estant donné vn triangle, d'vn angle d'icelluy le diuiser ou en oster telle partie qu'on voudra.

Soit premierement donné le triangle ABC. qu'il faille diuiser en trois parties egales (ou tant qu'on voudra) finissantes ou aboutissantes toutes à l'ãgle A. Ie diuise le costé opposé a icelluy angle, sçauoir BC. en trois parties egales BE. ED. & DC. & meine les lignes EA. DA, ie dis que le triangle dõ-

né ABC, est diuisé selon qu'on demande. Car les trois triangles BAE. EAD
& DAC. faisans tout le triangle *ABC*. & estans de mesme haulteur (car par la
construction ilz aboutissant tous au poinct A. & ont leurs bases egales) sont
egaux entre eux, par la premiere proposition du 6. liure des elemens d'Euclides.

Soit secondement proposé le triangle HCI. lequel des l'angle C il faille le
diuiser selon la proportion donnée de F. à G. ie mene la ligne quelconque IK.
faisant l'angle HIK. a volonté & d'icelle IK. ie retranche les parties IL. egale a
G & LK. egale F. Puis ayans ioinct la ligne HK. du poinct L ie mene la ligne
LR parallele à HK. rencontrant le costé HI. au poinct R. duquel ayant mené la ligne RS. ie dis que le triangle HCI. est diuisé selon la raison donnée de
F. à G. Car prenant HI. pour base, par la quatriesme proposition dudict 6. liure d'Euclides comme IL. à LK. ainsy IR. à RH. Pourquoy IL. & LK. estant
par la construction prinses egales à G & F. la raison de IR. à RH. sera de mesme que celle de G. à F. mais les triangles IRC. & RHC. aboutissant sur vng
mesme poinct C. sont de mesme haulteur, dont ilz ont entre eux, la proportion de leurs bases, par la susdicte premiere propositiõ du 6. d'Eucl.des. Pourquoy la raison ou proportion de leurs bases estant comme celle de G. à F. ou
de F. à G. le triangle HCI, sera diuisé selon la raison de F. a G. ce qu'il faulloit faire.

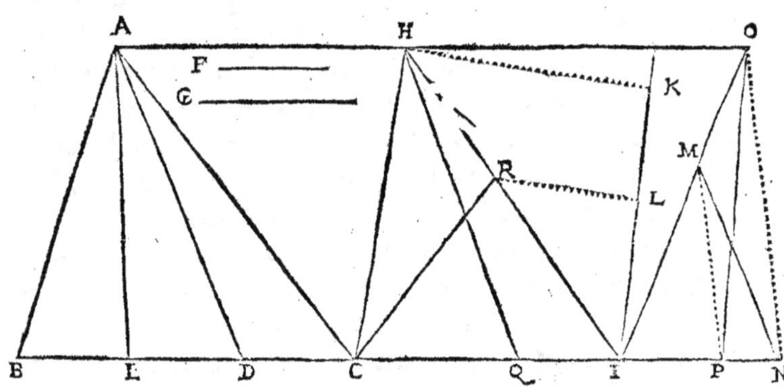

Tiercement soit donné le mesme triangle HIC. qu'il faille diuiser par vne ligne droicte partante de l'angle H. & retranchant dudit triangle vne partie
egale a vng rectiligne donné IMN. Ie reduis le rectiligne IMN. en triangle
de pareille hauteur a celle de HCI. comme est IOP. Puis ie retrenche la base
CI. la partie IQ. egale à IP. dont la ligne QH, estant meinée, elle retrenche
du triangle HCI. la partie HQI, egal au rectiligne donné IMN.

Car les triangles HIQ. & OIP. estans de mesme haulteur & ayans leurs bases egales par la construction, sont egaux entre eux, par la susdicte premiere
proposition du 6. d'Euclides, or que IOP. soit egal à IMO. il est euident
par le second probleme du second liure precedent. Pourquoy HIQ. partie retrenchée du triangle HCI. sera egale au rectiligne IMN. par la proposition
9. du

9. du cinquiefme liure des elemens dudict Euclides.

Le mefme fe peut faire aultrement comme fenfuit par la raifon des 41. & 43.
propofitions du premier liure des elemens d'Euclides. Soit le triangle donné
ABC. au dedans duquel de l'angle C. il faille meiner vne ligne droicte retré-
chant dudit triangle vne partie egale au rectiligne donné CDFG. Ayant produict la bafe BC. vers E. & r'apporté le rectiligne CDFG. fur icelle bafe produicte ie le reduis en triangle, faifant CDE. comme dict eft, puis ie fais CEH.
a luy egale, & ayant l'angle ECH. egal a l'angle ABC. & de B. ie meine la ligne BN. par H, & paracheue les parallelogrammes. CI. HN. BH. & KM faifans tous enfemble le parallelogramme BN. finalement ie retrenche de AB.
la partie BO egale à KL. & meine la ligne CO. laquelle retrenche du triangle
ABC la partie BCO. egale au rectiligne donné CDFG.

Mais s'il faulloit retrencher le mefme rectiligne fuyuant le cofté AC. Apres
auoir r'apporté fur icelluy eftant produict, le rectiligne donné & faict l'angle
de C. egal a vng des adiacens à AC. il faudroit faire le parellelogramme BM.
fur la longueur de AC. & pourfuiure le refte de l'operation comme au parauant, car fe trouueroit le poinct qu'il faudroit prendre és coftez de AB. ou
BC. par la mefme raifon que cy deffus.

Que le triangle BCO foit egale au rectiligne donné CDFG Ie le demonftre
comme fenfuit. Par la conftruction le triangle CEH. eft egal au rectiligne
donné CDFG. Et par la 41. propofition fuldictes d'Euclides le parallelográme
CI. eftant double de CEH eft auffi double du mefme rectiligne CDEG Item
par la 43 propofition fufalleguée le parallelogramme KM. eft egal à CI. car
ilz font complemens d'alentour de la diagonale BN. Pourquoy LH. diuifant
le parallelogramme KM. en deux parties egales par la 34. propofition dudit
premier liure des elemens d'Euclides le triangle KHL. fera egal au triangle
CHE, cét a dire au rectiligne donné CDFG. Et les lignes CM. BL. & BE. IK,

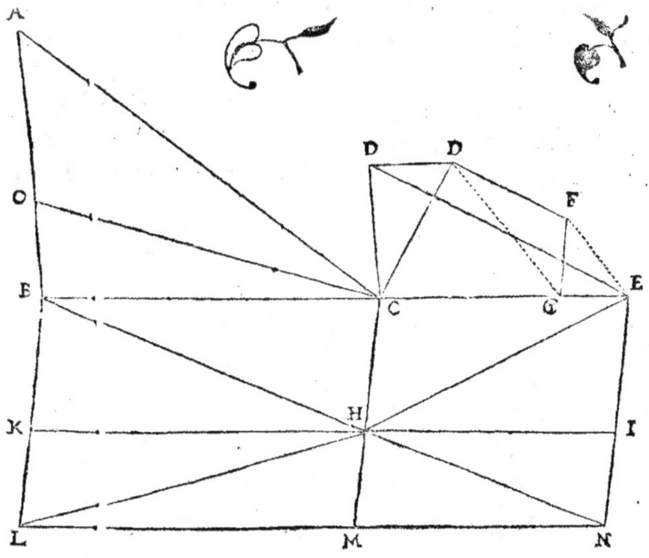

estant paralleles, les angles ECH. & HKL. seront egaux, par la 29. propositiō
dudit premier d'Euclides. Or l'angle ECH. par la construction est egal a l'angle CBA. Pourquoy l'angle HKL. sera aussi egal au mesme angle CBA. & la
ligne KH par la susdicte 34. proposition est egale à BC, comme aussy par la
construction KL. est egale à BO, d'ou sensuit par la 4. proposition dudit premier des elemens d'Euclides, que les triágles BCO, & KHL, sont egaux entre
eux. Mais le triangle KHL a esté prouué egal au rectiligne CDFG. donc par
la 9. proposition du cinquiesme des elemens d'Euclides BCO. retrenche du
triangle ABC. partie egale au rectiligne proposé CDFG ce qu'il faulloit faire.

Que si on proposoit plusieurs rectilignes a soubstraire d'vng mesme triangle, il faudroit les reduire tous a vng mesme triangle & poursuiure l'operation de mesme que si cestoit vng seul rectiligne proposé, a soustraire du triangle ABC de l'angle C. si donc on ne desiroit d'auoir sur le costé AB, les
poinctz ausquelz est terminé chacun rect ligne, auquel cas ayant osté le premier, il faudroit faire l'operation de la substraction du secōd sur le costé OC.
de mesme que dessus ; & ainsy des aultres prenant tousiours la derniere ligne
trouuée partante de C. & aboutissante sur ledict costé AB. pour sur icelle bastir le parallelogramme BH, reglant toute l'operation.

<h2 align="center">PROBLEME. II.</h2>

D'vn poinct donné au costé d'vn triangle, le diuiser ou en oster telle partie qu'on voudra.

SOIT premierement le triangle ABC. au costé duquel AC. soit
donné le poinct D, & qu'il faille d'icelluy mener vne ligne DE,
laquelle retrenche la partie CDE, contenant vng tier de tout le
triangle ABC. Ie diuise la base BC, en trois parties egales (a cause
qu'il faut retrencher le tier du triangle duquel s'il faulloit retrencher le quart, ie la diuiserois en quattre parties egales, & ainsi consequutiue-
ment selon le nōbre des parties qu'on demāde) & du poinct dōné D. ie meine
la ligne occulte DN. retrenchant CN. vn tier de la base BC. item du poinct
A. ie meine AE. parallele a la ligne DN. & rencontrant la base BC. au poinct
E. vers lequel estát menée DE. ie dis que CDE, retréche le tier du triágle ABC.

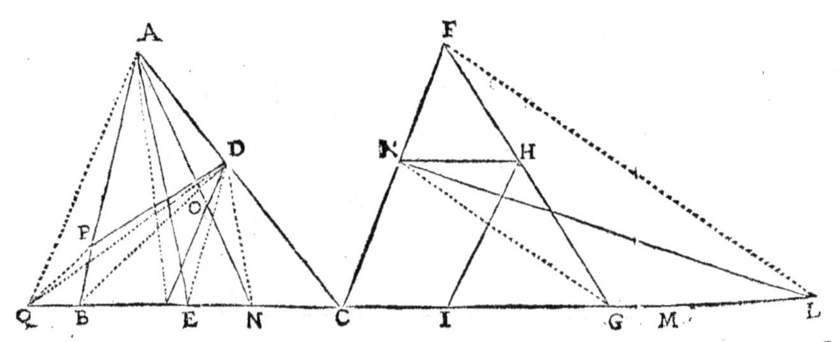

Car ACN. par la propofition premiere du 6. d'Euclidés & probleme precedent, eft le tier du triangle *A*BC. & CDE. eftant egal à ACN. il fera pareillement le tier du mefme triangle ABC. Or qu'il foit egal à ACN. il eft mani-
fefte per la 37. du premier dudict Euclides, & troifiefme commune fentence,
car les triangles *A*DN. & EDN. eftans entre mefmes paralleles AE. & DN.
font egaux entre eux pourquoy eftant ofté d'iceux la partie commune ODN.
les reftes OEN. & OD*A*. feront egaux ainfy la partie OD*A*. retréchée du tier
*A*CN. par la ligne DE. eft r'apportée vers NOE. de forte que le tout CDE. demeure egal à ACN. tier du triangle propofé. &c,

Aultrement foit donné le triangle CFG. & vn poinct prins au cofté FG.
comme H. duquel il faille mener vne ligne vers la bafe CG, laquelle retrenche
le tier (ou qu'elle partie on voudra) du triangle CFG. du poinct prins H, ie
mene HK. parallele a la bafe CG. r'encontrant le cofté CF. au poinct K. duquel ie forme le triágle CKL. egal à GFG. & de mefme haulteur que le poinct
prins H. par le fecond probleme du fecond liure precedent. Puis ie diuife tout
la bafe CL. en autant de parties egales qu'on demande, prenant donc LM.
pour le tier de CL. ie fais GI. egale à LM. ie dis qu'eftant menée la ligne H I.
que GHI. fera le tier du triangle CFG. Car les triangles CKL. & HGI. eftans
par la conftruction de mefme haulteur, font entre eux comme leur bafes par
la fufditte premiere propofition du 6. d'Euclides : la bafe GI. eft prinfe egal
au tier de la bafe CL. Pourquoy GHI. contiendra le tier de CKL. Mais CKL.
eft faict egal à CFG. donc GHI. fera auffi le tier de CFG.

Secondement foit le triangle ABC. & vn poinct donné D. au cofté *A*C
duquel vers la bafe BC. il faille mener vne ligne retrenchant d'icelluy triangle

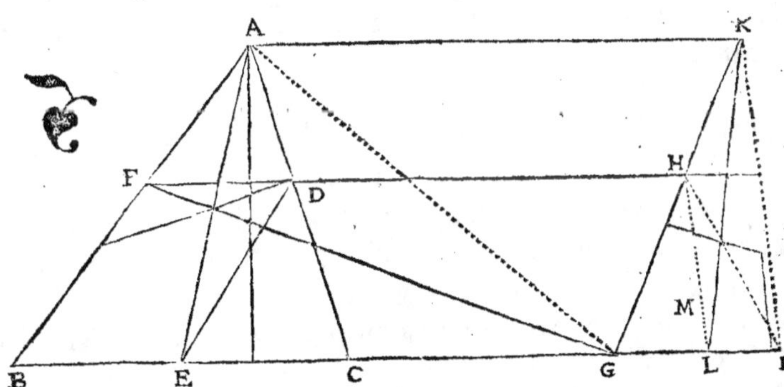

la partie CDE. egale a vn rectiligne quelconque M. moindre que ledict triangle ABC. Ie refouls ce cas en deux façons, la premiere eft que i'abaiffe le triangle ABC. felon le poinct donné D. car ayant mené la ligne FD. parallele a la
bafe *B*C. & paffant par le poinct D. produitte tant que foit affez vers
H. ie forme le triangle BFG. egale à *A*BC. Puis ayant reduict le rectiligne donné M. en triangle G H I. de pareille haulteur que *B*F G.
cét a dire que le poinct D. ie retrenche de la bafe BC. la partie CE. egale
a la bafe GI. & eftant menée la ligne DE, il eft euident par la demonftration

M prece-

precedente, que le triangle CDE. est egal à GHI. cét a dire au rectiligne M.
Pourquoy le triangle CDE. retrenche du triangle ABC. la partie demandée.

L'autre façon de resouldre le cas proposé est qu'apres auoir trouué vn triangle egale au rectiligne donné M. ie l'esleue a mesme haulteur que le triangle donné ABC. comme est GKL. Puis de la base BC. ie retrenche la partie CN. egale à GL à laquelle ioincte AN. le triangle ACN. est faict egal au triangle GKL. cét a dire au rectiligne M. Pourquoy par la demonstration precedente estant meinée la ligne DN. & AE parallele a icelle sera trouué le poinct E. vers lequel estant menée DE. sera du poinct prins au costé AC. sçauoir D. retrenchée la partie CDE. egale au rectiligne donné M.

Mais si on vouloit que la ligne DE. soit menée vers le costé AB. Il faudroit prendre AB. pour base & prendre la haulteur du triangle vers C. car en poursuiuant l'operation a la maniere susdicte, se trouuera au costé AB. le poinct O. vers lequel estant menée vne ligne droitte du poinct prins en D. sera faict ce qu'on demande.

La mesme façon se peut practicquer en la premiere figure de ce probleme, pour trouuer le poinct P. au costé de AB. car estant menée la ligne DP. le triangle ADP. contiendra le tier du triangle ABC. pourquoy le trapeze DPBE. sera l'autre tier, sinon on pourra prendre EQ. egale à CE. car le triagle DEQ. sera egal au triangle CDE. mais pour faire rétrer la partie de vers QB laquelle se trouue hors du triangle ABC. ayant mené la ligne occulte DB il faut du poinct Q. mener QP. parallele a DB. tant qu'elle r'encontre la ligne AB. en P. lors estant menée la ligne DP. sera faict le mesme trapeze DPBE. egal a vn tier du triangle ABC. que la partie de deuers QB soit rentrée au dedans du trapeze, il est manifeste par la demonstration de la premiere partie estans QP. & BD. paralleles.

PROBLEME. III.

D'vn poinct donné au dedans d'vn triangle le diuiser ou en oster telle partie qu'on voudra.

AVcuns Geometres proposent vne question presque semblable a ce probleme, voulans que d'vn poinct donné au dedans d'vn triangle il soit menée vne ligne droitte le diuisant selon vne raison donné, ce que ne faisant a mon propos (en ce qu'elle diuise seulement le rectiligne en deux parties) non plus que celle de Iean Baptiste Benedicte lequel propose vn poinct hors d'vn rectiligne duquel estát menée vne ligne le diuise aussy selon certaine proportion , mon intention estant de diuiser les superficies en plusieurs parties tant egales qu'inegales, ie renuoyeray le lecteur curieux aux Epistres dudict Benedicte ou la questió est traictée & subtilement demonstrée. Venant donc au probleme proposé. Soit le triangle quelconque ABC. au dedans duquel soit donné le poinct D. duquel il faille mener des lignes droictes vers les costez tellement que par icelles il soit diuisé en certaines parties demandees, ie suppose qu'il faille le diuiser en trois parties egales.

Ie di-

Ie diuise premierement la base BC. en trois parties egales, de laquelle CE.
est vne troisiesme partie, puis de A· ie mene la ligne occulte AD, a laquelle ie
fais parallele EF. r'encontrant le costé AC. en F. dont estant menées les lignes
DE. DF. est formé le trapeze FDEC. contenant en superficie la troisiesme
partie du triangle ABC, Ce qu'est euident par la demonstration de la premiere partie du probleme precedent. Car ayant mené la ligne AE. elle retrenche
AEC. la troisiesme partie dudict triangle, & par la construction les triangles
AFD. & AED. entre mesmes paralleles sont egaux, desquelz estant ostée la
partie commune DAT. les restes ATF. & EDT. sont aussi egaux, pourquoy
la partie ATF. retrenchée du tier AEC. est r'apportée vers TDE, d'ou sensuit
que le trapeze FDEC. est egal audit tier AEC. cest a dire a la troisiesme partie
de la superficie de ABC,

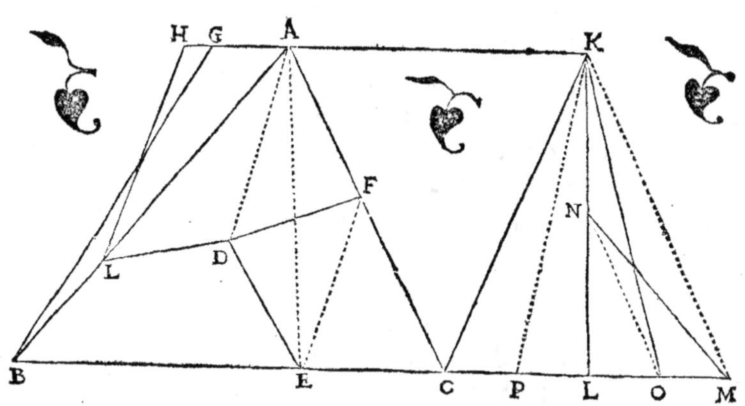

Mais pour trouuer les aultres deux tiers. Ie fais le triangle CKL. de mesme
haulteur que ABC. & sur la base CL. egal à EC, cét a dire a vn tier de BC. par
consequent iceluy CKL egal a vn tier du triangle ABC. Puis ie fais contre le
costé KL. le triangle LMN egal à ADF & l'esleue aussi hault comme CKL.
dont est faict KLO. & ayant prins CP. egale à LO. & menée la ligne KP reste
KPL. qu'il faut adiouster a ADF. pour faire l'autre tier du triangle ABC. car
puisque KCL. contient vn tier, & que par la construction KCP. est egal à L
MN. cét a dire à ADF. ne reste qu'a adiouster à ADF la partie KPL. pour faire
ledict tier, lequel estant cognu, le reste du triangle ABC. sera le troisiesme tier.

Et pour adiouster ladicte partie KPL. à ADF. ayant mené la parallele HK.
ie retrenche AG. egal à PL· & ioincte la ligne BG. il est euident que le triangle BAG. est egal à KPL. par la premiere proposition du 6. des elemens d'Euclides, puis ie reduis iceluy triangle BGA. en pareille haulteur
qu'est esleué le poinct D. sur la ligne AB. dont est formé AHI. egal
à BAG. cét à dire KPL. Pourquoy I. est le poinct vers lequel estant
menée la ligne DI. est formé le trapeze AFDI. egal au second tier requis,
car les triangles AHI. & ADI. par la construction estans de pareille

97

haulteur, font entre eux comme leurs bafes, & leurs bafes eftant AI. cõmune
ilz font egaux entre eux, ainfy AID. fera egal à AHI. cét a dire à KPL. qu'eft la
partie qu'il faulloit adioufter à ADF. pour auoir le tiers requis. Et dautant
qu'il eft propofé de diuifer ledict triágle ABC. en trois parties egales il eft euident que BIDE. fera l'autre tier de la fuperficie du triangle.

Par la practicque de ce probleme il eft tresfacile de tirer en confequence la
maniere de diuifer du mefme poinct ledict triangle non feulement en parties
felon vne raifon donnée mais encor d'en foubftraire plufieurs fuperficies,
moindres toutesfois que ledict triangle ; on pourra mefme par icelle practicque, former diuerfes queftions & problemes qui fe pourront refoudre a la
maniere fufdicte, & fonder fur les mefmes principes tirez des elemens d'Euclides i'en laifferay la curieufe recherche au lecteur.

PROBLEME, IIII.
Eftant donné vn triangle mener vne ligne parallele a vn des coftez laquelle en
retrenche vne partie demandée.

LES Geodetes propofent ces diuifions des rectilignes par des paralleles a quelque cofté d'iceux, ce que me femble plus curieux
qu'vtile a la practicque actuelle de cette partie de Geometrie, car
aux partages de diuifion des triangles on chofit pluftoft quelque
endroit ou poinct au dedans ou a cofté d'iceux, pour faire les partages & diuifion, que l'on ne s'arrefte a ces paralleles d'autant qu'au dedans ou
au coftez, fe peuuent retrouuer quelque entrée, fontaine, puit, viuier, arbre
ou aultre chofe laquelle doit demeurer indiuifée & commune pour la com-
modité des parties, dont il eft neceffaire que chacune portió aboutiffe en ces
endroicts, ioinct que fouuent la piece à partager eft meilleure a vng endroict
qu'a l'autre, ceft pourquoy a fin de venir par compéfation a legalité commu-
tatiue, on ne doit auoir efgard a la diuifion laquelle fe faict par vne ligne parallele a vng des coftez de la piece triangulaire ;& beaucoup moins aux aultres rectilignes irreguliers, toutesfois pour fatisfaire aux curieux ie deduiray
la maniere de ce faire comme fenfuit.

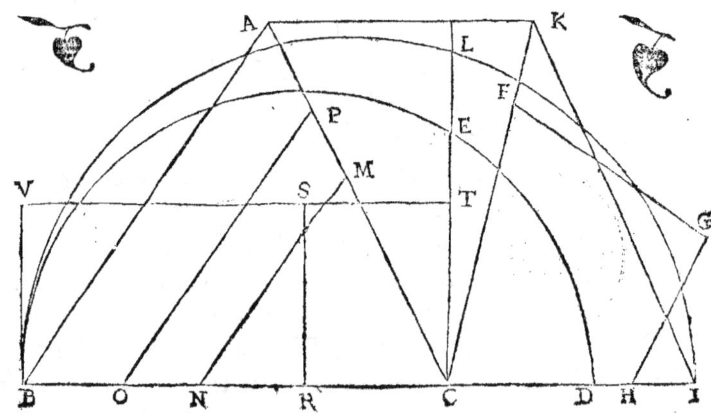

Soit

Soit proposé le triangle ABC. de la superficie duquel il faille retrencher le
tier par vne ligne menée parallele a vng des costez côme AB. Ie diuise la base
AB. en telles parties qu'on veut que le triangle soit diuisé, sçauoir en trois parties egales en ce cas, desquelles CR. en est vne, puis ayant porté l'interualle
CR. vers D. en sorte que CD soit egale à CR. ie cherche CE. moyenne proportionnelle entre BC. & CD. son tier & apres auoir prins CN. egale à CE. du
poinct N ie mene NM. parallele a AB. retrenchant CMN. le tier de la superficie du triangle ABC. Car sur la base BC, soit faict le rectangle BT. egal au
triangle ABC. le rectangle RT. descrit sur la troisiesme partie de son costé
BC. & sur la mesme haulteur contiendra le tier dudit rectangle BT. & consequemment sera egal au tier du triangle ABC,

Ce que se peut demôstrer par la raison du Corollaire de la vingtiesme proposition du 6. des elemens d'Euclides, d'ou se conclud que si trois lignes sont
continuellement proportionnelles, comme la premiere est a la troisiesme,
ainsy la figure descritte sur la premiere est a la figure semblablement descritte
sur la seconde ; Pourquoy les trois lignes BC, CE. & CD. estantes continuellement proportionnelles, comme BC. premiere à CD. troisiesme, ainsy le triangle ABC. descrit sur la premiere AB. au triangle CMN. semblablement
descrit sur CN. egale a la troisiesme CE.

Or les parallelogrammes ou rectangles BT. & RT. estans de pareille haulteur sont entre eux comme leur bases par la premiere proposition du 6. des
elemens d'Euclides, & CR. estant egale à CD. ie conclud que comme BC. a
CD. ainsy le rectangle BT. au rectangle RT. Mais comme BC, à CD, ainsy
le triangle ABC. au triangle CDM Pourquoy ABC. aura mesme raison a
CMN. que BT. a R. donc comme le triangle ABC. au triangle CMN. ainsy
le rectangle BT. au rectangle RT. & en permutant comme le triangle ABC.
au rectiligne BT. ainsy le triangle CMN. au rectiligne RT. Mais le rectiligne
BT par la construction est egal au triangle ABC. pourquoy le rectiligne RT.
sera egal au triangle CMN. & par la mesme construction le rectiligne RT. est
egal au tier du rectiligne BT. donc CMN. est egal au tier du triangle ABC.

Et par la mesme raison voulant oster du triangle ABC. le rectiligne CFGH.
ie reduis icelluy en triangle comme CKI. de pareille haulteur que ABC. Puis
ie cherche CL. moyenne proportionnelle entre BC. & CI. & ayant retrenché
CO. (de BC.) egal à CL. ie meine par O. la ligne OP. parallele au costé AB.
dont est retrenchée du triágle ABC. la partie POC. egal au rectiligne CFGH.
& ainsy des aultres parties qu'on sçauroit demander.

PROBLEME. V.

Estant donné vn quadrilatere d'vn angle d'icelluy le diuiser ou en oster telle
partie qu'on voudra.

OIT donné le quadrilatere ABCD. de l'ãgle duquel A. il le faille diuiser en trois parties egales, ou en oster le rectiligne EMNK. Ie reduis le quadrilatere en vn triangle comme ABE, & diuise toute la
base BE. en trois parties egales desquelles EF. en comprend vne, Puis ayant
menée AF. il est euident que AEF. est le tier de ABE. & par consequent de
ABCD. mais dautant que la portion ARD. est egal à RCE. APD. contient
tout le triangle AEF. & encor PCF. ie soustrais donc PCF. de APC. & trouue
le poinct H. menát FH. parallele a CA. finalement ie meine la ligne AH. laquelle retrenche AHD. la troisiesme partie de la superficie du quadrilatere.
ABCD. comme il est demonstré par le second probleme du second liure precedent. Mais l'autre tier de BE. tombant sur le costé BC. en G. il est manifeste
ABG, sera aussi le tier du mesme quadrilatere ABCD. Pourquoy le trapeze
AGCH, sera pareillement le troisiesme tier dudict quadrilatere. ABCD.

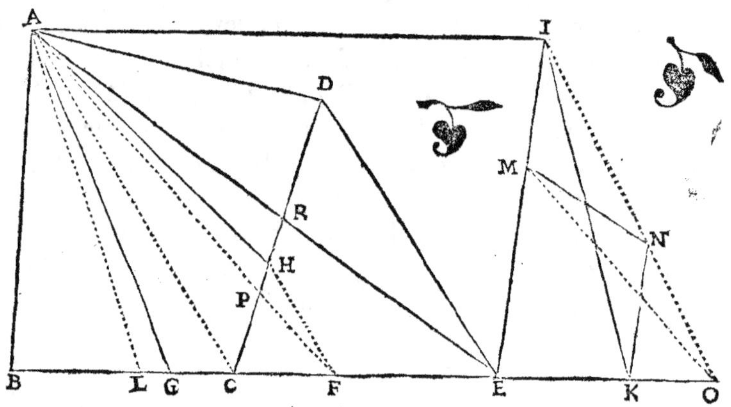

Aultrement on peut trouuer le poinct H. si produisant le costé CD. vers C.
on reduict le quadrilatere ABCD. en triangle sur la base DC. produicte, car
DH. se retrouuera vn tier d'icelle de mesme que BG. se trouue sur CD. & egale
a vn tier de la base BE. & comme le triangle ABG. est vn tier de ABCD. ainsi
ADH. en comprendra vn tier

Et pour oster de l'angle A. du mesme quadrilatere ABCD. le rectiligne EM
NK. ie le reduis en triangle & l'esleue en pareille haulteur que BA. dont est
faict EIK. egal audict rectiligne EMNK. & ayant prins auec le compas la lõgueur de la base EK, ie retrenche BL. egale a icelle. Pourquoy estant ioincte
la ligne AL. le triangle ABL. est egal a EIK. donc BLA. retrenche du qua-

drilatere

drilatere ABCD. partie egale au rectiligne EMNK.

Mais si le poinct L. se trouuoit hors de la base *BC.* comme en la figure suyuante, il faudroit faire r'entrer CNL. au dedans de la partie AN. & trouuer le poinct P. vers lequel estant menée la ligne AP. seroit faict ce qu'on demande. Comme soit en la ditte figure suyuante proposé le quadrilatere ABCD. duquel de l'angle A. il faille oster vne partie egale au rectiligne EFGH. (moindre que ledit quadrilatere, car aultremét ne se pourroit soubstraire d'icelluy) ie le reduis en triangle de pareille haulteur que celle de AB. comme est FKI. & ayant produict le costé BC. vers F. ie retrenche la partie BL. egale à FI. & estant ioincte la ligne AL. le triagle BAL. est faict esgal a FKI. par la premiere proposition du 6. des elemens d'Euclides. Puis ayant mené les lignes AC. & LP. paralleles, ie trouue le poinct P. au costé de CD. vers lequel estant menee

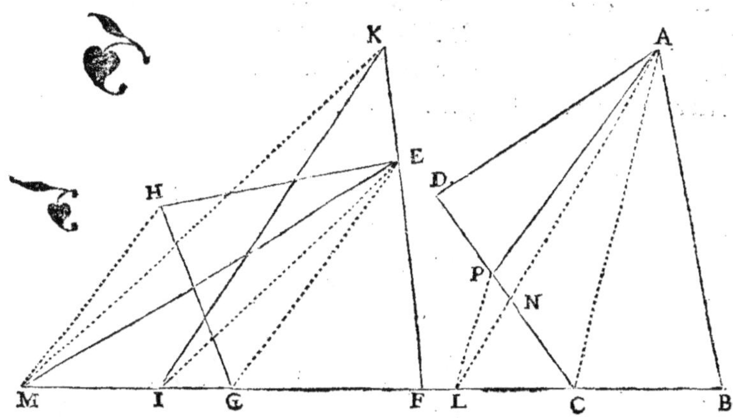

la ligne AB. est faict le trapeze ABC.P. esgal au rectiligne EFGH. ce qu'est manifeste, car le triangle ABL. est prouué egal au triangle FKI. & CNL. partie de BAL. sortant du rectiligne ABCD. est compensee par ANP. dautant que PCL. & APL. estans entre mesme paralleles sont egaux entre eux, par la 37. proposition du premier des elemens d'Euclides, desquelz estant ostee N PL. partie commune a iceux, les restes CNL. & ANP sont egaux par la troisiesme commune sentence, donc CPA. est egal à ACL. & estant adiousté le triangle ABC. partie de ABL. le trapeze ABCP. sera egal à ABL. & à KFI. cét a dire au rectiligne EFGH.

De cette practicque de faire rétrer les parties sortátes des quadrilateres, cóme CNL. par les paralleles, se conclud vne aultre maniere de diuiser lesdictz quadrilateres en tant de parties qu'on voudra soient egales ou inegales, ou selon vne raison donnée quelconque comme sensuit. Soit premierement le qradrilater ABCD. lequel de l'angle D. il faille diuiser en tant de parties egales qu'ó voudra, ie suppose qu'il faille le diuiser en trois seulement, pour euiter la cófusion des lignes : Ie mene la diagonale AC. laquelle ie diuise en trois parties egales, CF. FE. & EA. & ayant mené la diagonale BD. ie meine des lignes

droitte

droitte tant de l'angle B. que de celluy de D. vers les poincts des diuisions E.
& F. desquelz poinctz aussi E. & F. ie mene des lignes paralleles à la diagonale
DB. tant qu'elles r'encontrent les costez AB. en H. & BC. en G. vers lesquelz
ie mene les lignes DH, & DG. dont le quadrilatere ABCD. se trouue diuisé en
trois parties egales selon qu'il est requis.

Car supposé que ACD. soit vng triangle quelconque la base AC. estant diuisee en trois parties egales & menées les lignes DE & DF. il sera diuisé en
trois triangles egaux. Pareillement estant menées les lignes BE. BF. le triangle
BAC. sera diuisé aussy en trois triangles egaux par la premiere proposition du
6. des elemens d'Euclides. Or les deux triangles ABC. & ADC. faisans le quadrilatere ABCD. il est euident que vn tier de ABC. adiousté au tier de ADC.
que le tout sera vn tier de tout ledict quadrilatere, estant donc adiousté ABE.
à ADE. sera faict ADH. comprenant le tier de ABCD. car par la demonstration precedente la partie BHT. du tier BAE. est egale a DET. pourquoy
le tout ADH. est egal au tier de ABC. & au tier de ADC. prins ensemble, cét
a dire au tier de tout le rectiligne ABCD,

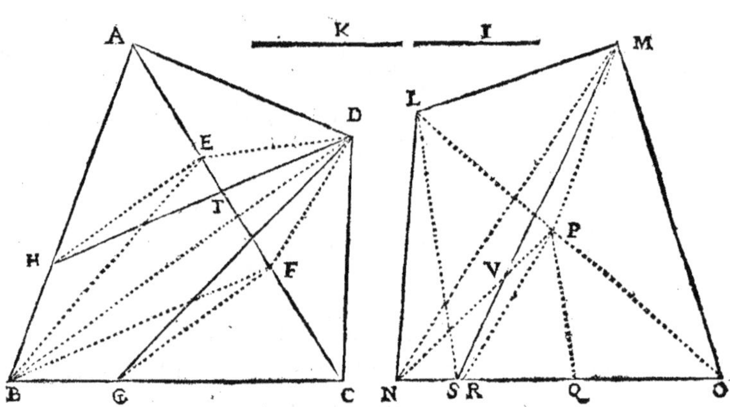

Soit secondement le quadrilatere LMNO. qu'il faille diuiser de l'angle M.
selon la proportion de I. à K. Ayant mené la diagonale LO. ie la diuise selon
IK. prenant SO. egale a I. & QO. egale à K. puis ayant ioinct la ligne SL. ie
mene QP. parallele a icelle, r'encontrât LO. en P. vers lequel poinct ie meine
NP. & MP. dont les triangles LNO. & LMO. sont diuisez selon la proportió
de I. à K. car leur base LO. est diuisee comme OS. cét a dire IK. par la quatriesme proposition du 6. des elemens d'Euclides, donc les deux portions NPO.
& MPO. du quadrilatere aux deux portions NPL. & MPL. sont en proportion de I. à K. Et par la demonstration precedente NVR. estât egal à MPV.
le triangle MRO. sera egal aux deux portions de NPO. & MPO. prinses ensemble. Pourquoy la ligne MR. venant de l'angle M, diuise le quadrilatere
LMNO. selon qu'on demande.

PROBLEME. VI.

Eſtant donné vn quadrilatere d'vn poinct prins en vn des coſtez d'icelluy, le diuiſer ou en oſter telle partie qu'on voudra.

SOIT donné le quadrilatere ABCD. & vn poinct E. prins au coſté AD duquel poinct E. il faille le diuiſer en trois parties egalles. Ie le reduis premierement en vn triangle ABF. duquel la baſe BF. eſtant diuiſée en trois parties egalles, & menée la ligne AG. il eſt euident que AGF. eſt le tier d'icelluy triangle ; ſecondement ie mene la ligne EG. vers G. tierce partie de la baſe, a laquelle ie fais parallele la ligne AH. r'encontrant BF. en H. dont eſtant ioincte la ligne EH. Ie dis que le rectiligne EDHC. eſt la troiſieſme partie du quadrilatere ABCD.

Car eſtant menées les lignes paralleles AG. & DF. il eſt euident que les triangles CDF. & ADF. ſont egaux, deſquelz eſtant oſtée la partie commune DLF. les reſtes ADL. & CLF. demeurent egaux. Pourquoy le triangle ADL. contient FGLM. partie du triangle AGF. & encor le triangle CMG & eſtant adiouſtée la partie AIK. auec KD. le tout contiendra ladicte partie FGLM. & encor CMN. Or les triangles AIE. & HIG eſtans egaux a cauſe des paralleles EG. & AH. & le rectiligne KD comprins en HD. en eſtant oſté le reſte AIE. contiendra la partie AIK. auec le reſte de FGLM. & encor CMG. pourquoy les triangles AIE. & HIG, eſtans egaux, en oſtant de HIK, le triangle CMG. le reſte HIMC. auec KD. & IKLM aultre partie de ACF. ſera egal au meſme triangle AGF lequel ayant eſté prouué egal au tier du quadrilatere ABCD. le rectiligne EDHC. ſera pareillement egal au tier dudict quadrilatere par la 9. propoſition du 5. des elemens d'Euclides.

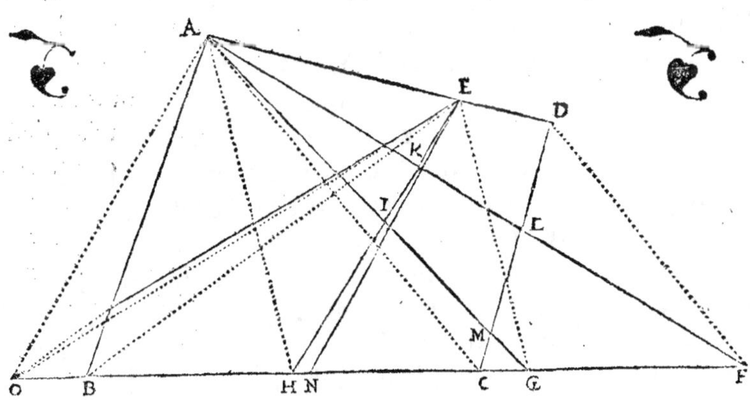

Semblablement pour trouuer l'autre ſecond tier du quadrilatere ABCD. ayant mené du poinct donné E. vne ligne droitte vers N. qu'eſt vn des poincts diuiſans la baſe BF. en trois parties egales, ie mene AO. parallele a icelle EN. tant quelle r'encontre la baſe BF. ou au dedans, ou au dehors du quadrilatere ABCD. & ſi ledict poinct O. tombe ſur la partie BC.

N   eſtant

eſtant ioincte la ligne EO. ſera faict ce qu'on demande ; mais en cét exemple la parallele AO. ſortans hors du quadrilatere ABCD. ie produis le coſté CB. vers O. pourquoy ladicte parallele r'encontrant la baſe produict au poinct O. il eſt euident que ioincte la ligne EO. le triangle ENO. ſera le ſecond tier dudict quadrilatere ABCD. & pour ce que la partie OPB. eſt dehors, ie la fais rétrer au dedans, car ayant menée EB. & OQ· paralleles, ie trouue le poinct Q. vers lequel eſtant menée la ligne OQ. le trapeze EQBN. eſt le ſecond tier requis, par la demonſtration precedente, d'ou ſe conclud que AQE. eſt auſſi la troiſieſme partie du meſme quadrilatere.

Par la meſme practicque on pourra oſter du poinct E. telle figure qu'on voudra moindre que le quadrilatere ABCD. car eſtant donné quelque rectiligne, il faudra le reduire en vn triangle ayant pareille haulteur que ABF. car la baſe du triangle qui ſera egal au rectiligne donné, eſtant portée ſur BF. elle monſtrera le poinct vers lequel du poinct E. eſtant menée vne ligne droicte, & a elle vne parallele des A. ſera trouué l'autre poinct cóme H. Et conſequémment ſe fera la diuiſion du quadrilatere ſelon vne raiſon donnée quelconque.

PROBLEME. VII.

Eſtant donné vn quadrilatere d'vn poinct prins au dedans d'icelluy le diuiſer ou en ſoubſtraire telle partie qu'on voudra.

SOIT donné le quadrilatere ABCD. au dedans d'icelluy ſoit prins le poinct G duquel il faille diuiſer le quadrilatere en tant de parties qu'ó voudra, ſuppoſé qu'il faille le diuiſer en trois parties egales, tirant vers quel coſté on voudra, comme deuers E. Ie le reduis en vn triangle ABF. & diuiſe toute la baſe BF. ſelon les parties demandées, ſçauoir en trois egales. Puis ayant mené la ligne EG, ie la continuë tant qu'elle r'encontre ladicte baſe au poinct N. apres ie reduis encor le rectiligne ENCD. en vn triangle NOK. de pareille haulteur que celle de ABF. la baſe duquel NK. ſi elle ſe trouuoit egale a vne troiſieſme partie de BL. le rectiligne ENCD. ſeroit le tier du quadrilatere ABCD. Mais ſe trouuant plus grande ou plus petite que vne deſdictes troiſieſme parties, icelluy rectiligne ENCD. excedera ou defaudra du tier dudict quadrilatere, en ce cas il excede du triangle IKO. car la baſe NK. excede le tier de BF. de la quantité de IK. pourquoy il faut ſoubſtraire IKO. de NKO. & ce du poinct G. & pour ce faire i'abaiſſe le triãgle IKO. de pareille haulteur ſur la baſe BF. que celle du poinct O. ſi que ſe trouue ILM. egal à IKO. pourquoy ayant prins NH. egal à IM. & mene la ligne GH. Il eſt euident que GNH. eſt egal à ILM. qu'eſtoit l'exes duquel ENCD. ſurpaſſoit le tier du quadrilatere ABCD. Oſtant donc le triangle NGH. du rectiligne ENCD. le pentagone reſtant ſçauoir EDGHC, ſera egal au tier du quadrilatere ABCD.

Et

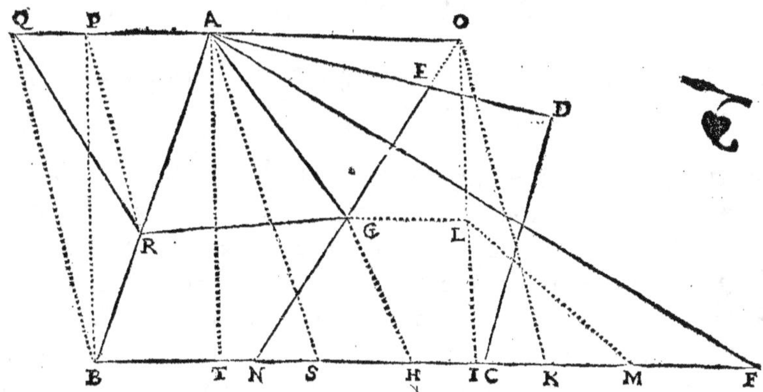

Et pour trouuer le second tier, ie descris a part le triangle *AEG*, & l'esleue a pareille haulteur que celle de *ABF*, dont ie trouue AST, egal à *AEG* pourquoy ay marqué ABS. le tier de *ABF*. i'en soubstrais *AST*. & ne me reste plus que *ABT*. a adiouster à AGE. pour auoir le second tier, estant portée la partie BT. sur AP. ie fais le triangle ABP, egal au triangle *ABT*, l'esleue donc *ABP*. de pareille haulteur que le poinct G. est esleué sur *AB*. d'ou me vient le triangle AQR. egal a *ABP*. cét a dire a *ABT*. me donnant le poinct R, vers lequel ie mene la ligne GR. Ie dis que le trapeze AEGR, est le second tier de ABCD.

Car la base BS. du triangle ABS. estant la troisiesme partie de BF. le triangle *ABS*. est le tier de la superficie du triangle *ABF*. cét a dire du quadrilatere *ABCD*. & la partie BST. estant egal à AEG. par la construction, & AQR. egal à ABT. les triangles AST. cét a dire AEG. & AQR. seront egaux (prins ensemble) au tier *ABS*. mais AGR. est egal à AQR. pour ce qu'ilz sont de mesme haulteur par la construction, & qu'ilz ont la base AR. comune pourquoy le tout AEGR. sera egal au tout ABS. cét a dire au tier de ABF. donc AE GR. est le second tier du quadrilatere ABCD. & consequemmét le troisiesme sera GRBH. &c.

De cette practicque on peut conclure la maniere de soubstraire d'vn quadrilatere telle partie qu'on voudra d'vn poinct donné au dedans d'icelluy, & encor d'auantage si le quadrilatere donné est r'enflé de quelque costé, ou borné de lignes non droittes, par la reduction des parties en triágles on en pourra aussi oster telle portion ou le diuiser comme on voudra. Ainsy est deduitte la practicque de diuiser les quadrilateres ou des angles d'iceux, ou de quelque poinct prins ou au costé ou au dedans ; Ie sçay qu'aucuns les veullent diuiser en certaine partie d'vn poinct prins au dehors , mais cela estant plus curieux qu'vtiles ceux qui desirent le sçauoir pourront veoir Io. Baptista Benedictas en son liure des speculations Mathematicques.

N 2   PRO.

PROBLEME. VIII.

*Estant donné vn quadrilatere mener des lignes paralleles a vn costé choisi, le
diuisant selon vne raison donnée.*

OIT donné le quadrilatere ABCD. lequel il faille diuiser selon
vne raison donnée comme pour exemple de vn à trois, & qu'il
faille mener des paralleles au costé AB, le diuisant selon ceste raison; Premierement ie reduis le quadrilatere donné en vn triangle, comme ABE, egal a iceluy & diuise la base BE, selon la raison donnée, sçauoir en trois parties egales, & apres auoir mené la ligne AF.
sur le poinct d'vn tier de BE. ie produis BE. & AD. tant qu'elles se rencontre
en I. Puis ie cherche vne moyenne proportionnelle entre BI. & FI. sçauoir la
ligne G. & ayant recoupé la partie IK. egale a la ligne G. ie mene KL. parallele au costé AB choisy au quadrilatere donné ABCD. laquelle retrenche la
partie LDKC. egale au tier dudit quadrilatere.

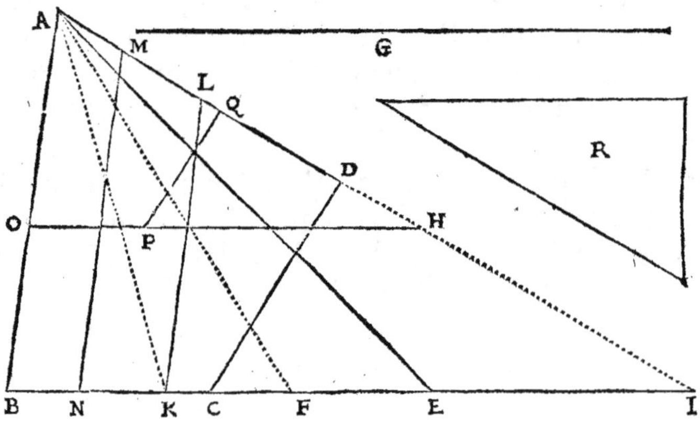

Car les triangles ABI. & AFI. estans de pareille haulteur, ilz sont entre eux en
mesme raison que leurs bases, par la premiere proposition du 6. liure d'Euclides; dautant que les lignes AI. KI. & FI. sont continuellement proportionnelles, par la treiziesme proposition dudict 6. d'Euclides, comme la premiere
BI. a la troisiesme FI. ainsy le triangle ABI. descrit sur la premiere, au triangle
LKI. descrit semblablement sur la seconde KI. par le corollaire de la 20. proposition du mesme liure d'Euclides; Pourquoy les triangles LKI. & AFI. ayans mesme raison au triangle ABI. sont egaux entre eux par la 9. proposition
du cinquiesme dudict Euclides, donc le triangle AFI. comprenant AEI. &
encor AEF. vn tier du quadrilatere, icelluy osté de ABI. restera LB. pour les
aultres deux tiers du mesme quadrilatere ABCD.

Et pour trouuer le second tier que i'ay sep aré par la parallele NM. Il faut
reduire le rectiligne BL. en triangle & diuiser sa base en deux parties egales
puis

puis pourſuiure l'operation de meſme que cy deſſus tant qu'on aura trouué
IN. moyenne proportionnelle entre *BI.* & la partie determinant la moictie
du triangle egal à *BL.* & finiſſant ſur le meſme poinct I.

  Dauantage qui voudroit mener les paralleles ſuſdictes vers la partie ou coſté CD. Il faudroit produire le coſté AD. vers A. & faire la cyme du triangle
egal au quadrilatere ABCD. au poinct C. & pourſuiure la meſme maniere
d'operer que cy deuant, & ainſy des aultres coſtez, car qui les voudroit mener
paralleles à AD. faudroit produire le coſté AB. vers B. comme au contraire
qui les voudroit paralleles à *BC.* deburoit produire le coſté CD. vers D, &c.
Mais ſi les coſtez du quadrilatere donné , eſtoient quaſi paralleles , le coſté
AD. ne pouuant r'encontrer BI. produict ſinon d'vne trop grande diſtance ſe
pourroit mener HO. paralle à BI. en ſorte que le coſté AD. eſtant produict
puiſſe r'encontrer HO. produict en H. ſur laquelle HO. ayant prins OP. en
meſme proportion à O*A.* cóme eſt A*B.* a A*BC.* il faudroit deſcrire AOPQ,
ſemblable à ABCD. car eſtant diuiſé le quadrilatere AOPQ ſelon la raiſon
donnée, on pourroit diuiſer BC. & AD. en meſme proportion que ſe trouue-
roient diuiſez les coſtez OP. & *AQ.* & ainſy ſe retrouueroient les poincts L.
M. N. & K. par leſquelz ſe meneroient les paralleles comme cy deuant.

  Par la meſme practicque, eſtant donné vn rectiligne quelconque , pourueu
qu'il ſoit moindre que le quadrilatere il ſe pourra ſoubſtraire. Comme ſoit en
la figure precedente le rectiligne R. propoſé a ſoubſtraire du quadrilatere *A*
BCD Ayant premierement reduict le quadrilatere en triangle ABE ie reduis
le rectiligne R. ou aultre donné, en triangle de pareille haulteur que ABE.
dont la baſe ſe trouue egal à EF. Ayant donc ſoubſtraict AEF. de ABCD. par
la voye cy deuant declairée, ſera ſoubſtraict le rectiligne propoſé R. & ainſy
des aultres.

PROBLEME, IX,

Eſtant donné vn multilatere ou polygone, le diuiſer ſelon vne raiſon donnee ou en
oſter telle partie qu'on voudra.

S OIT donné le multilatere ou Polygone A*B*CDE lequel premierement de l'angle *B* il faille diuiſer en quattre parties egales. Ie le reduis en vn triangle BCL. & diuiſe la baſe BC. ſelon la raiſon dónée,
ſçauoir en quattre parties egales,(la raiſon donnée eſtant comme d'vn à quattre) & apres auoir mené les lignes BM. BK. il eſt euident par les demonſtrations des problemes cy deuant, que tant BCM. que BMK. ſont des quarts de
BCL. & conſequemment du rectiligne ABCDE. Mais dautant qu'au quart
BDK. ſe trouue le triangle DIK. hors du polygone ABCDE. ie mene la ligne
occulte BD. a laquelle ie fais parallele AF. puis ayant mené la ligne BF. le rectiligne BMDF. eſt le quart de ABCDE. Car DIK. & BIF. eſtans egaux entre
les paralleles BD. & *KF.* & ſur la meſme baſe KF. le tout BMDF. ſera egal au
quart BMK.

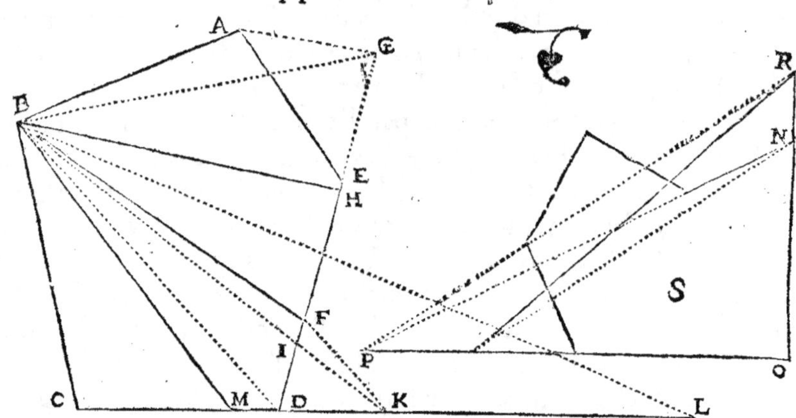

Et pour auoir les aultres deux quarts, ie reduis ABFE. reste du polygone en
vn triangle BFG. duquel ie diuise la base FG. en deux egalement au poinct H.
& estant ioincte la ligne BH le multilatere donné ABCDE. se trouue diuisé
selon qu'il est requis.

Mais si le poinct H. tomboit entre E. & G. il faudroit faire r'entrer la partie
qui se trouueroit hors de AE. de mesme que DIK. est reduict & rentré en BIF.
Dauantage s'il faulloit diuiser BFEA· en tant de parties qu'entre E. & G. se re-
trouuassent plusieurs poincts faudroit practicquer la mesme maniere sur le
costé EA. que sur DE. produisant AE. vers A. & ainsy des aultres polygones.

Soit proposé pour la seconde partie de ce probleme, de soubstraire du polygone ABCDE. le rectiligne S. Ie le reduis premierement en triangle NOP,
lequel i'esleue de pareille haulteur que celle du poinct B. sur CL. dont est faict
le triangle OQR. egal audit rectiligne S. pourquoy ayant prins la partie CK.
egale à OQ base dudit triangle OQR ie mene la ligne BK. dont il est euident
que BCK. est egal au triangle OQR cest a dire au rectiligne S. pourquoy ayant
faict r'étrer la partie DIK, le rectiligne BCDF. est egal au rectiligne S. proposé
a soubstraire du polygone ABCDE duquel estát soubstraict, reste BFEA. Mais
si ledict rectiligne S. se trouuoit plus grád que la partie comprise vers BCDE. il
en faudroit premierement oster icelle partie puis le reste du rectiligne estant
osté de lapartie comprinse vers BAE. seroit faict ce qu'on demande.

Quant aux polygones desquelz aucuns costez r'entrent au dedans, le par-
tage faict d'vn angle se pourroit trouuer quelquefois inutile, si on vouloit de
l'angle choisy pour faire la diuision mener des lignes droittes vers les limites
des portions demandées, pour ce qu'aucunes de ces lignes passeroient au dehors des polygones, comme il se veoit en la figure suiuante proposée a diuiser en quattre parties egales, en laquelle la ligne *AP.* retrenche la portion
POGAID. pour le quart dudict polygone ; car celluy a qui eschoira icelle
portion, oultre l'incommodité prouuenante de l'irregularité d'icelle, celluy
qui aura en sa part la quatriesme partie FOEN. ne receura aucun benefice du
poinct prins en l'angle A. pour faire la diuision. Mais si par curiosité on vouloit mener du poinct A. la ligne AP, retrenchant le quart FEOP. ou quelque

aultre

aultre partie demandée, il faudroit fermer le rectiligne FGDE. & alors du
poinct A. mener vne ligne droitte par laquelle il soit diuisé en telle raison que
la partie vers FE. retrenchée, contienne le quart ou aultre portion desirée du
rectiligne ABCDEFG. la question estant amplement deduitte par Io. Baptist.
Benedict. en ses epistres des speculations Mathematicques, i'y r'enuoyeray le
lecteur curieux, pour ne charger la practicque (laquelle ie me suis proposé a
deduire) de questions plus curieuses qu'vtiles. Que si sans auoir esgard au
poinct A. il faulloit limiter vn quart du polygone, vers le costé FE. on pourroit par les regles precedentes trouuer la ligne PO. d'ou sensuiuroit qu'estant
desia asseignées les parties vers B. le reste comprins entre AIDP. seroit pareillement vn quart du polygone proposé.

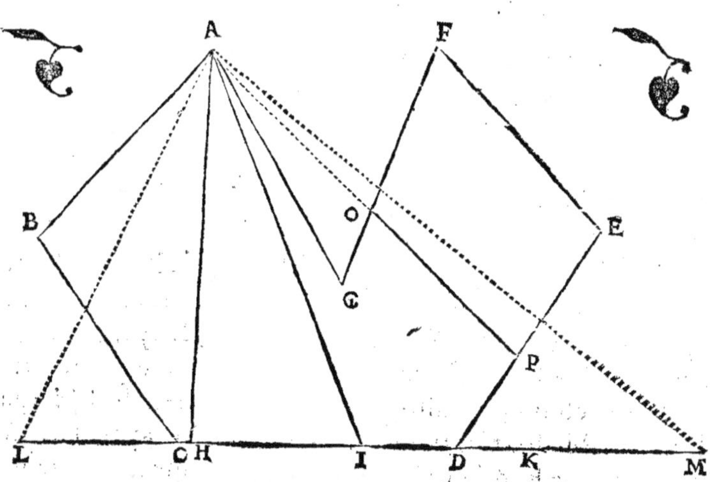

Ce probleme se pourroit bien soudre de mesme que les precedens des quadrilateres. Neantmoins ie l'ay adiousté en ce lieu pour rendre plus familaire
la practicque de faire les partages des pieces d'heritages, & aultres superficies,
ayant par experience recongnu que cette partie de la planimetrie est entierement incognuë aux Arpenteurs qui ne sçauent les principes de Geometrie;
Ayant donc monstré comme le polygone se diuise de quelque angle d'icelluy, sensuit vn exemple de la diuisions de tous polygones d'vn poinct prins, a
quel endroit descostez qu'on voudra.

Comme soit proposé le polygone ABCDEF. lequel du poinct R. prins au
costé de BC. il faille diuiser en cinq parties egales. Ie le reduis premierement
en triangle AGP. la base duquel GP. ie diuise en cinq parties egales (& ce seulement pour auoir vn triangle AGI. contenant la cinquiesme partie du rectiligne ou polygone proposé,) Puis i'abaisse icelluy triangle AGI. selon la
haulteur du poinct prins R. & estant ainsy abaissé, la base se trouue egale à
GH a laquelle ie fais egale la partie CS. d'ou vient qu'estát menée la ligne AS.
le triangle ACS. est egal à RGH, & ayant faict r'entrer au dedans du polygone

gone propofé, le triangle DKS, le quadrilatere RCDK. fera egal au triangle
RCS. & encor à RGH. cét a dire à AGI. qu'eft la cinquiefme partie de *AGP.*
cét a dire du polygone propofé ABCDEF.

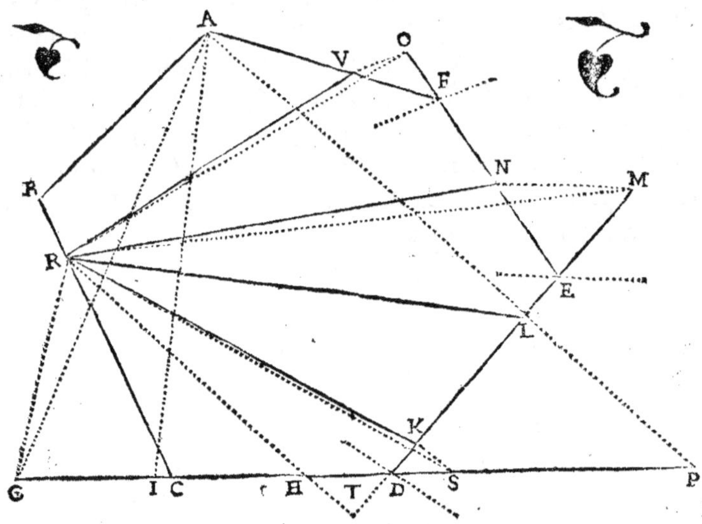

Pour auoir la feconde partie, ie prens la haulteur de R. fur la ligne DE. laquelle eft limitée par la perpendiculaire RT. fur laquelle haulteur, ie fais vn
triangle egal à AGI. duquel la bafe fe trouue egal è *KL.* ayant donc mené KL.
il eft euident que RKL. fera auffi la feconde cinquiefme partie. Item pour
fortir de l'angle E. eftant produitte DE. vers M. ie retrenche LM. egale à KL.
& mene la ligne RM dont les triangles KRL, & LRM. ayans la mefme haulteur ou mefme terme R. & leurs bafes egales font egaux entre eux. Pourquoy
ayant faict r'entrer la partie fortante du polygone le quadrilatere RLEN. fera
la tierce cinquiefme partie requife, femblablement ayant produict le cofté
EF. vers O. ie trouue de mefme RNFV. la quarte cinquiefme partie demandée, d'ou ie conclu que auffi BRVA. eft la cinquiefme partie dudit polygone
propofé.

Le mefme fe practicquera, fi on propofe de diuifer quelque polygone felon
vne raifon donnée quelconque, car eftant en l'exemple cy deuant propofé,
diuifée la bafe GP. felon la raifon donnée, il faudra mener du poinct A. des
lignes formant des triangles gardans la mefme raifon entre eux, & iceux eftás
alternatiuement foubftraicts du polygone, ou marquez aboutiffans tous fur
le poinct R. ledict polygone fe trouuera diuifé felon icelle raifon.

Semblablement le poinct de diuifion ou abord des portions, eftant prins
au dedans du polygone la diuifion fe fera comme il a efté dict és troifiefme &
feptiefme problemes precedens. Car foit qu'il faille diuifer en parties egales
ou inegales, ou foit vne portion ou raifon donnée quelconque, le polygone
eftant reduict en triangle icelluy feruira de guide & conduicte en l'operation
ou diuifion qu'on voudra faire.

PROBLEME. X.

*Estant donné vn rectiligne quelconque, le diuiser par lignes trauersantes & tendantes
toutes vers vne ligne parallele a vn des costez d'iceluy.*

CE Probleme est semblable a celluy que proposent les Geodetes voulans diuiser vn polygone en certaines parties par lignes paralleles a quelque costé chosy. La solution duquel s'esté-
dant vniuersellement a tous rectilignes desquelz les angles sont
au dedans de leur circuit & non tousiours aux aultres, se pourra
faire en cette maniere par la raison des quatriesme & huictiesme problemes
precedens. Soit donné le rectiligne ABCDEFGH, lequel il faille diuiser en
trois parties egales, par certaines lignes tendantes perpendiculairement vers
vne ligne paralle au costé CD.

Ie reduis premierement le rectiligne donné en vn triangle AIK. la base duquel ie diuise selon la raison proposée sçauoir en trois parties egales dont estát
menée la ligne AN. il est euident que AIN. est le tier de AIK. cét a dire du rectiligne ABCDEFGH. Ie reduis donc AIN. en quarré d'ou est faict le quarré
M. egal au triangle AIN. & venant a la diuision du rectiligne proposé & ayant mené vne ligne quelconque QA. perpendiculaire à CD. produict de part
& d'autre, Ie retrenche la partie XE. par la ligne XY. parallele à QA. & ayant
reduict le rectiligne XE. en quarré son costé se trouue egal à RS. moindre que
celluy de M. dont estant trouuée QA. trosiesme proportionnelle entre IQ.
& RS. il est euident que le rectangle I a. est egal au quarré a. cét a dire au rectiligne XE. & consequemment est moindre que M. cét a dire que le tier du
rectiligne proposé, defaillant du rectangle b a.

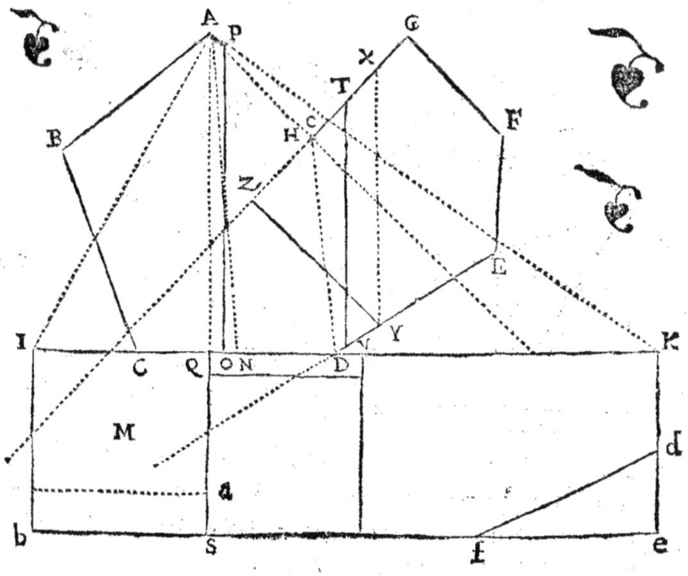

    Pour-

Pourquoy ie reduict icelluy rectangle b a. en triangle de pareille haulteur à celle de YZ. du triangle XYZ dont est faict le triangle d e f. a la base duquel d e. ie retrenche parti egale X c. puis ie produis les deux costez GH. & ED. vers H. & D. tant qu'ilz se rencontrent, & par la raison du quatriesme probleme precedent ie trouue le poinct T. par lequel estant menée la ligne TV. paralele a XY. le rectiligne TE. retrenché, est le tiers de ABCDEFGH. selon qu'il est requis, le fais de mesme vers la partie B. car AIN. estant le tier requis, ne manque sinon le triangle QAN. que la ligne QA. n'emporte aussy vn tier, pourquoy ie cherche LO. moyenne proportionnelle entre QL. & NL. & par O. ie mene OP. parallele à QA. dont est retrenché le rectiligne PC. egal a AIN. cét a dire au tier du rectiligne donné par les susdittes 4. & 8. problemes precedens, pourquoy PHTVDO. est l'autre tier du mesme rectiligne donné. Que la raison des susdictz quatriesme & huictiesme problemes soit de mesme, il est euident par le commun Axiome que les choses opposées ont leurs raisons opposées, car en iceux problemes l'operation est faicte par soubstractió de quelques parties , & au cas present est faicte l'addition du rectiligne TY. pourquoy la demonstration de l'vne par raison contraire prouuera l'aultre.

Soit (pour second exemple de ce probleme,) donné le rectiligne ABCDE FG. duquel premierement il faille retrencher vne partie vers BC egale a la partie DEFG. & ce par vne ligne LM. parallele au costé BC. Ie fais le triangle BCH. egal a ladicte partie DEFG. & de pareille haulteur que celle du poinct B. sur la ligne IK. par les second & troisiesme problemes du second liure precedent. Puis ayant produict les costez AB. & DC. tant qu'ilz se r'encontrent en K. Ie cherche vne moyenne proportiónelle entre KH. & KC. qu'est egale à KL. finaleinét ie mene la ligne KM. parallele à BC. dót est retréché le quadrangle BL. egal a la partie DEFG. par le susdict quatriesme probleme precedent.

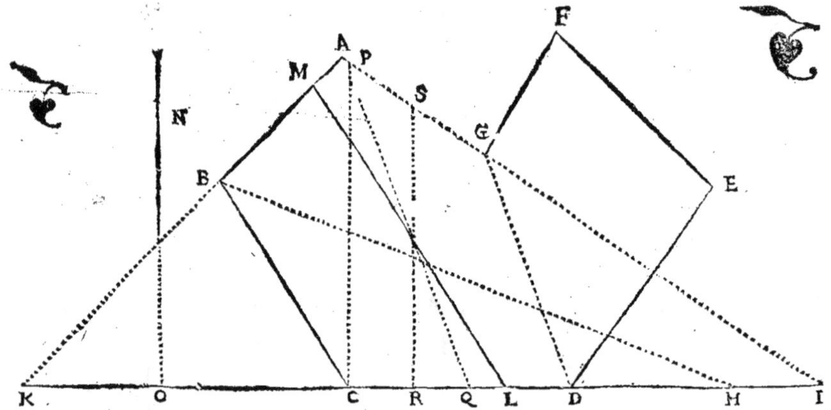

Semblablemét soit proposé de soubstraire vers la mesme partie BC. le qua- drangle GE. & ce par vne ligne droitte laquelle soit parallele a vne aultre quelconque donné NO. Ie mene la ligne CP. parallele a la donnée NO. dont est reeſt retrenchée la partie PABC, laquelle i'examine, ſçauoir ſi elle eſt egale au quadrangle GE. car ſi elle eſt egale, ſera faict ce qu'on demande, ſinon ſoit premierement defaillante du triangle PCQ. ie produis les coſtez AG. & CD. tant qu'ilz ſe rencontrent au poinct I. Puis ie cherche IR. moyenne proportionnelle entre CI. & QR. dont eſtant menée la ligne RS. parallele à CP. elle faict le quadrangle PR. egal au triangle PCR. Pourquoy la ligne RS. donne la partie demandée vers BC. ſelon qu'il eſt requis. Que ſi ladicte ligne PC retrenchoit plus grande partie qu'on ne demande, par la meſme raiſon ſe pourroit oſter l'excés vers laditte partie BC. & le reſte ſeroit la partie requiſe.

Quant aux figures mixtilignes, ou bornées de lignes non droittes, elles ſe pourront aſſez preciſément diuiſer ſi on recherche ſoigneuſement leurs ſuperficies par les voyes declairées ſur la fin du troiſieſme liure precedent, car les practicques ſuſdeclaires eſtant bien entenduës, ſont ſuffiſantes pour conduire le practicien d'icelles a l'entier congnoiſſance de cette partie de la Geometrie practicque, laquelle ie finiray auec le denombremens des principaux thermes & problemes des ſix premiers liures des Elemens d'Euclides ſeruans a l'vſage & practicque de la Geometrie & aultres arts en dependans, afin que ceux qui deſirent apprendre ces ſciences, recongnoiſſent ce que leur eſt plus neceſſaire eſdictz Elemens & que la grande multitude de propoſitions qui ſe retrouuent eſdictz ſix liures, ne les deſtourne de leurs vertueux deſirs, l'euſſe r'apporté iceux problemes & thermes a ce mien petit trauail, n'euſt eſté que ie l'euſſe rendu importun & ſans proffit veu que communement ſe trouuent traduicts auec leurs demonſtrations en langue vulgaire.

 DENOM.

EN chacun liure les definitions sont necessaires, cõme expliquátes l'essence du subiect comprins en iceux. Pourquoy au premier liure desdictz elemés faut remarquer & sçauoir parfaictement les definitions & Axiomes ou communes sentences, De là les problemes & propositions, premiere. 4. 5. 9. 10. 11. 12. 15, 16. 17. 20. 22. 23. 24. 31. 32. 34. 35. 36. 37. 38. 41. 42. 43. 44. 45, 46. 47.

Au second liure desdictz elemens sont quattorze propositions, les demonstrations desquelles pour la pluspart ce font par nombres rationnaux, ce que pourra suffire a l'apprentif pourueu qu'il les scache sommairement pour entendre certaines demonstrations fondées sur icelles.

Au troisiesme liure, auquel Euclides traicte du cercle, des lignes droittes tóbátes tant au dedás qu'au dehors d'icelluy & des angles qu'elles font, se remarqueront oultre les definitions les propositions que sensuiuent. Sçauoir la premiere 3. 17. 18 19. 20. 21. 25. 30. 31. 33. 34. 35. 36. que font les plus frequentes és demonstrations Mathematicques.

Le quatriesme liure, comprant la circonscription ou inscription des figures regulieres au cercle, les definitions & problemes d'icelluy estans en petit nóbre, se pourront tous remarquer sommairement comme sources desquelles l'Ingenieux en peut tirer belle consequences.

Au cinquiesme liure dudict Euclides les definitions principalemét se doibuent apprendre comme principes cóprenans la façon d'argumenter des Mathematiciens, la preuue de laquelle se faict par les propositions dudit cinquiesme liure. Pourquoy sçachant (comme on dit) lesdictes definitions par memoire, lesdictes propositions se pourront veoir sommairement sans s'arrester aux demonstrations sinon par curiosité seulement.

Au sixiesme liure desdictz Elemens auquel est comprinse la practicque des precedens, les raisons de diuers instrumens Mathematicques, oultre les definitions se pourront remarquer les problemes & propositions premiere 2. 3. 4. 8. 9. 10. 11. 12. 13. 16. 17. 18. 19. 20. 21. 22. 25. 30. 31. laissant les aultres propositions tant de ce sixiesme liure que des aultres precedens non cottées en ce denombrement, aux plus curieux, non toutesfois que ie veuille rejetter icelles ou les condamner, ains seulemét les estimer moing necessaires à ceux qui sont plus addonnez a la practicque qu'a la speculation, pour le soulagement desquelz i'ay faict ce traicté de l'Epipolimetrie taschant d'enseigner tout ce se peut tirer en practicque desdictz six premiers Elemens.

F I N.